Patientenverfügung

Europäische Hochschulschriften Recht

European University Studies in Law

Publications Universitaires Européennes de Droit

Band/Volume 6854

Anne Gensert

Patientenverfügung

Offene Fragen im Strafrecht

PETER LANG
Berlin · Bruxelles · Chennai · Lausanne · New York · Oxford

Bibliografische Information der Deutschen Nationalbibliothek
Die Deutsche Nationalbibliothek verzeichnet diese Publikation in der Deutschen Nationalbibliografie; detaillierte bibliografische Daten sind im Internet über http://dnb.d-nb.de abrufbar.

Zugl.: Dresden, Techn. Univ., Diss., 2025

DE-14
ISSN 3052-8291 (Print)
ISSN 3052-8305 (eBook)
ISBN 978-3-631-94684-8 (Print)
ISBN 978-3-631-94692-3 (ePDF)
ISBN 978-3-631-94693-0 (ePUB)
DOI 10.3726/b23432

Verlegt durch Peter Lang GmbH, Berlin, Deutschland

info@peterlang.com

www.peterlang.com

Kontakt zur Verordnung über die allgemeine Produktsicherheit (GPSR):
gpsr@peterlang.com

Für alle, die hoffen, dass ihr Wille gehört wird,
wenn sie selbst nicht mehr sprechen können.

Inhaltsverzeichnis

Tabellenverzeichnis

Vorwort

Die Auseinandersetzung mit dem Thema dieser Arbeit geht auf ein persönliches Erlebnis zurück. Im Zusammenhang mit der Erkrankung und dem Tod meiner Oma setzte ich mich gemeinsam mit meiner Schwester erstmals mit medizinischen Fragen am Lebensende auseinander und begann, mich als Jurastudentin mit den rechtlichen Aspekten der Patientenverfügung zu befassen.

In dieser Zeit besuchte ich einen Vortrag des Rechtsanwalts, der an dem Verfahren beteiligt war, das zum Grundsatzurteil des Bundesgerichtshofs vom 25. Juni 2010 (2 StR 454/09) führte. In diesem Urteil befasste sich der BGH mit der Frage, unter welchen Voraussetzungen die Beendigung lebenserhaltender Maßnahmen straflos ist, wenn sie dem erklärten Willen des Patienten entspricht. Die Auseinandersetzung mit diesem Fall und den darin verhandelten Grundfragen der Patientenautonomie hat mein Interesse am Zusammenspiel von Recht, Medizin und Ethik entscheidend geprägt.

Später, in meiner anwaltlichen Tätigkeit, habe ich das Thema wieder aufgegriffen, weil es mich nie losgelassen hat. Aus diesem anhaltenden Interesse entstand schließlich der Wunsch, die komplexen strafrechtlichen Fragestellungen der Patientenverfügung wissenschaftlich zu vertiefen.

In der Folge suchte ich nach einer akademischen Betreuung im Bereich des Medizin- und Strafrechts und fand mit Prof. Dr. Detlev Sternberg-Lieben einen hervorragenden Betreuer, der mir die Möglichkeit gab, dieses Thema im Rahmen einer Dissertation zu bearbeiten.

Die vorliegende Arbeit widmet sich der Patientenverfügung als Ausdruck des Selbstbestimmungsrechts am Lebensende. Sie untersucht die offenen strafrechtlichen Fragestellungen, die sich aus dem Spannungsverhältnis zwischen Patientenautonomie, Lebensschutz und ärztlicher Verantwortung ergeben. Ziel ist es, durch die systematische Aufarbeitung der rechtlichen Grundlagen und der aktuellen Rechtsprechung einen Beitrag zur Klarheit und Weiterentwicklung der Patientenverfügung im Strafrecht zu leisten. Die Arbeit versteht sich zugleich als Plädoyer für eine rechtlich klare und zugleich menschlich verantwortete Anwendung der Patientenverfügung.

Danksagung

Mein besonderer Dank gilt Prof. Dr. Detlev Sternberg-Lieben für die Betreuung dieser Arbeit. Seine wissenschaftliche Präzision, seine wertvollen Anregungen und seine stets offene und vertrauensvolle Begleitung haben die Entstehung dieser Dissertation in entscheidender Weise gefördert.

Prof. Dr. Martin Schulte danke ich für die Übernahme des Zweitgutachtens, für die wertschätzenden Worte seiner Beurteilung sowie für die anregenden Fragen und Hinweise im Rahmen der Disputation, die zur weiteren Schärfung einzelner Argumentationslinien beigetragen haben.

Den Kolleginnen und Kollegen, Freundinnen und Freunden danke ich für den fachlichen Austausch, hilfreiche Anregungen und die Ermutigung, die mich während der Arbeit begleitet haben. Meiner Familie gilt mein besonderer Dank für ihren beständigen Rückhalt und ihre Unterstützung – insbesondere meiner Schwester, die mich mit medizinischem Rat und kritischem Blick in besonderer Weise unterstützt hat.

In dankbarer Erinnerung gilt diese Arbeit auch meiner Oma, die den ersten Anstoß zu meiner Auseinandersetzung mit dem Thema gegeben hat.

Abkürzungsverzeichnis

a. A.	=	anderer Ansicht
Abs.	=	Absatz
Art.	=	Artikel
BGB	=	Bürgerliches Gesetzbuch
BGH	=	Bundesgerichtshof
BVerfG	=	Bundesverfassungsgericht
BtMG	=	Betäubungsmittelgesetz
EGMR	=	Europäischer Gerichtshof für Menschenrechte
ff.	=	folgende (Seiten/Randnummern)
Fn.	=	Fußnote
GG	=	Grundgesetz
h. M.	=	herrschende Meinung
i. S. d.	=	im Sinne des
m.w.N.	=	mit weiteren Nachweisen
Rn.	=	Randnummer
s.	=	siehe
StGB	=	Strafgesetzbuch
str.	=	streitig
u. a.	=	unter anderem
vgl.	=	vergleiche
WHO	=	World Health Organization

A. Einleitung

I. Einführung in die Themenstellung

Die kontinuierliche Zunahme der Lebenserwartung[1] kann als Triumph verbesserter Lebensumstände sowie der modernen, voranschreitenden medizinischen Forschung betrachtet werden. Allerdings gehen mit steigenden Lebensjahren auch neue Herausforderungen einher, insbesondere im medizinischen Bereich. Durch innovative Behandlungsmethoden kann selbst bei schwersten Krankheiten eine signifikante Verlängerung der Lebensspanne erreicht werden. Dies resultiert im Alter vielfach in ungewollten Krankenhausaufenthalten, einer Verlängerung des Krankheitsverlaufs sowie der Abhängigkeit von Pflegepersonal und medizinisch-technischen Apparaten.[2]

In diesem Kontext erfährt die Patientenverfügung als Instrument der Patientenautonomie eine Aufwertung. Sie ermöglicht es dem Einzelnen, im Voraus festzulegen, welche medizinischen Maßnahmen in Situationen der Einwilligungsunfähigkeit ergriffen oder unterlassen werden sollen. Eine Patientenverfügung, idealerweise kombiniert mit einer General- oder Vorsorgevollmacht, zielt darauf ab, belastende Situationen am Lebensende zu vermeiden. Der Patient[3] verspricht sich damit den „Schutz vor Intensivmedizin bis zum bitteren Ende".[4]

---

1 *Statistisches Bundesamt*, Lebenserwartung.

2 *Kahlich*, Patientenverfügungen (8).

3 Gender Hinweis: Zur besseren Lesbarkeit wird in dieser Promotion das generische Maskulinum verwendet. Die in dieser Arbeit verwendeten Personenbezeichnungen beziehen sich – sofern nicht anders kenntlich gemacht – auf alle Geschlechter.

4 *Kahlich*, Patientenverfügungen (9).

Laut einer Telefonbefragung des Deutschen Hospiz- und Palliativverbandes e. V. (DHPV) haben bereits 43% der Befragten in Deutschland eine Patientenverfügung.[5] Dies veranschaulicht das gestiegene Bewusstsein in der Bevölkerung hinsichtlich der Relevanz derartiger Verfügungen.

In der Praxis zeigen sich jedoch bereits bei der Erstellung und zu einem späteren Zeitpunkt bei der Durchsetzung einer Patientenverfügung verschiedene Probleme.[6] Täglich sehen sich Ärzte und Patientenvertreter mit der Herausforderung konfrontiert, die Wirksamkeit einer Verfügung zu beurteilen und zu bestimmen, ob sie auf die konkrete Lebens- und Behandlungssituation zutrifft. Diese zeitintensive Prüfung stößt insbesondere in Notsituationen an ihre Grenzen. Des Weiteren hat die Corona-Pandemie bei zahlreichen älteren Menschen die Besorgnis hervorgerufen, dass ihre Patientenverfügung im Falle einer Triage dazu führen könnte, dass sie kein Beatmungsgerät erhalten oder dass dieses zu früh abgeschaltet wird.[7] Ebenso stellen sich ethische und rechtliche Fragen, wenn der in der Patientenverfügung geäußerte Wille mit dem natürlichen Willen des Betroffenen kollidiert, insbesondere im Zusammenhang mit Demenzerkrankungen.

Die vorliegende Arbeit hat zum Ziel, die verschiedenen strafrechtlichen und anderen Probleme zu untersuchen und gestützt darauf alternative Lösungsansätze zu entwickeln, um die Umsetzung von Patientenverfügungen im Sinne der Patientenautonomie zu fördern.

II. Gang der Untersuchung

Die vorliegende Dissertation widmet sich der umfassenden Untersuchung der strafrechtlichen, ethischen und praktischen Herausforderungen, die mit Patientenverfügungen verbunden sind. Ziel ist es, ein vertieftes Verständnis dieser vielschichtigen Thematik zu vermitteln und praxisnahe Lösungsansätze zu entwickeln.

Der erste Abschnitt B dient der Begriffsbestimmung sowie der Klärung der Rechtsnatur der Patientenverfügung. Es werden die verfassungsrechtlichen Grundlagen, insbesondere das Selbstbestimmungsrecht des Patienten, sowie

---

[5] *Wurm et al.*, Health Monit 8(3), 59 (59).

[6] *in der Schmitten et al.*, Z Palliativmed 2016, 177 (177 f.).

[7] *Grziwotz/Grziwotz*, NZFam 2021, 189 (189).

die medizinischen und strafrechtlichen Implikationen und der Grundsatz *„in dubio pro vita“* einer kurzen Untersuchung unterzogen.

In Abschnitt C erfolgt eine Analyse der gesetzlichen Regelung der Patientenverfügung. Die Darstellung der Entwicklung des Patientenverfügungsgesetzes beginnt mit den Anfängen in den USA und endet mit der Implementierung in Deutschland im Jahr 2009. Die Rechtslage vor und nach 2009 wird detailliert erörtert, wobei auch wegweisende BGH-Urteile Berücksichtigung finden. Im Rahmen dessen erfolgen eine Herausarbeitung der wesentlichen Änderungen sowie deren Auswirkungen auf das Selbstbestimmungsrecht der Patienten.

Abschnitt D widmet sich der systematischen Untersuchung der Voraussetzungen für eine wirksame Patientenverfügung. Der Schwerpunkt liegt auf den rechtlichen Anforderungen an die Errichtung und den Inhalt, insbesondere auf der hinreichenden Bestimmtheit der Festlegungen. Des Weiteren werden spezifische Besonderheiten, wie die Festlegung von ärztlichen Maßnahmen gegen den natürlichen Willen, erörtert.

Die Möglichkeit des Widerrufs einer Patientenverfügung ist Gegenstand von Abschnitt E.

In Abschnitt F wird der Ablauf sowie das Verfahren bei der Anwendung einer Patientenverfügung dargestellt. In diesem Zusammenhang werden die Unterschiede zwischen den verschiedenen Szenarien erörtert, d. h. ob ein Betreuer bestellt wurde, ob kein Betreuer vorhanden ist oder ob ein vom Patienten Bevollmächtigter handelt.

Der Fall des Fehlens einer Patientenverfügung ist Gegenstand des nachfolgenden Abschnitts G. In diesem Kontext wird eine besondere Aufmerksamkeit auf die Rolle des Arztes und des Betreuers bei der Entscheidungsfindung sowie auf die Kriterien zur Ermittlung des mutmaßlichen Willens des Patienten gelegt.

Die Thematik des sogenannten Negativattests sowie die Erläuterung der gerichtlichen Genehmigung gemäß § 1829 BGB werden in Abschnitt H behandelt.

Der Abschnitt I beinhaltet eine detaillierte Untersuchung der rechtlichen und praktischen Schwierigkeiten, die im Kontext der Umsetzung von Patientenverfügungen potenziell auftreten können. Ein besonderes Augenmerk gilt den Herausforderungen, die sich bei Demenzpatienten stellen, insbesondere der Bewertung des natürlichen Willens im Verhältnis zu früheren Verfügungen. Des Weiteren wird die rechtliche Behandlung von Patientenverfügungen bei minderjährigen Personen untersucht. Darüber hinaus wird das Risiko von Fehlinterpretationen und strafrechtlichen Konsequenzen bei der Missachtung des Patientenwillens erörtert, einschließlich ärztlicher Formverstöße und der strikten Bindung von Vorsorgebevollmächtigten. Außerdem werden Notsituationen sowie die spezifischen Problematiken im Kontext des Wachkomas dargestellt. Ebenso werden die rechtlichen Implikationen der Organspende sowie der Umgang mit implantierten Devices thematisiert. In diesem Kontext wird zudem untersucht, inwiefern neue Krankheiten, wie beispielsweise die durch das Corona-Virus verursachte Pandemie, Einfluss auf die Anwendung und Auslegung von Patientenverfügungen nehmen.

In Abschnitt J werden Empfehlungen zur Optimierung und Erweiterung der rechtlichen Handhabung von Patientenverfügungen erarbeitet. In diesem Kontext wird die Notwendigkeit einheitlicher Formulare, klarer Terminologie sowie präziser medizinischer Beschreibungen betont, um Unsicherheiten und Interpretationsspielräume möglichst zu minimieren. Es werden spezifische Regelungen zu Themen wie der Berücksichtigung des natürlichen Willens, der individuellen körperlichen Voraussetzungen sowie der Behandlung von Organ- und Wachkoma-Zuständen vorgeschlagen. Schließlich wird betont, dass eine umfassende Schulung des medizinischen Personals sowie eine Verbesserung der Maßnahmen zur schnellen Zugänglichkeit von Patientenverfügungen, wie beispielsweise durch das Zentrale Vorsorgeregister, erforderlich sind. Darüber hinaus wird diskutiert, wie sich verhindern lässt, dass Patientenverfügungen missbraucht werden.

In Abschnitt K werden die wesentlichen Ergebnisse der Untersuchung zusammengefasst und im Hinblick auf die in der Einleitung formulierte Zielsetzung der Arbeit reflektiert.

Der abschließende Abschnitt L widmet sich einem Ausblick auf zukünftig zu erwartende Entwicklungen im Umgang mit Patientenverfügungen. Insbesondere wird darauf verwiesen, dass gesellschaftliche Veränderungen, technologische Fortschritte sowie neue medizinische Erkenntnisse die rechtliche Handhabung von Patientenverfügungen beeinflussen könnten. Die kontinuierliche Anpassung der rechtlichen Rahmenbedingungen sowie die Relevanz der Digitalisierung werden als zentrale Herausforderungen identifiziert.

B. Begriff und Rechtsnatur der Patientenverfügung

I. Legaldefinition und Verpflichteter

Der Gesetzgeber hat die Patientenverfügung im § 1827 Abs. 1 S. 1 BGB definiert.[8] Danach ist eine Patientenverfügung eine schriftliche Festlegung eines einwilligungsfähigen Volljährigen für den zukünftigen Fall seiner Einwilligungsunfähigkeit, ob er in bestimmte, zum Zeitpunkt der Festlegung noch nicht unmittelbar bevorstehende, Untersuchungen seines Gesundheitszustands, Heilbehandlungen oder ärztliche Eingriffe einwilligt oder sie untersagt.[9]

Sinn und Zweck einer Patientenverfügung ist es, den zuvor erklärten Willen des Betroffenen bezüglich einer medizinischen Behandlung oder deren Abbruch für den Fall durchzusetzen, dass dieser seinen Willen aufgrund seiner physischen oder psychischen Situation nicht mehr äußern kann.[10]

Die Festlegungen in der Patientenverfügung sind identisch mit der Einwilligung als Rechtfertigungsgrund für die medizinische Maßnahme.[11] Insofern ist eine Einwilligung des Patientenvertreters in die ärztliche Behandlung nicht erforderlich, wenn die zuvor in der Patientenverfügung verschriftlichte Einwilligung auf die konkret eingetretene Lebens- und

---

8 Siehe § 1827 Abs. 1 S. 1 BGB.

9 Siehe § 1827 Abs. 1 S. 1 BGB.

10 *Hau/Poseck/Müller-Engels*, § 1827 Rn. 2.

11 BGH MedR 2017, 36 Rn. 35 f.; BGH MedR 2015, 508 Rn. 14; MüKo BGB/*Schneider*, § 1827 Rn. 17.

Behandlungssituation zutrifft.[12] Die unmittelbare rechtliche Grundlage für den medizinischen Eingriff ist die antizipierte und hinreichend konkrete Festlegung des Willens in der Patientenverfügung.[13]

Die Verfügung ist für jede Person verbindlich, die in den Entscheidungsprozess über die Vornahme oder Unterlassung einer medizinischen Maßnahme involviert ist.[14] In erster Linie gilt die Festsetzung gegenüber Ärzten, Patientenvertretern und einem, falls erforderlich, einzuschaltenden Gericht.[15] Dabei handelt es sich nicht um Adressaten im Sinne der Rechtsgeschäftslehre.[16]

II. Anwendungsbereich

Der Anwendungsbereich des § 1827 BGB ist auf Festlegungen des Patienten in Bezug auf Untersuchungen des Gesundheitszustands, Heilbehandlungen oder ärztliche Eingriffe begrenzt.[17]

Bei einer Untersuchung des Gesundheitszustandes handelt es sich um jedes diagnostische Verfahren, gleichgültig, ob es mit einer körperlichen Untersuchung oder mit einem körperlichen Eingriff verbunden ist oder nicht.[18] Unter dem Begriff Heilbehandlungen sind jegliche therapeutische Maßnahmen zu verstehen, die auf die Herstellung der Gesundheit, die Linderung der Krankheit, die Beseitigung oder die Linderung von Krankheitsfolgen sowie Verhütung von Krankheiten und ihrer Verschlimmerung gerichtet sind.[19]

Die in einer Patientenverfügung festgelegten Maßnahmen sind von den Maßnahmen der sog. Basisbetreuung zu unterscheiden.[20] Zu einer Basisbetreuung gehören eine menschenwürdige Unterbringung, Zuwendung, Körperpflege, das Lindern von Schmerzen, Atemnot und Übelkeit sowie das

---

[12] BT-Drs. 16/8442, 11, 14.
[13] MüKo BGB/*Schneider*, § 1827 Rn. 17.
[14] BT-Drs. 16/8442, 15; MüKo BGB/*Schneider*, § 1827 Rn. 9.
[15] MüKo BGB/*Schneider*, § 1827 Rn. 9.
[16] MüKo BGB/*Schneider*, § 1827 Rn. 9.
[17] § 1827 Abs. 1 BGB.
[18] *Hau/Poseck/Müller-Engels*, § 1829 Rn. 23.
[19] *Hau/Poseck/Müller-Engels*, § 1829 Rn. 23.
[20] *Gsell/Krüger/Diener*, § 1827 Rn. 4.

Stillen von Hunger und Durst auf natürlichem Wege.[21] Zur Basisbetreuung gehört jedoch nicht die Zufuhr von Nahrung und Flüssigkeit mittels einer PEG-Sonde, da diese einen andauernden Eingriff in die körperliche Integrität darstellt, indiziert sein muss und der Einwilligung des Betroffenen bedarf.[22] Die Basismaßnahmen sind von Ärzten und dem Pflegepersonal grundsätzlich zu erbringen.[23] Die Basisbetreuung ist einer Patientenverfügung nicht zugänglich, da die Verbindlichkeit der Patientenverfügung durch das Strafrecht und die medizinische Ethik begrenzt ist.[24] Allerdings können Behandlungsmaßnahmen (ärztliche Eingriffe) die für die Aufrechterhaltung der Grundfunktionen des Körpers notwendig sind, in der Patientenverfügung geregelt werden.[25]

Bei der Durchführung oder Unterlassung von lebenserhaltenden Maßnahmen reduzieren sich die ärztlichen Pflichten auf leidensmindernde Maßnahmen und darauf, eine fachgerechte Palliativversorgung sicherzustellen.[26]

Im Rahmen der Behandlung können zur Ermöglichung von Grundfunktionen des Organismus wie Atmung, Ernährung und Ausscheidung ärztliche Eingriffe erforderlich sein.[27] Für diese ist jeweils die Einwilligung des Patienten erforderlich.[28]

Des Weiteren besteht auch die Möglichkeit, eine psychiatrische Patientenverfügung zu erstellen.[29] Hier regelt der Betroffene seine Einwilligung oder auch Nichteinwilligung in ärztliches Handeln bei psychiatrischen Erkrankungen.[30] Im Gesetzgebungsverfahren wurde sich zwar ausschließlich mit der Behandlung des Patienten am Lebensende auseinandergesetzt, es gelten jedoch die gleichen Grundsätze für die Behandlung psychischer

---

21 *Gsell/Krüger/Diener*, § 1827 Rn. 4; *Brosey/Lesting/Loer/Marschner*, Lit. E. Rn. 226.
22 *Laufs/Katzenmeier/Lipp/Lipp*, Lit. IV. Rn. 117.
23 *Gsell/Krüger/Diener*, § 1827 Rn. 4; *Brosey/Lesting/Loer/Marschner*, Lit. E. Rn. 226.
24 MüKo BGB/*Schneider*, § 1827 Rn. 25.
25 *Hindemit*, RNotZ 2022,1 (9).
26 *Burandt/Rojahn/Kurze*, § 1901b Rn. 29; *Laufs/Kern/Rehborn/Ulsenheimer*, § 133 Rn. 28.
27 *Gsell/Krüger/Diener*, § 1827 Rn. 5.
28 *Gsell/Krüger/Diener*, § 1827 Rn. 5.
29 BGH NJW 2023, 2424 Rn. 14; *Kieß*, BtR 2023, 84 (84).
30 BGH NJW 2023, 2424 Rn. 14; *Kieß*, BtR 2023, 84 (84).

Erkrankungen.[31] Die psychiatrische Patientenverfügung wird daher ebenfalls von § 1827 Abs. 1 BGB erfasst und geregelt.[32] Auch Psychiatriepatienten haben, wie jeder andere Patient, ein Recht auf Selbstbestimmung.[33]

III. Abgrenzung zu Vorsorgevollmacht, Betreuungsverfügung und Behandlungsvereinbarung

Von einer Patientenverfügung sind Vorsorgevollmacht, Betreuungsverfügung und Behandlungsvereinbarung zu unterscheiden.

Mit einer Vorsorgevollmacht ermächtigt der Betroffene eine andere Person im Falle der Einwilligungsunfähigkeit zur Wahrnehmung seiner Angelegenheiten.[34] Im Gegensatz zu einer Patientenverfügung werden keine Handlungsanweisungen, originäre Einwilligungen oder Untersagungen in Bezug auf bestimmte ärztliche Maßnahmen erteilt.[35] Die Vorsorgevollmacht bevollmächtigt konkrete Personen.[36] Insofern ist die Zielrichtung eine andere als bei der Patientenverfügung. Eine vom Patienten erteilte Vollmacht hat Vorrang und reicht so weit, wie die Bevollmächtigung erteilt wurde.[37] Bei Vorliegen einer Vorsorgevollmacht, erfolgt keine Betreuerbestellung, da im Sinne der Patientenautonomie, der Patient selbst darüber entscheiden soll, wer ihn im Fall seiner Einwilligungsunfähigkeit vertritt.[38] Dabei kann nicht ausgeschlossen werden, dass die als vorsorgebevollmächtigte Person das Vertrauen des Patienten nicht erfüllt oder mit der Aufgabe überfordert ist.[39] In Zweifelsfällen muss die Reichweite durch Auslegung im Sinne des § 133 BGB ermittelt werden.[40]

Bei der Betreuungsverfügung nach § 1816 BGB handelt es sich um eine für das Betreuungsgericht verbindliche Anweisung des Betroffenen, wer im Falle

[31] *Jürgens/Loer*, § 1827 Rn. 19.
[32] BGH NJW 2023, 2424 Rn. 14.
[33] *Jürgens/Loer*, § 1827 Rn. 19.
[34] Siehe § 1820 Abs. 1 BGB.
[35] MüKo BGB/*Schneider*, § 1820 Rn. 3.
[36] Vgl. MüKo BGB/*Schneider*, § 1820 Rn. 3.
[37] *Jürgens/Brosey*, § 1814 Rn. 45.
[38] *Jürgens/Brosey*, § 1814 Rn. 45; *Seibl*, NJW 2016, 3277 (3278).
[39] *Seibl*, NJW 2016, 3277 (3278).
[40] *Jürgens/Brosey*, § 1814 Rn. 45.

der Notwendigkeit der Errichtung einer Betreuung zum gerichtlichen Betreuer bestellt werden oder (negativ formuliert) wer nicht zum Betreuer bestellt werden soll.[41] Die Betreuungsverfügung enthält damit keine Festlegungen in Bezug auf bestimmte ärztliche Maßnahmen[42], aber in ihr können auch Wünsche hinsichtlich der Wahrnehmung der Betreuung aufgenommen werden.[43] Der Patient kann somit beispielsweise seine Wünsche in Bezug auf Gesundheitsangelegenheiten, Geld- und sonstige Vermögensangelegenheiten äußern.[44] Das Betreuungsgericht hat im Rahmen seiner Überwachungs- und Genehmigungstätigkeit die Wünsche des Patienten mittelbar und der Betreuer unmittelbar zu beachten.[45]

Die Behandlungsvereinbarung wird hauptsächlich im psychiatrischen Bereich angewendet und wird zwischen dem Patienten und einem konkreten Behandlungsteam geschlossen.[46] Inhalt der Vereinbarung sind Verabredungen für einen zukünftigen Aufenthalt und den Zustand der Einwilligungsunfähigkeit.[47] Je nach Ausgestaltung der Behandlungsvereinbarung können Teile auch eine Patientenverfügung darstellen.[48]

IV. Verfassungsrechtliche Grundlagen

Die Patientenverfügung ist als Ausdruck des Selbstbestimmungsrechts des Patienten verfassungsrechtlich garantiert.[49] Das Selbstbestimmungsrecht ist in Art. 2 Abs. 1 i. V. m. Art. 1 Abs. 1 GG verankert.[50] Der spezifische Bezug des allgemeinen Persönlichkeitsrechts zu Art. 1 Abs. 1 GG ergibt sich dadurch, „dass die Würde des Menschen unantastbar ist und gegenüber aller

41 *Gsell/Krüger/Diener*, § 1827 Rn. 27.
42 Vgl. MüKo BGB/*Schneider*, § 1816 Rn. 34.
43 *Hau/Poseck/Müller-Engels*, § 1816 Rn. 24.
44 *Hau/Poseck/Müller-Engels*, § 1816 Rn. 24.
45 *Hau/Poseck/Müller-Engels*, § 1816 Rn. 24.
46 *Jürgens/Loer*, § 1827 Rn. 20.
47 *Gsell/Krüger/Diener*, § 1827 Rn. 28.
48 *Jürgens/Loer*, § 1827 Rn. 20.
49 Dreier GG I/*Wapler*, Art. 1 Abs. 1 Rn. 153.
50 BVerfG NJW 2020, 905 Rn. 204 f.

staatlichen Gewalt Achtung und Schutz beansprucht".[51] Dabei bestimmt und entfaltet sich der Mensch selbst.[52] Geschützt ist die elementare Substanz menschlicher Persönlichkeit und damit der Kernbereich an Individualität, Identität und Integrität.[53] Die Menschenwürde garantiert, dass jeder Mensch um seiner selbst willen zu jeder Zeit als autonome Persönlichkeit anerkannt und respektiert wird.[54] Der soziale Wert- und Achtungsanspruch verbietet es, den Menschen zum „bloßen Objekt" staatlichen Handelns zu machen (sog. Objektformel).[55] Das Bundesverfassungsgericht hat damit ein Instrumentalisierungsverbot geschaffen.[56] Die Objektformel wird durch das Verbot ergänzt, den Menschen in seinem Status als Rechtssubjekt herabzusetzen.[57] Nach dem BVerfG wird der in der Menschenwürde verwurzelte Gedanke der autonomen Selbstbestimmung in den Gewährleistungsgehalten des allgemeinen Persönlichkeitsrechts konkretisiert.[58] Dieses Grundrecht gewährleistet die essenziellen Voraussetzungen, welche die selbstbestimmte Entfaltung und Bewahrung der Identität sowie Individualität des Einzelnen ermöglichen.[59] Die selbstbestimmte Entfaltung setzt voraus, dass eine Person nach ihren eigenen Vorstellungen über sich selbst bestimmen kann, ohne in Lebensweisen gezwungen zu werden, die ihrem Selbstbild und Selbstverständnis unausweichlich widersprechen.[60] Danach umfasst die Privatautonomie nicht nur die Selbstbestimmung über den eigenen Körper, sondern auch die Entscheidung über das selbstbestimmte Sterben.[61] Die autonom getroffene Entscheidung das Leben enden zu lassen ist für die Persönlichkeit eines Menschen von existenzieller Bedeutung.[62] Dementsprechend obliegt es den zutiefst persönlichen Anschauungen und

---

51 BVerfG NJW 2020, 905 Rn. 206.
52 BVerfG NJW 2020, 905 Rn. 206.
53 BVerfG NJW 2017, 611 Rn. 539; Vgl. Dreier GG I/*Wapler*, Art. 1 Abs. 1 Rn. 68.
54 *Epping/Hillgruber/Hillgruber*, Art. 1 Rn. 12; *Jarass/Pieroth/Jarass*, Art. 1 Rn. 6.
55 BVerfG NJW 2020, 905 Rn. 206; *Epping/Hillgruber/Hillgruber*, Art. 1 Rn. 13.
56 BVerfG NJW 2017, 611 Rn. 539; Dreier GG I/*Wapler*, Art. 1 Abs. 1 Rn. 64.
57 BVerfG 115, 118 (153, 121).
58 BVerfG NJW 2020, 905 Rn. 207; BVerfG NJW 2017, 53 Rn. 74.
59 BVerfG NJW 2020, 905 Rn. 207.
60 BVerfG NJW 2020, 905 Rn. 207.
61 BVerfG NJW 2020, 905 Rn. 208; *Boehme-Neßler*, NVwZ 2020, 1012 (1012); *Dürig/Herzog/Scholz/Di Fabio*, Art. 2 Abs. 1 Rn. 205; Dreier GG I/*Wapler*, Art. 1 Abs. 1 Rn. 152.
62 BVerfG NJW 2020, 905 Rn. 209.

Überzeugungen des Menschen, welchen Lebenssinn er erkennt und aus welchen Beweggründen er sich vorstellen könnte, sein eigenes Leben zu beenden.[63] Die Entscheidung über das Lebensende ist elementar und betrifft die Grundfragen menschlichen Daseins.[64] Keine andere Entscheidung berührt vergleichbar die Identität und Individualität des Menschen.[65]

Das bedeutet, dass auch die Entscheidung des Patienten respektiert und durchgesetzt werden muss, wenn diese eine Verschlechterung seines Gesundheitszustandes oder schlussendlich den Tod bedeuten würde.[66] Das Selbstbestimmungsrecht schützt somit auch das Recht auf Selbstaufgabe und die „Freiheit zur Krankheit", auch wenn diese Entscheidung aus Sicht Dritter den wohlverstandenen Interessen des Grundrechtsträgers zuwiderläuft.[67] Es gilt *„voluntas aegroti"* und nicht *„salus aegroti suprema lex"*.[68] Das Selbstbestimmungsrecht umfasst auch den natürlichen Willen, der durch tatsächliches Verhalten von einer einwilligungsunfähigen Person zum Ausdruck gebracht wird.[69] Der Mensch als Person bleibt stets als selbstverantwortliche Persönlichkeit anerkannt.[70]

Gegen ungewollte Eingriffe in die körperliche Integrität stellt das Selbstbestimmungsrecht ein Abwehrrecht dar.[71] Eine fehlende Indikation begrenzt den ärztlichen Heilauftrag und den Behandlungsanspruch des Patienten.[72] Für eine Behandlung, die auf Lebensverlängerung oder -erhaltung abzielt, besteht von vornherein kein Raum, falls sie medizinisch nicht angezeigt, nutzlos geworden oder aus anderen Gründen undurchführbar ist.[73]

Wenn der behandelnde Arzt oder ein Dritter dem entsprechenden Willen des Patienten nach Behandlungseinstellung nachkommt, kann er nicht wegen eines Tötungsdelikts belangt werden, da das grundrechtlich verbürgte

---

63 BVerfG NJW 2020, 905 Rn. 209.
64 BVerfG NJW 2020, 905 Rn. 209.
65 BVerfG NJW 2020, 905 Rn. 209.
66 Dreier GG I/*Barczak*, Art. 2 Abs. 1 Rn. 34.
67 Dreier GG I/*Barczak*, Art. 2 Abs. 1 Rn. 34.
68 *Laufs/Kern/Rehborn/Ulsenheimer*, § 133 Rn. 27.
69 *Lindner/Huber*, NJW 2017, 6 (7).
70 BVerfG NJW 2020, 905 Rn. 206.
71 *Laufs/Katzenmeier/Lipp/Lipp*, VI Rn. 93; *Laufs/Kern/Rehborn/Ulsenheimer*, § 133 Rn. 41.
72 *Laufs/Katzenmeier/Lipp/Lipp*, VI Rn. 93; *Laufs/Kern/Rehborn/Ulsenheimer*, § 133 Rn. 41.
73 BGH NJW 2003, 1588 (1593).

Persönlichkeitsrecht des Patienten zu achten ist.[74] Die sog. passive Sterbehilfe ist durch ein Unterlassen des Arztes gekennzeichnet, beispielsweise durch den Verzicht auf lebensverlängernde Maßnahmen bei Sterbenden und irreversibel bewusstlosen Patienten.[75] Dabei wird das Therapieziel abgeändert und der Patient palliativ versorgt, während die Grunderkrankung unbehandelt fortbesteht.[76] Bei der in Deutschland ebenfalls erlaubten indirekten Sterbehilfe wird dem Patienten nach seinem Willen eine Medikation verabreicht, die beispielsweise auf Schmerzlinderung gerichtet ist.[77] Dabei wird parallel in Kauf genommen, dass die Medikation das Leben als Nebenfolge verkürzt.[78]

Auch eine aktive Sterbehilfe entspricht dem Willen des Patienten.[79] Allerdings ist das selbstbestimmte Sterben mithilfe Dritter nach § 216 StGB strafrechtlich sanktioniert.[80] Für die Legalisierung steht die individuelle Entschließungsfreiheit dem objektiv staatlich gebotenen Lebensschutz gegenüber.[81] Das allgemeine Persönlichkeitsrecht aus Art. 2 Abs. 1 GG umfasst auch das Recht eines schwer und unheilbar kranken Menschen, zu entscheiden, wie und zu welchem Zeitpunkt sein Leben enden soll, vorausgesetzt er ist einwilligungsfähig.[82] Mit der Aufhebung des § 217 StGB wurde verdeutlicht, dass Art. 2 Abs. 1 i. V. m. Art. 1 Abs. 1 GG das Recht gewährleistet, selbstbestimmt die Entscheidung zu treffen, sein Leben eigenhändig bewusst und gewollt zu beenden und bei der Umsetzung der Selbsttötung auf die Hilfe Dritter zurückzugreifen.[83] Diese Grundsätze zwingen dazu, das Verbot der aktiven Sterbehilfe in § 216 StGB in Frage zu stellen, denn es stellt einen Eingriff in das Grundrecht auf selbstbestimmtes Sterben dar. Der Betroffene kann von seinem Grundrecht nicht in der Modalität der Tötung durch einen Dritten Gebrauch machen.[84] Eine freiheitliche Verfassungsordnung muss die

---

74 *Dürig/Herzog/Scholz/Di Fabio*, Art. 2 Abs. 1 Rn. 205.
75 *Laufs/Kern/Rehborn/Ulsenheimer*, § 159 Rn. 25.
76 *Bleyer/Pawlik*, Bay Arztebl 12/2013, 664 (665 f.).
77 *Ennuschat*, ZRP 2023, 197 (198).
78 *Ennuschat*, ZRP 2023, 197 (198).
79 *Laufs/Kern/Rehborn/Ulsenheimer*, § 159 Rn. 23.
80 Siehe § 216 StGB.
81 *Dürig/Herzog/Scholz/Di Fabio*, Art. 2 Abs. 1 Rn. 205.
82 BVerwG NJW 2017, 2215 Rn. 24.
83 BVerfG NJW 2020, 905 Rn. 4.
84 *Hufen*, NJW 2018, 1524 (1524).

Selbstbestimmung des Menschen besonders in Grenzsituationen des Lebens achten.[85] Der autonome Mensch muss selbst bestimmen können, ob und unter welchen Voraussetzungen er sein Leben beendet.[86] Der Sterbewunsch ist keine zu bekämpfende Gefahr, sondern gehört zu einer freiheitlichen und auf die Menschenwürde konzentrierten Gesellschaft.[87] Gegenteilig wird vertreten, dass der Eingriff in das Selbstbestimmungsrecht verfassungsrechtlich gerechtfertigt sei, da dem Schutz des Lebens höheres Gewicht zukomme.[88] Außerdem werde man damit dem gesellschaftlich anerkannten Tötungstabu gerecht.[89]

Im Wege der praktischen Konkordanz der Grundrechte kann in engen Grenzen eine Legalisierung der Sterbehilfe durch die Schaffung neuer Regelungen durch den Gesetzgeber, sowie durch die anhaltende Rechtsfortbildung durch Rechtsprechung und Wissenschaft herbeigeführt werden.[90] In Anbetracht der Tatsache, dass in einigen anderen europäischen Staaten wie den Niederlanden, Luxemburg und Belgien die aktive Sterbehilfe von Strafe freigestellt wurde, ist auch in Deutschland zu diskutieren, ob eine Sanktionierung der aktiven Sterbehilfe verfassungsrechtlich (noch) geboten ist.[91]

V. Zivil- und strafrechtliche Grundlagen

1. Kernaussagen des Medizinrechts

Im Zivilrecht entfalten der Persönlichkeitsschutz bzw. das Selbstbestimmungsrecht des Patienten ihre Wirkung in Bezug auf die ärztliche Aufklärungspflicht, den Anspruch des Patienten auf Dokumentation, Rechenschaft über den Gang der ärztlichen Behandlung sowie auf Einsichtnahme in seine Patientenakten.[92]

---

85 *Hufen*, NJW 2018, 1524 (1528).
86 *Hufen*, NJW 2018, 1524 (1528).
87 *Hufen*, NJW 2018, 1524 (1528).
88 Vgl. *Lindner*, NStZ 2020, 505 (507 f.).
89 Vgl. *Lindner*, NStZ 2020, 505 (508).
90 *Hufen*, NJW 2001, 849 (855).
91 Dreier GG I/*Wapler*, Art. 1 Abs. 1 Rn. 153; *Laufs/Kern/Rehborn/Ulsenheimer*, § 159 Rn. 23.
92 *Dürig/Herzog/Scholz/Di Fabio*, Art. 2 Abs. 1 Rn. 204.

Die Patientenverfügung findet ihre Grundlage im Medizinrecht, wohingegen der Umgang mit ihr im Betreuungsrecht geregelt wird.[93] Grundsätzlich verwirklicht den Tatbestand einer Körperverletzung jeder medizinische Eingriff, denn er greift in die gemäß Art. 2 Abs. 1 und Abs. 2 GG geschützte körperliche Integrität des Patienten ein. Nur mit einer Einwilligung im Sinne von § 228 StGB kann der Eingriff legitimiert werden.[94] Hierbei handelt es sich um den medizinrechtlichen Kerngehalt.[95]

Nach den Grundsätzen des Medizinrechts steht die Legitimation des Eingriffs auf zwei Säulen.[96] Zum einen muss die angebotene Therapie indiziert sein, d. h., dass eine konkrete medizinische Maßnahme angezeigt ist, um ein bestimmtes Behandlungsziel zu erreichen und zum anderen muss ermittelt werden, ob der Patient die Indikation wünscht oder ablehnt.[97] Von letzterem kann in einem akuten Notfall bei einem unbekannten bewusstlosen Patienten ggf. abgesehen werden.[98]

2. Behandlungsvertrag

Grundsätzlich muss dem Patientenselbstbestimmungsrecht, das durch die Grundrechte gewährleistet wird, nach der anerkannten Lehre der mittelbaren Drittwirkung der Grundrechte auch im Privatrecht Geltung zukommen.[99] Das Dritte Gesetz zur Änderung des Betreuungsrechts vom 18. Juni 2009 (3. BtÄndG) und die Schaffung der alten §§ 1901a, 1901b BGB (a. F.) stellten die zivilrechtliche Umsetzung der Garantie des Selbstbestimmungsrechts eines Patienten dar.[100] Zivilrechtliche Bedeutung erlangt das Patientenselbstbestimmungsrecht über § 823 BGB in Verbindung mit den entsprechenden strafrechtlichen Normen.[101]

---

93 *Putz*, FPR 2012, 13 (13).
94 *Heintschel-Heinegg/Eschelbach*, § 228 Rn. 1.
95 *Putz*, FPR 2012, 13 (13).
96 *Putz*, FPR 2012, 13 (15).
97 *BAK*, Indikationsstellung; *Putz*, FPR 2012, 13 (15); *Laufs/Katzenmeier/Lipp/Lipp*, VI Rn. 93 f.
98 *Putz*, FPR 2012, 13 (15).
99 BGH NJW 2013, 2961 Rn. 14.
100 BT-Drs. 16/8442, 3.
101 *Hager*, JZ 1994, 373 (378).

Arzt und Patient schließen nach § 630a BGB einen Behandlungsvertrag.[102] Dieser stellt die notwendige Grundlage für die ärztliche Behandlung dar und bindet den Arzt an den privatautonomen Willen des Patienten.[103] Das Selbstbestimmungsrecht des Patienten ist Grundlage der Behandlungs- und Verhaltensgrundsätze von Ärzten.[104] Nach § 7 Abs. 1 MBO-Ä hat jede medizinische Behandlung unter Wahrung der Menschenwürde und unter Achtung der Persönlichkeit, des Willens und der Rechte der Patienten, insbesondere des Selbstbestimmungsrechts, zu erfolgen.[105] Ärzte sind dazu verpflichtet, das Recht der Patienten zu respektieren und empfohlene Untersuchungs- und Behandlungsmaßnahmen abzulehnen, wenn diese gegen den erklärten oder mutmaßlichen Willen des Patienten durchgeführt werden, da jede solche Behandlung dessen Selbstbestimmungsrecht verletzt.[106] Sowohl die Ablehnung der Behandlung nach ordnungsgemäß erfolgter Aufklärung als auch der wirksame erklärte Verzicht auf diese sind zu dokumentieren.[107]

Der Behandlungsvertrag legitimiert für sich keine Beeinträchtigung der körperlichen Integrität.[108] Die Legitimation für den medizinischen Eingriff erfolgt ausschließlich über die Indikation der konkreten Behandlungsmaßnahme, deren Durchführung nach lege artis und die wirksame Einwilligung des ordnungsgemäß aufgeklärten Patienten entsprechend den §§ 630a Abs. 2, 630d, 630e BGB.[109] Der Patient kann wirksam auf eine ordnungsgemäße Aufklärung verzichten, wenn er zumindest die Art und die Erforderlichkeit des medizinischen Eingriffes und das Bestehen eines Risikos erkennen kann.[110] Sobald die Einwilligung des ordnungsgemäß aufgeklärten Patienten fehlt oder kein wirksamer Verzicht bezüglich der ordnungsgemäßen Aufklärung

---

102 *Hau/Poseck/Katzenmeier*, § 630a Rn. 15.
103 BGH NJW 1987, 2289 (2290); MAH MedR/*Wollersheim* § 6 Rn. 127.
104 MAH MedR/*Wollersheim* § 6 Rn. 127.
105 Siehe § 7 Abs. 1 S. 1 MBO-Ä.
106 MAH MedR/*Wollersheim* § 6 Rn. 128.
107 MAH MedR/*Wollersheim* § 6 Rn. 128.
108 *Hindemit*, RNotZ 2022, 1 (3).
109 *Laufs/Katzenmeier/Lipp/Lipp*, VI Rn. 93; *Schönke/Schröder/Sternberg-Lieben*, § 223 Rn. 34 f.
110 *Roßner*, NJW 1990, 2291 (2291 ff.).

vorliegt, ist die Behandlungsmaßnahme selbst dann rechtswidrig, wenn sie medizinisch indiziert ist und lege artis durchgeführt wird.[111]

3. Strafrechtliche Grundlagen

Seine Wirkung entfaltet das Selbstbestimmungsrecht ebenfalls im Strafrecht. Nach ständiger Rechtsprechung des BGH stellt ein medizinisch indizierter Eingriff tatbestandsmäßig eine strafbare Körperverletzung gem. § 223 StGB bzw. eine gefährliche oder schwere Körperverletzung gem. § 224 StGB oder § 226 StGB dar, die jedoch durch eine wirksam erteilte Einwilligung des Patienten bzw. das Rechtsinstitut der mutmaßlichen Einwilligung gerechtfertigt sein kann.[112] Liegt keine Einwilligung vor, ist eine ärztliche Behandlung selbst dann unzulässig, wenn ohne sie ein lebensbedrohlicher Zustand nicht abgewendet oder überwunden werden kann.[113] Es steht damit eine Strafbarkeit im Raum, wenn der Patient in eine Behandlungsmaßnahme nicht eingewilligt hat oder er hierüber nicht aufgeklärt worden ist.[114] Entsprechend dem in einer Patientenverfügung erklärten Willen besteht keine Verpflichtung zur Hilfeleistung nach § 323c Abs. 1 StGB.[115] Wenn der entgegenstehende Wille der betroffenen Person bekannt ist und die Hilfe trotzdem aufgezwungen wird, kann dies eine strafbare Handlung gemäß den §§ 223, 239, 240 StGB darstellen.[116] Dem in der Patientenverfügung erklärten Willen ist auch dann Folge zu leisten, wenn der Patient seinen Gesundheitszustand, beispielsweise bei einem Suizidversuch, selbst herbeigeführt hat.[117] Wenn ein Arzt oder Patientenvertreter dem ernstlichen Wunsch nach Behandlungseinstellung des Patienten nachkommt, kann er aufgrund der Einwirkung des grundrechtlich verbürgten Persönlichkeitsrechts des Patienten nicht wegen eines Tötungsdelikts belangt werden.[118]

Dritte sind zur Vornahme medizinisch nicht indizierter, lebensverkürzender Maßnahmen weder bei entscheidungsfähigen noch bei entscheidungsunfähigen Betroffenen verpflichtet, da eine Tötung auf Verlangen nach

---

111 BGH NJW 1989, 1533 (1535); *Laufs/Katzenmeier/Lipp/Lipp*, VI Rn. 93 f.
112 BGH MedR 2017, 36 m. Anm. *Sternberg-Lieben* (44); BGH NStZ 2008, 150 (151 f.).
113 BGH NJW 1958, 267 (268).
114 *Hindemit*, RNotZ 2022,1 (3).
115 BGH NJW 2019, 3092 Rn. 47.
116 *Spickhoff/Schuhr*, § 323c StGB Rn. 38.
117 BGH NJW 2019, 3092 Rn. 47.
118 *Dürig/Herzog/Scholz/Di Fabio*, Art. 2 Abs. 1 Rn. 205.

§ 216 StGB strafrechtlich sanktioniert ist.[119] Sowohl der Patientenvertreter als auch der Arzt können als „Garanten" in Bezug auf den Lebensschutz betrachtet werden, sodass diese typischerweise mit Patientenverfügungen konfrontierten Personen bei einer Unterlassung der medizinischen Behandlung wegen Tötung durch Unterlassen gemäß § 13 StGB sanktioniert werden können.[120] Wird sich über den Patientenwillen absichtlich hinweggesetzt, kann ein Strafverfahren hinsichtlich der Körperverletzung infolge aufgedrängter Weiterbehandlung eingeleitet werden.[121]

VI. Grundsatz „*in dubio pro vita*"

In Fällen, in denen nach Ausschöpfung aller verfügbaren Erkenntnisse ein auf die Durchführung, die Nichteinleitung oder den Abbruch einer ärztlichen Maßnahme gerichteter Wille nicht festgestellt werden kann, ist aufgrund der hohen Bedeutung des Rechtsguts Leben diesem der Vorrang einzuräumen.[122] Es gilt dann der Grundsatz „*in dubio pro vita*".[123] Die Bundesärztekammer hat gemeinsam mit ihrem Ethikrat für Notfallsituationen die Empfehlung ausgesprochen, dass im Zweifel die medizinisch indizierte Behandlung einzuleiten ist, da diese auf die Erhaltung des Lebens gerichtet ist.[124] Dieser Leitsatz ist nicht unumstritten und so vertritt beispielsweise Hufen den Grundsatz „*in dubio pro dignitate*", und ist der Ansicht, dass das Leben zwar durch Art. 2 Abs. 2 GG geschützt ist, jedoch genießt der Lebensschutz weniger Gewicht als die Menschenwürde des Patienten und dessen Recht auf Selbstbestimmung.[125]

Eine medizinische Maßnahme kann jedoch nicht grundlos vorgenommen werden, sondern muss indiziert sein.[126] Eine Indikation gründet auf

---

[119] *Laufs/Kern/Rehborn/Ulsenheimer*, § 133 Rn. 40.

[120] *Tamm*, VuR 2009, 449 (457).

[121] BGH MedR 2017, 36 m. Anm. *Sternberg-Lieben* (43).

[122] BT-Drs. 16/8442, 16; *Gsell/Krüger/Diener*, § 1827 Rn. 111; *Hau/Poseck/Müller-Engels*, § 1827 Rn. 39.

[123] BT-Drs. 16/8442, 16; *Gsell/Krüger/Diener*, § 1827 Rn. 111; *Hau/Poseck/Müller-Engels*, § 1827 Rn. 39.

[124] *BAK*, Dtsch Arztebl 2018, A 2434 (2441).

[125] *Hufen*, NJW 2018, 1524 (1526); *Hufen*, NJW 2001, 849 (849 ff.).

[126] *Laufs/Katzenmeier/Lipp/Lipp*, VI Rn. 93 f.

einem proaktiven Entscheidungsprozess und kann definiert werden als die Einschätzung eines Arztes, dass eine spezifische medizinische Maßnahme notwendig ist, um ein festgelegtes therapeutisches Ziel zu erfüllen.[127] Der Arzt muss also auch bei dem Grundsatz „*in dubio pro vita*“ eine Abwägung vornehmen.[128] Würde die medizinische Maßnahme nur noch zu einer sinnlosen Verzögerung alsbaldigen Sterbens führen, entfällt unter den dargelegten Voraussetzungen die Rechtspflicht des Arztes zur Lebensverlängerung.[129] Nicht anders kann die Situation beurteilt werden, wenn die ärztlichen Maßnahmen nur unter Inkaufnahme schwerer irreparabler Gesundheitsschäden, lebensrettend wirken würden.[130] Wenn das Therapieziel, die vollständige Genesung jener konkreten Krankheit, nicht erreichbar ist, dann erlischt der ärztliche Handlungsauftrag nicht, sondern er besteht fort, indem ein anderes, erreichbares, gegebenenfalls palliatives Therapieziel formuliert wird.[131] Der ärztliche Handlungsauftrag enthält einen Anspruch des Patienten, ein verantwortbares Therapieangebot zu erhalten.[132] Dieser Anspruch entspringt der Menschenwürde des Patienten.[133]

---

[127] *Schönke/Schröder/Sternberg-Lieben*, § 223 Rn. 34.
[128] *Schönke/Schröder/Sternberg-Lieben*, § 223 Rn. 34.
[129] *Laufs/Kern/Rehborn/Ulsenheimer*, § 159 Rn. 34.
[130] BGH NJW 1984, 2639 (2642); *Schönke/Schröder/Sternberg-Lieben*, § 223 Rn. 34.
[131] *Bleyer/Pawlik*, Bay Arztebl 12/2013, 664 (665 f.).
[132] *Bleyer/Pawlik*, Bay Arztebl 12/2013, 664 (665 f.).
[133] *Bleyer/Pawlik*, Bay Arztebl 12/2013, 664 (665 f.).

C. Die gesetzliche Regelung der Patientenverfügung

I. Gesetzesgeschichte

1. Exkurs in die USA – die Anfänge

Luis Kutner, ein bedeutender Menschenrechtsanwalt in den USA, hat in den 1960er Jahren eine wichtige Rolle bei der Entwicklung des Konzepts des „Living Will" gespielt.[134] Ein „Living Will" ist ein schriftliches Dokument, das eine Person verfasst, um ihre Behandlungswünsche festzuhalten, für den Fall, dass sie nicht mehr in der Lage sein sollte, ihre Entscheidungen selbst zu treffen.[135] Das Ziel des „Living Will" ist es sicherzustellen, dass die Wünsche eines Patienten in Bezug auf die Vornahme oder das Unterlassen lebenserhaltender Maßnahmen respektiert werden.[136] Das Konzept des „Living Will" war revolutionär und spiegelte die jahrelangen Bestrebungen von Kutner wider, das Recht auf Patientenautonomie zu stärken und sicherzustellen, dass die Stimme der Patienten auch dann gehört wird, wenn sie selbst nicht sprechen können.[137] Der „Living Will" und das damit verbundene Konzept der Patientenverfügung wurde in den folgenden Jahren von immer mehr US-Bundesstaaten anerkannt und im Jahr 1990 durch den „Patient Self-Determination Act" (PSDA) auch landesweit in Gesetzesform gegossen.[138] Die Einstellung der medizinischen Fachwelt und von Regierungspolitikern

---

134 *Schlissel DeCorpo*, History of Living Wills; *Primm*, Encyclopedia.com.
135 *Schlissel DeCorpo*, Living Wills; *Nabili*, Advance Medical Directives.
136 *Schlissel DeCorpo*, Living Wills; *Nabili*, Advance Medical Directives.
137 *Schlissel DeCorpo*, History of Living Wills; *Primm*, Encyclopedia.com.
138 *Primm*, Encyclopedia.com.

wurde dadurch geändert und hat zur Anerkennung von Patientenrechten in vielen Teilen der Welt beigetragen.[139]

Luis Kutners Ideen wurden von der von den USA ausgehenden Euthanasiebewegung in den 1970er Jahren unterstützt und weiter getragen.[140] Die Bewegung hat in verschiedenen Ländern zu Debatten in Bezug auf ein selbstbestimmtes Sterben und in der Folge zu Gesetzesvorhaben geführt.[141] Dazu beigetragen haben auch diverse Gerichtsverfahren, die sich mit der Frage der Patientenautonomie von einwilligungsunfähigen Patienten auseinandergesetzt haben.[142] Einer der bedeutendsten Präzedenzfälle war der Fall der Karen Ann Quinlan.[143] Im Jahr 1975 fiel die 21-jährige Karen Ann Quinlan aus ungeklärten Gründen nach einer Party ins Koma.[144] Obwohl sie durch ein Beatmungsgerät und eine Magensonde künstlich am Leben gehalten wurde, diagnostizierte man einen irreversiblen Hirnschaden, der es ihr unmöglich machen würde jemals wieder aus dem Koma aufzuwachen.[145] Ein kleiner Bereich des Gehirns wies eine Resthirnaktivität auf.[146] Der Fall erregte internationales Medieninteresse, besonders in England, und führte zu langwierigen Gerichtsverfahren.[147] Ihr Adoptivvater Josef Quinlan beantragte eine gerichtliche Genehmigung zur Einstellung der künstlichen lebenserhaltenden Maßnahmen.[148] Der Antrag wurde vom Gericht abgelehnt und sogar der Staat New Jersey gab bekannt, jeden Arzt strafrechtlich belangen zu wollen, der dabei half, Karen Anns Leben zu beenden.[149] In der nächsten Instanz urteilte der New Jersey Supreme Court am 31. März 1976, dass das staatliche Interesse an der Garantie des Lebensschutzes hinter dem verfassungsrechtlich verbürgten

---

139 *Primm*, Encyclopedia.com.

140 *Görlitzer*, BioSkop 29, 9.

141 m.w.N. *Schreiber*, NStZ 1986, 337 (337).

142 Siehe auch den Fall der Elizabeth Storar und Joseph Fox, m.w.N. *Haber*, 3 Pace Law Rev 1983, 351 (351 ff.).

143 *Long*, Wired v. 11.06.2000; *McColl Kennedy*, JME 1976, 2, 3 (3); *McFadden*, NYT v. 12.06.1985.

144 *Long*, Wired v. 11.06.2000.

145 *McColl Kennedy*, JME 1976, 2, 3 (3 f.).

146 *McColl Kennedy*, JME 1976, 2, 3 (3 f.); *Wadler*, Washington Post v. 26.05.1981.

147 *McColl Kennedy*, JME 1976, 2, 3 (3 f.).

148 *Long*, Wired v. 11.06.2000.

149 *Long*, Wired v. 11.06.2000.

Right of Privacy zurückstehen müsse.[150] Der Vater könne als Betreuer seiner Tochter ihr Right of Privacy ausüben.[151] In dem Grundsatzurteil wurde festgesetzt, dass ohne zwingende gerichtliche Genehmigung der Betreuer und die Familie, in Absprache mit dem behandelnden Arzt, für den Patienten entscheiden und die medizinischen Maßnahmen an die Lebensumstände anpassen können.[152] Im Mai 1976 wurde das Beatmungsgerät abgeschaltet.[153] Karen Ann Quinlan überlebte die Abschaltung und verstarb neun Jahre später in einem Pflegeheim; in dieser Zeit befand sie sich in einem vegetativen Zustand und wurde nasogastrisch ernährt.[154]

In der Folge erließen eine wachsende Anzahl von US-Staaten Gesetze, die den „Living Will" als juristisches Dokument anerkannten und damit seine Durchsetzung als Instrument des Patientenwillens stark förderten.[155] Heute ist der „Living Will" für viele Menschen ein wichtiger Bestandteil ihrer Vorsorge für kritische Entscheidungen am Lebensende, die ihre Selbstbestimmung und Würde schützen.[156]

2. Das Patientenverfügungsgesetz – Gesetzgebungshintergrund

a) Rechtslage bis September 2009

aa) Bedeutende Rechtsprechung vor September 2009

(1) „Kemptener Entscheidung", BGH Urteil vom 13. September 1994 – 1 StR 357/94

Am 13. September 1994 vollzog der BGH mit seiner „Kemptener Entscheidung" einen Paradigmenwechsel.[157] Bis dahin konnte die passive Sterbehilfe nur geleistet werden, wenn sich der Patient bereits im Sterbeprozess befand.[158] Das bedeutete, dass sich das Leiden bzw. der gesundheitliche Zustand des Patienten so irreversibel verschlechtert hatte, dass dessen Tod infolgedessen

---

150 *McFadden*, NYT v. 12.06.1985.
151 *Long*, Wired v. 11.06.2000.
152 *Nabili*, Advance Medical Directives.
153 *Wadler*, Washington Post v. 26.05.1981.
154 *McFadden*, NYT v. 12.06.1985.
155 *AP*, NYT v. 20.09.1984.
156 *Sabatino*, Vorsorgeverfügungen.
157 *Bergmann/Pauge/Steinmeyer/Gaidzik*, § 217 Rn. 8.
158 *Bergmann/Pauge/Steinmeyer/Gaidzik*, § 217 Rn. 8.

demnächst bevorstand.[159] Die passive Sterbehilfe erlaubte dem behandelnden Arzt den Verzicht auf lebensverlängernde Maßnahmen wie Beatmung, Bluttransfusion oder künstliche Ernährung.[160] Der BGH stellte fest, dass ausnahmsweise der Abbruch einer lebenserhaltenden Maßnahme zu einem Zeitpunkt zulässig sein kann, wenn der Sterbeprozess noch nicht eingesetzt hat und damit die Voraussetzungen für die Sterbehilfe nach der Richtlinie der Bundesärztekammer nicht vorliegen.[161] Wenn der Patient nicht mehr entscheidungsfähig ist, ist sein mutmaßlicher Wille ausschlaggebend.[162] Ein auf Abbruch einer solchen Maßnahme gerichteter Patientenwille ist Ausdruck der allgemeinen Entscheidungsfreiheit und des Rechts auf körperliche Unversehrtheit nach Art. 2 Abs. 1 GG und ist daher anzuerkennen.[163] Es handelt sich dann nicht um „Hilfe beim Sterben" sondern um Sterbehilfe im weiteren Sinne, auch als „Hilfe zum Sterben" bezeichnet.[164] Gegenstand der Entscheidung war ein Behandlungsabbruch bei einer damals 70-Jährigen, die „an einem ausgeprägten hirnorganischen Psychosyndrom im Rahmen einer präsenilen Demenz mit Verdacht auf Alzheimer-Krankheit" litt.[165] Sie hatte im September 1990 einen Herzstillstand erlitten, war reanimiert worden und dadurch irreversibel schwerst cerebral geschädigt, nicht mehr ansprechbar, bettlägerig und musste künstlich ernährt werden.[166] Auf äußere Reize reagierte sie nur noch mit Zuckungen oder Lautäußerungen wie „Knurren".[167] Da sich der Zustand auch nach über zwei Jahren nicht veränderte, beschlossen der behandelnde Arzt und ihr Sohn, der als Betreuer eingesetzt war, die Einstellung der künstlichen Ernährung; stattdessen sollte nur noch Tee verabreicht werden, der nach zwei bis drei Wochen ohne Leid zum Tod führen sollte.[168] Das Pflegepersonal meldete dem Vormundschaftsgericht das vom behandelnden Arzt und Sohn beschlossene Vorgehen, und das

159 BGH NJW 1995, 204 (204).
160 BGH NJW 1995, 204 (204).
161 BGH NJW 1995, 204 (204).
162 BGH NJW 1995, 204 (204).
163 BGH NJW 1995, 204 (204).
164 *Bergmann/Pauge/Steinmeyer/Gaidzik*, § 217 Rn. 8.
165 BGH NJW 1995, 204 (204).
166 BGH NJW 1995, 204 (204).
167 BGH NJW 1995, 204 (204).
168 BGH NJW 1995, 204 (204).

Gericht untersagte den Abbruch der künstlichen Ernährung mit einer einstweiligen Anordnung.[169] Aufgrund eines Lungenödems verstarb die Patientin ein halbes Jahr später.[170] Der BGH stellte fest, dass sich die Patientin nicht im Sterbevorgang befand und eine Sterbehilfe in dem Sinne nicht vorlag, vielmehr hat es sich um den Abbruch lebenserhaltender Maßnahmen gehandelt.[171] Ein Abbruch dieser Maßnahmen sei nur mit entsprechendem Patientenwillen auf Grundlage seiner Entscheidungsfreiheit und des Rechts auf körperliche Unversehrtheit möglich und dieser Patientenwille muss auch Beachtung finden, wenn eine unmittelbare Todesnähe nicht besteht.[172] Wenn der Patient keine Entscheidung mehr treffen kann, ist der mutmaßliche Wille entscheidend.[173] Im Interesse des Lebensschutzes sind daran aber strenge Anforderungen zu stellen.[174] Dabei müssen beispielsweise frühere mündliche oder schriftliche Äußerungen, religiöse Überzeugungen oder sonstige persönliche Wertvorstellungen, die voraussichtliche Lebenserwartung oder zu erwartende Schmerzen berücksichtigt werden.[175] Als Anhaltspunkte können dabei objektive Kriterien dienen wie die Beurteilung, ob die medizinische Maßnahme als „normal" anzusehen ist oder den üblichen Interessen eines verständigen Patienten entspricht.[176] Ist es nicht möglich bei der gebotenen sorgfältigen Prüfung konkrete Umstände für die Feststellung des individuellen mutmaßlichen Willens des Kranken zu finden, so kann und muss auf allgemeine Wertvorstellungen zurückgegriffen werden, wobei im Zweifel der Lebensschutz Vorrang hat.[177] Ein Abbruch einer medizinischen Behandlung erscheint umso vertretbarer, je unwahrscheinlicher es ist, dass der Patient wieder ein nach allgemeinen Vorstellungen menschenwürdiges Leben führen kann und je näher er dem Tod ist.[178] Bei einer lebensfähigen Patientin wie im vorliegenden Fall reicht es jedoch für sich genommen nicht aus, dass sie

---

[169] BGH NJW 1995, 204 (204).
[170] BGH NJW 1995, 204 (204).
[171] BGH NJW 1995, 204 (204).
[172] BGH NJW 1995, 204 (204).
[173] BGH NJW 1995, 204 (205).
[174] BGH NJW 1995, 204 (205).
[175] BGH NJW 1995, 204 (205).
[176] BGH NJW 1995, 204 (205).
[177] BGH NJW 1995, 204 (205).
[178] BGH NJW 1995, 204 (205).

nur noch über die wesentlichen körperlichen Funktionen verfügte und mit ihrem Umfeld nicht mehr kommunizieren konnte, sodass man ihr Dasein als sinnlos erachten könnte.[179]

Da es sich bei dem Selbstbestimmungsrecht um ein höchstpersönliches Recht handelt, muss der Gefahr entgegengewirkt werden, dass Dritte über den Patienten befinden und seinen Zustand nach deren Maßstäben als lebenswert oder eben als lebensunwert beurteilen und infolgedessen entsprechende medizinische Maßnahmen anordnen oder unterlassen.[180]

(2) „Lübecker Entscheidung", BGH Beschluss vom 17. März 2003 – XII ZB 2/03

Mit dem als „Lübecker Entscheidung" bekannten Beschluss vom 17. März 2003 stellte der BGH fest, dass bei einem nicht mehr einwilligungsfähigen Patienten mit einem irreversibel tödlichen Grundleiden dann lebenserhaltende oder -verlängernde Maßnahmen unterbleiben müssen, wenn er einen entsprechenden Willen beispielsweise in einer sogenannten Patientenverfügung geäußert hat.[181] Aus der Würde des Menschen nach Art. 1 Abs. 1 GG folgt, dass das Selbstbestimmungsrecht, das in der Vergangenheit in einem einwilligungsfähigen Zustand ausgeübt wurde, auch dann noch beachtet werden muss, wenn der Betroffene keine eigenverantwortliche Entscheidung mehr treffen kann.[182] Nach dem BGH verbietet sich ein Rückgriff des Betreuers auf den mutmaßlichen Willen des Betroffenen, um den geäußerten Willen für oder gegen bestimmte medizinische Maßnahmen zu „korrigieren".[183] Eine „Korrektur" ist ausnahmsweise nur dann möglich, wenn sich der Betroffene in der Zwischenzeit von seiner Erklärung erkennbar mit Widerrufswillen distanziert hat oder sich Tatsachen nachträglich so gravierend geändert haben, dass die aktuellen Gegebenheiten nicht von der früheren selbstverantwortlich getroffenen Entscheidung umfasst sind.[184]

---

179 BGH NJW 1995, 204 (205).
180 BGH NJW 1995, 204 (205).
181 BGH NJW 2003, 1588 (1590 f.).
182 BGH NJW 2003, 1588 (1591).
183 BGH NJW 2003, 1588 (1591).
184 BGH NJW 2003, 1588 (1591).

Erst dann, wenn ein zuvor erklärter Wille nicht ermittelt werden kann, muss die Zulässigkeit einer lebenserhaltenden oder -verlängernden Maßnahme nach dem mutmaßlichen Willen des Betroffenen beurteilt werden.[185] Für die Beurteilung sind Kriterien wie Lebensentscheidungen, Wertvorstellungen und Überzeugungen maßgebend.[186] Die Aufgabe des Betreuers als gesetzlicher Vertreter ist es, nach Maßgabe des § 1901 BGB (a. F.) in eigener rechtlicher Verantwortung dafür Sorge zu tragen, dass der Patientenwille durch Ärzte und medizinisches Personal beachtet und durchgesetzt wird.[187] Allerdings kann der Betreuer seine Einwilligung in eine angebotene lebenserhaltende oder -verlängernde Maßnahme nicht ohne Zustimmung des Vormundschaftsgerichts wirksam ablehnen.[188] Gegenstand des Beschlusses war ein Patient, der infolge eines Myokardinfarkts im Jahr 2000 einen „hypoxischen Gehirnschaden im Sinne eines apallischen Syndroms" erlitt und seitdem über eine PEG-Magensonde ernährt wurde und nicht mehr ansprechbar war.[189] Im Jahr 2002 beantragte der zum Betreuer bestellte Sohn die Einstellung der Ernährung über die PEG-Sonde, da dies dem in der Patientenverfügung geäußerten Willen entsprach und nicht zu erwarten war, dass sich der Zustand seines Vaters wieder bessern würde.[190]

Der Betroffene hatte in der Vergangenheit eine unter Angabe von Ort und Datum unterzeichnete Verfügung mit folgendem Wortlaut erstellt:

> Im Fall meiner irreversiblen Bewusstlosigkeit, schwerster Dauerschäden meines Gehirns oder des dauernden Ausfalls lebenswichtiger Funktionen meines Körpers oder im Endstadium einer zum Tode führenden Krankheit, wenn die Behandlung nur noch dazu führen würde, den Vorgang des Sterbens zu verlängern, will ich:
>
> - keine Intensivbehandlung,
> - Einstellung der Ernährung,
> - nur angst- oder schmerzlindernde Maßnahmen, wenn nötig,
> - keine künstliche Beatmung,
> - keine Bluttransfusionen,
> - keine Organtransplantation,
> - keinen Anschluss an eine Herz-Lungen-Maschine.

---

[185] BGH NJW 2003, 1588 (1591).
[186] BGH NJW 2003, 1588 (1591).
[187] BGH NJW 2003, 1588 (1589).
[188] BGH NJW 2003, 1588 (1591).
[189] BGH NJW 2003, 1588 (1588).
[190] BGH NJW 2003, 1588 (1588).

> Meine Vertrauenspersonen sind ... [es folgen die Namen und Adressen der Ehefrau sowie des Sohnes und der Tochter]. Diese Verfügung wurde bei klarem Verstand und in voller Kenntnis der Rechtslage unterzeichnet. Lübeck, den 27.11.1998, [Unterschrift][191]

Der BGH stellte wie in seiner Kemptener Entscheidung vom 13. September 1994 fest, dass sich, wenn kein erklärter Wille des Patienten vorliegt, an dem Wohl bzw. an dem mutmaßlichen Willen des Patienten orientiert werden soll.[192] Maßgebend sind nach dem Wortlaut des § 1901 Abs. 3 BGB (a. F.) die Wünsche des Betroffenen, sofern sie festgestellt werden können, nicht erkennbar widerrufen worden sind und dem Wohl des Betreuten nicht zuwiderlaufen.[193] Dabei ist das Wohl des Betroffenen nicht nur objektiv, sondern nach der Vorgabe des § 1901 Abs. 2 S. 2 BGB (a. F.) sogar primär subjektiv zu verstehen; „Zum Wohl des Betreuten gehört auch die Möglichkeit, sein Leben nach seinen eigenen Vorstellungen und Wünschen zu gestalten".[194] Nur wenn nicht festgestellt werden kann, ob der Betroffene in einem einwilligungsfähigen Zustand seinen Willen für oder gegen eine bestimmte Behandlung gebildet hat, ist auf den mutmaßlichen Willen zurückzugreifen.[195] Sobald eine solche Willensäußerung, beispielsweise in Form einer Patientenverfügung, vorliegt, bindet sie Betreuer, Arzt und medizinisches Personal als Ausdruck des fortwirkenden Selbstbestimmungsrechts.[196] Die vom Patienten eigenverantwortlich getroffene Entscheidung muss mit Blick auf dessen Würde aus Art. 1 Abs. 1 GG auch dann noch respektiert werden, wenn er die Fähigkeit zu eigenverantwortlichem Entscheiden inzwischen verloren hat.[197] Des Weiteren stellte der BGH fest, dass die Tatsache, dass der Betreuer an den wirklichen, hilfsweise an den mutmaßlichen Willen des Patienten gebunden ist, einer vormundschaftlichen Kontrolle seines Ersuchens, die künstliche Ernährung des Patienten zu beenden, nicht entgegensteht.[198] Einerseits überprüft das

---

191 BGH NJW 2003, 1588 (1588).
192 BGH NJW 2003, 1588 (1591); BGH NJW 1995, 204 (205).
193 BGH NJW 2003, 1588 (1590).
194 BGH NJW 2003, 1588 (1590); BGH NJW 1995, 204 (205).
195 BGH NJW 2003, 1588 (1591).
196 BGH NJW 2003, 1588 (1591).
197 BGH NJW 2003, 1588 (1591).
198 BGH NJW 2003, 1588 (1591).

vormundschaftsgerichtliche Verfahren, ob der Betreuer den Willen des Betroffenen umfassend erforscht hat oder ob im Einzelfall weitergehende Erforschung nötig ist, und andererseits kann das Gericht für alle Beteiligten verbindlich feststellen, dass die vom Betreuer gewünschte Beendigung der medizinischen Behandlung in der konkreten Situation dem in der Verfügung ausgedrückten Willen des Betroffenen entspricht.[199]

(3) Keine gesetzliche Regelung

Bis 2009 gab es in Deutschland weder eine gesetzliche Regelung zum Umgang mit verfassten Patientenverfügungen noch ein einheitliches Begriffsverständnis.[200] Neben dem Begriff „Patientenverfügung" wurden „Patiententestament", „Patientenbrief" oder „Living Will" synonym verwendet.[201] Diese Rechtslage war dramatisch, da nach inoffiziellen Schätzungen ca. 8 Millionen Deutsche ihren letzten Willen bezüglich der Vornahme oder des Abbruchs von medizinischen Behandlungen geregelt hatten.[202] Viele verfasste Schriftstücke unterschieden sich erheblich, und es bestand keine Rechtsklarheit hinsichtlich der Durchsetzungskraft und der Reichweite der Verfügung oder der Genehmigungsbedürftigkeit des Behandlungsabbruchs.[203]

Ähnlich wie in den USA gab es auch in Deutschland Debatten und Forderungen nach notwendigen Gesetzen, die jedoch nicht zustande kamen.[204] Am 1. Dezember 1976 wurde von dem Bund für Geistesfreiheit (bfg) Nürnberg ein Inserat mit dem Titel „Für das Recht, human zu sterben?" in drei Tageszeitungen veröffentlicht.[205]

Aufgrund der hohen Rückmeldungen von Lesern veröffentlichte die „Initiative für humanes Sterben nach Wunsch der Sterbenden" bereits zwei Jahre später eine Broschüre mit dem Thema „Für das Recht, human zu sterben? – Euthanasie heute – eine Dokumentation".[206] Die Initiative forderte, dass der schmerzlose Tod erleichtert und auch im Sinne des Patientenwunsches

---

[199] BGH NJW 2003, 1588 (1591).
[200] *Hau/Poseck/Müller-Engels*, § 1827 Rn. 2.
[201] *Burandt/Rojahn/Kurze*, §1901b Rn. 2.
[202] *Hau/Poseck/Müller-Engels*, § 1827 Rn. 3.
[203] *Hau/Poseck/Müller-Engels*, § 1827 Rn. 3.
[204] *Schreiber*, NStZ 1986, 337 (337).
[205] *DGHS*, FS 40 Jahre (16).
[206] *DGHS*, FS 40 Jahre (16).

beschleunigt werden sollte.[207] Die Deutsche Gesellschaft für Humanes Sterben beabsichtigte eine Gesetzesänderung in Bezug auf die aktive Sterbehilfe auf Wunsch des Patienten und brachte einen Gesetzesvorschlag ein, nach dem bei dem Delikt aus § 216 StGB keine Strafbarkeit vorliegen sollte, wenn die Tötung erfolgte, um einen menschenwürdigen Tod zu ermöglichen.[208] Sowohl der 56. Deutsche Juristentag 1986 zum Thema „Recht auf den eigenen Tod" als auch der 63. Deutsche Juristentag 2000 mit der Fragestellung „Empfehlen sich zivilrechtliche Regelungen zur Absicherung der Patientenautonomie am Ende des Lebens?" sprachen sich gegen eine Neuregelung aus und kamen jeweils zum Ergebnis, dass offene Fragen anhand von Auslegung des vorhandenen Rechts beantwortet werden konnten.[209] Nachdem die im Jahr 2000 vom Deutschen Bundestag eingesetzte Enquete-Kommission sich nur geringfügig zur Patientenverfügung geäußert hatte, wurde mit Beschluss vom 18. Februar 2003 eine zweite Enquete-Kommission unter dem Titel „Ethik und Recht der modernen Medizin" eingesetzt.[210] Das Ziel der Kommission war es, unter anderem, bedeutende Fortschritte in der biowissenschaftlichen und medizinischen Forschung sowie in den Bereichen der Diagnostik, Prävention und Behandlung aufzuzeigen.[211] Diese sollten unter Berücksichtigung ethischer, rechtlicher, sozialer und politischer Gesichtspunkte beurteilt werden, um schlussendlich Vorschläge für gesellschaftliches Handeln, insbesondere des Gesetzgebers, zu erarbeiten.[212] Die Kommission behandelte im Rahmen eines Schwerpunktes „Menschenwürdig leben bis zuletzt" auch das Thema der Patientenverfügung und legte am 13. September 2004 einen Zwischenbericht vor.[213] Seitdem wurden einige gesetzliche Regelungen entworfen und diskutiert.[214] Im Juni 2009 wurde der sog. Stünker-Entwurf im Wesentlichen, unter Berücksichtigung der durch den Rechtsausschuss empfohlenen

---

[207] *DGHS*, FS 40 Jahre (16).
[208] *Hassemer*, FS für Schroeder, 51 (51 ff.); *Frisch*, FS für Schroeder, 11 (11 ff.).
[209] Sitzungsbericht M zum 56. DJT; *Taupitz* in Verhandlungen des 63. Deutschen Juristentages, Bd. I Gutachten, 2000, A5-A130.
[210] BT-Drs. 15/464, 1 f.
[211] *Gsell/Krüger/Diener*, § 1827 Rn. 11.
[212] *Gsell/Krüger/Diener*, § 1827 Rn. 11.
[213] BT-Drs. 15/3700, 5.
[214] MüKo BGB/*Schneider*, § 1827 Rn. 1.

Änderungen, mehrheitlich angenommen.[215] Das Dritte Gesetz zur Änderung des Betreuungsrechts trat am 1. September 2009 in Kraft und regelte erstmalig die Patientenverfügung.[216]

b) Rechtslage ab September 2009

aa) Gesetzgebungsgeschichte

Der Gesetzgeber hat den betreuungsrechtlichen Rahmen einer am Patientenwillen orientierten Behandlungsbegrenzung durch das Dritte Gesetz zur Änderung des Betreuungsrechts (3. BtÄndG) vom 29. Juli 2009 festgelegt.[217] Am 1. September 2009 trat das sogenannte Patientenverfügungsgesetz (BGBl. I, 2286) in Kraft und hatte vor allem zum Ziel, das Selbstbestimmungsrecht zu stärken und Rechts- sowie Verfahrenssicherheit zu schaffen.[218] Ein Gesetz zur Regelung von Patientenverfügungen wurde seit langem gefordert, vor allem weil Schätzungen ergaben, dass bereits 8 Millionen Volljährige eine Patientenverfügung verfasst hatten.[219]

Der Gesetzgebungsreform ging eine lange politische und wissenschaftliche Diskussion voraus.[220] Die Forderungen nach gesetzlichen Regelungen erreichten ihren Höhepunkt mit der Entscheidung des XII. Zivilsenats des BGH vom 17. März 2003, die sich mit der Funktion des Betreuers bei Maßnahmen der Sterbehilfe auseinandersetzte.[221] Der BGH mahnte an, dass es Regelungen durch den Gesetzgeber bedürfe.[222] Es folgten viele Gesetzesentwürfe, die umfangreich diskutiert wurden.[223] Darunter waren beispielsweise der Entwurf der Abgeordneten Stünker u. a. zu einem Dritten Gesetz zur Änderung des Betreuungsrechts vom 6. März 2008[224]; der Entwurf der Abgeordneten Bosbach[225] u. a. zu einem Gesetz zur Verankerung der Patientenverfügung

---

215 MüKo BGB/*Schneider*, § 1827 Rn. 1.
216 *Gsell/Krüger/Diener*, § 1827 Rn. 12.
217 *Hau/Poseck/Müller-Engels*, § 1827 Rn. 5.
218 BT-Drs. 16/13314, 3 f., 7 f.; *Jurgeleit/Kieß*, § 1827 Rn. 8.
219 *Jurgeleit/Kieß*, § 1827 Rn. 8.
220 MüKo BGB/*Schneider*, § 1827 Rn. 1; *Jurgeleit/Kieß*, § 1827 Rn. 1.
221 MüKo BGB/*Schneider*, § 1827 Rn. 1.
222 BGH NJW 2003, 1588 (1589, 1592).
223 MüKo BGB/*Schneider*, § 1827 Rn. 1.
224 BT-Drs. 16/11360.
225 BT-Drs. 16/11360.

im Betreuungsrecht vom 16. Dezember 2008[226] sowie der Entwurf der Abgeordneten Zöller u. a. zu einem Gesetz zur Klarstellung der Verbindlichkeit von Patientenverfügungen vom 18. Dezember 2008.[227] Letztendlich erarbeitete der Rechtsausschuss des Bundestages auf der Grundlage des Entwurfs der Abgeordneten Stünker u. a. eine Beschlussempfehlung vom 8. Juni 2009, die anschließend vom Bundestag am 18. Juni 2009 beschlossen wurde.[228]

Das Gesetz zur Verbesserung der Rechte von Patientinnen und Patienten vom 20. Februar 2013 (BGBl. 2013 I 277) hat den Wortlaut des damaligen § 1901a BGB (a. F.) unverändert übernommen.[229] Es wirkte sich nur mittelbar auf die Vorschrift aus, indem mit dem eingefügten § 630d Abs. 1 S. 2 BGB klargestellt wurde, dass es bei Vorliegen einer wirksamen Patientenverfügung der gesonderten Einwilligung eines hierzu Berechtigten nicht bedarf und dass alleine die Existenz des § 1827 BGB für sich genommen kein Erfordernis zur Einrichtung einer Betreuung auslöst.[230]

Mit dem am 17. Juli 2017 in Kraft getretenen Gesetz zur Änderung der materiellen Zulässigkeitsvoraussetzungen von ärztlichen Zwangsmaßnahmen und zur Stärkung des Selbstbestimmungsrechts von Betreuten wurde der damalige § 1901a BGB (a. F.) um den Abs. 4 ergänzt.[231] Damit wurde das Selbstbestimmungsrecht weiter gestärkt, da der Betreuer dazu verpflichtet wird, den Betreuten darauf hinzuweisen, dass dieser eine Patientenverfügung errichten kann.[232]

Das Gesetz zur Reform des Vormundschafts- und Betreuungsrechts vom 4. Mai 2021 (BGBl. 2021 I 882) hat die vorherige Vorschrift § 1901a BGB mit Wirkung seit dem 1. Januar 2023 unverändert übernommen und in den § 1827 BGB verortet.[233] Die Überschrift „Patientenverfügung" wurde um den Zusatz „Behandlungswünsche oder mutmaßlicher Wille des Betreuten" ergänzt.[234] Die Änderung war auch dahingehend geboten, da es in der Norm

---

226 BT-Drs. 16/11360.
227 BT-Drs. 16/11493.
228 Stenographischer Bericht, 227. Sitzung, Plenarprotokoll 16/227, 25094 C ff.
229 *Hau/Poseck/Müller-Engels*, § 1827 Rn. 6.
230 *Gsell/Krüger/Diener*, § 1827 Rn. 13.
231 *Gsell/Krüger/Diener*, § 1827 Rn. 14.
232 *Jurgeleit/Kieß*, § 1827 Rn. 2.
233 *Gsell/Krüger/Diener*, § 1827 Rn. 15.
234 *Gsell/Krüger/Diener*, § 1827 Rn. 15.

nicht nur um die Patientenverfügung geht, sondern auch um den Fall, wenn keine Patientenverfügung vorliegt oder deren Festlegungen auf die aktuelle Situation nicht zutreffen.[235] Damit wurde verdeutlicht, dass bei einem aktuell nicht einwilligungsfähigen Patienten eine Patientenverfügung oder, wenn diese nicht vorliegt bzw. nicht spezifisch genug ist, die Behandlungswünsche oder der mutmaßliche Wille für die Einwilligung in eine medizinische Maßnahme ausschlaggebend sind.[236] Mit § 1358 BGB wurde unter bestimmten Voraussetzungen ein Vertretungsrecht von Ehegatten in Angelegenheiten der Gesundheitssorge eingeführt.[237]

Des Weiteren wurde der § 78a BNotO dahingehend geändert, dass nun das zentrale Vorsorgeregister nach § 78a Abs. 1 S. 1, Abs. 2 BNotO auch Patientenverfügungen erfasst.[238]

bb) Bedeutsame Rechtsprechung

(1) BGH Urteil 25. Juni 2010 – 2 StR 454/09

Der BGH hat mit seinem Urteil vom 25. Juni 2010 – 2 StR 454/09 einen Durchbruch bei der Wirkung einer Patientenverfügung bewirkt. Gegenstand des Verfahrens war eine Patientin, die seit Oktober 2002 nach einer Hirnblutung im Wachkoma lag.[239] Sie war nicht ansprechbar, wurde über eine PEG-Sonde künstlich ernährt, und in einem Altenheim gepflegt.[240] Im Jahr 2006 wurde ihr aufgrund einer Fraktur der linke Arm amputiert, und bis Dezember 2007 war sie auf nur 40 kg abgemagert.[241] Eine Besserung des Gesundheitszustandes war nicht mehr zu erwarten.[242] Weil auch ihr Ehemann im Jahr 2002 eine Hirnblutung erlitten hatte, antwortete die Betroffene auf Nachfrage ihrer Kinder, dass, falls sie bewusstlos werde und sich nicht mehr äußern könne, keine lebensverlängernden Maßnahmen in Form von künstlicher Ernährung und Beatmung sowie nicht an irgendwelche

---

[235] BT-Drs. 19/24445, 260.
[236] *Gsell/Krüger/Diener*, § 1827 Rn. 15.
[237] *Gsell/Krüger/Diener*, § 1827 Rn. 16.
[238] MüKo BGB/*Schneider*, § 1827 Rn. 1.
[239] BGH NJW 2010, 2963 (2963).
[240] BGH NJW 2010, 2963 (2963).
[241] BGH NJW 2010, 2963 (2963).
[242] BGH NJW 2010, 2963 (2963).

„Schläuche" angeschlossen werden zu wollen.[243] Zunächst waren die Tochter und der Ehemann der Betroffenen als Betreuer bestellt.[244] Nach dem Tod des Ehemannes übernahm eine Berufsbetreuerin allein die Betreuung.[245] Die Kinder der Betroffenen teilten ihr im Jahr 2006 mit, dass die künstliche Ernährung aufgrund des damals geäußerten Willens der Mutter abgebrochen werden sollte.[246] Die Entfernung der Magensonde wurde unter Hinweis auf den der Berufsbetreuerin nicht bekannten mutmaßlichen Willen der Betreuten abgelehnt.[247] Im August 2007 wurden beide Kinder als Betreuer bestellt.[248] Auch der behandelnde Hausarzt unterstützte das Vorhaben der Betreuer, da aus seiner Sicht eine medizinische Indikation zur Fortsetzung der künstlichen Ernährung nicht mehr gegeben war.[249] Die Heimleitung stellte die künstliche Ernährung zwischenzeitlich ein.[250] Bereits am nächsten Tag ließ die Heimleitung die künstliche Ernährung wieder einleiten.[251] Auf anwaltlichen Rat durchtrennten die Betreuer noch am gleichen Tag die Schläuche, die der künstlichen Ernährung dienten.[252] Als die Heimleitung dies entdeckte, wurde die Patientin in ein Krankenhaus verlegt, wo sie wieder künstlich ernährt wurde.[253] Sie starb dort am 5. Januar 2008 eines natürlichen Todes aufgrund ihrer Erkrankungen.[254] In der Folge wurde der Anwalt wegen Beihilfe zum Totschlag vom LG Fulda schuldig gesprochen.[255] Der BGH gab der Revision des Anwalts statt.[256] Wie auch in der Kemptener Entscheidung vom 13. September 1994 lag kein Fall der sogenannten „passiven Sterbehilfe" vor.[257] Der BGH bezog sich dabei auf den von der Bundesärztekammer

---

[243] BGH NJW 2010, 2963 (2963).
[244] BGH NJW 2010, 2963 (2963).
[245] BGH NJW 2010, 2963 (2963).
[246] BGH NJW 2010, 2963 (2963).
[247] BGH NJW 2010, 2963 (2963).
[248] BGH NJW 2010, 2963 (2963).
[249] BGH NJW 2010, 2963 (2963).
[250] BGH NJW 2010, 2963 (2963).
[251] BGH NJW 2010, 2963 (2963).
[252] BGH NJW 2010, 2963 (2963).
[253] BGH NJW 2010, 2963 (2963).
[254] BGH NJW 2010, 2963 (2963).
[255] BGH NJW 2010, 2963 (2963).
[256] BGH NJW 2010, 2963 (2963).
[257] BGH NJW 2010, 2963 Rn. 14; BGH NJW 1995, 204 (204).

definierten Begriff heran, wonach es sich um Sterbehilfe handelt, wenn „das Grundleiden eines Kranken nach ärztlicher Überzeugung unumkehrbar (irreversibel) ist, einen tödlichen Verlauf angenommen hat und der Tod in kurzer Zeit eintreten wird".[258] Unter der Voraussetzung, dass der Patient mit dem Abbruch mutmaßlich einverstanden ist, kann in Ausnahmefällen und angesichts der besonderen Umstände des hier gegebenen Grenzfalls ein zulässiges Sterbenlassen durch Abbruch einer ärztlichen Behandlung oder Maßnahme nicht von vornherein ausgeschlossen werden.[259] Das Selbstbestimmungsrecht ist auch in dieser Situation zu achten, sodass gegen den Willen eine ärztliche Behandlung grundsätzlich weder eingeleitet noch fortgesetzt werden darf.[260] Damit wich der BGH von seiner im Lübecker-Beschluss vom 17. März 2003[261] vertretenen Auffassung ab. Damals wurde entschieden, dass das Unterlassen lebenserhaltender oder -verlängernder Maßnahmen bei einem einwilligungsunfähigen Patienten voraussetze, dass die Grunderkrankung einen „irreversibel tödlichen Verlauf" angenommen hat.[262] Beide Entscheidungen knüpfen an verschiedene Stadien der Erkrankung und deren vermeintlichen Verlauf an. Die Literatur leitete daraus ab, dass zwischen der zivilrechtlichen und der strafrechtlichen Rechtsprechung eine Divergenz in der Frage der Zulässigkeit der sogenannten „passiven Sterbehilfe" bestehe.[263]

Durch das Dritte Gesetz zur Änderung des Betreuungsrechts vom 29. Juli 2009 (BGBl. I, 2286), wurde die entstandene Unsicherheit über die Voraussetzungen und die Reichweite der Erlaubnis, eine lebenserhaltende medizinische Behandlung aufgrund des Patientenwillens zu beenden, beseitigt, da es nach § 1901a Abs. 3 BGB (a. F.) nicht (mehr) auf Art und Stadium der Erkrankung ankam.[264] Gesetzlich wurde geregelt, dass der tatsächliche oder mutmaßliche, etwa in konkreten Behandlungswünschen zum Ausdruck gekommene, Wille eines aktuell einwilligungsunfähigen Patienten unabhängig von Art und Stadium seiner Erkrankung verbindlich sein und den Betreuer

---

[258] BGH NJW 2010, 2963 Rn. 14; BGH NJW 1995, 204 (204).

[259] BGH NJW 2010, 2963 Rn. 14.

[260] BGH NJW 2010, 2963 Rn. 14; BGH NJW 1995, 204 (204).

[261] BGH NJW 2003, 1588 (1591).

[262] BGH NJW 2003, 1588 (1591).

[263] Vgl. *Otto*, NJW 2006, 2217 (2218 f.); *Sternberg-Lieben*, FS für Eser, 1185 (1198 ff.); *Saliger*, MedR 2004, 237 (240 f.).

[264] BGH NJW 2010, 2963 Rn. 16.

sowie den behandelnden Arzt bindet.[265] Die neue gesetzliche Regelung regelt auch, dass eine betreuungsgerichtliche Genehmigungsbedürftigkeit für Entscheidungen über die Vornahme, das Unterlassen oder den Abbruch medizinischer Maßnahmen auf Fälle von Meinungsdivergenzen zwischen Arzt und Betreuer bzw. Bevollmächtigtem beschränkt ist.[266] Die Patientin hatte bereits vor Eintritt der Einwilligungsunfähigkeit ihren Willen ausdrücklich und zweifelsfrei geäußert.[267] Des Weiteren bestand zwischen den Betreuern und dem behandelnden Arzt Einvernehmen, dass der Abbruch der künstlichen Ernährung dem Willen der Patientin entsprach.[268] Infolgedessen durfte die Fortsetzung der künstlichen Ernährung unterlassen werden, ohne dass eine betreuungsgerichtliche Genehmigung erforderlich gewesen wäre.[269] Weder der Heimvertrag noch die Gewissensfreiheit im Sinne des Art. 4 Abs. 1 GG der Heimleitung oder des Pflegepersonals berechtigten diese, sich über das Selbstbestimmungsrecht von Patienten hinwegzusetzen und eigenmächtig in deren verfassungsrechtlich verbürgtes Recht auf körperliche Unversehrtheit einzugreifen.[270]

(2) BGH Beschluss vom 17. September 2014 – XII ZB 202/13

Nach Inkrafttreten der Regelungen des sog. Patientenverfügungsgesetzes äußerte sich der BGH in seinem Beschluss vom 17. September 2014 – XII ZB 202/13 erstmals umfassend aus betreuungsrechtlicher Perspektive zu Patientenverfügungen und zum Abbruch lebenserhaltender Maßnahmen.[271] Dabei stellte der BGH erneut nachdrücklich fest, dass das Vorliegen einer Grunderkrankung mit einem „irreversibel tödlichen Verlauf“ nicht Voraussetzung für den zulässigen Abbruch lebenserhaltender Maßnahmen ist.[272] Der Abbruch einer lebenserhaltenden Maßnahme ist bei entsprechendem Willen des Betroffenen als Ausdruck der allgemeinen Entscheidungsfreiheit aus Art. 2 Abs. 1 i. V. m. Art. 1 Abs. 1 GG und des Rechts auf körperliche

---

[265] BGH NJW 2010, 2963 Rn. 24; § 1901a Abs. 3 BGB (a. F.); vgl. BT-Drs. 16/8442, 11 f.
[266] BGH NJW 2010, 2963 Rn. 24.
[267] BGH NJW 2010, 2963 Rn. 17.
[268] BGH NJW 2010, 2963 Rn. 17.
[269] BGH NJW 2010, 2963 Rn. 17.
[270] BGH NJW 2010, 2963 Rn. 18; BGH DNotZ 2005, 924 (926).
[271] BGH MedR 2015, 508 Rn. 10 ff.
[272] BGH MedR 2015, 508 Rn. 22.

Unversehrtheit aus Art. 2 Abs. 2 GG grundsätzlich zulässig.[273] Der Patient kann eine Heilbehandlung auch dann ablehnen, wenn sie seine ohne Behandlung zum Tod führende Krankheit besiegen oder den Eintritt des Todes weit hinausschieben könnte.[274] Betroffene haben die Möglichkeit, ihr Selbstbestimmungsrecht durch eine Patientenverfügung i. S. d. § 1901a Abs. 1 BGB (a. F.) auszuüben.[275] Eine Einwilligung des Betreuers in den Abbruch lebenserhaltender Maßnahmen ist dann nicht erforderlich, wenn der Betroffene diese Entscheidung selbst in einer Patientenverfügung getroffen hat und diese auf die konkret eingetretene Lebens- und Behandlungssituation zutrifft.[276] Wenn das der Fall ist, dann obliegt es dem Betreuer gemäß § 1901a Abs. 1 S. 2 BGB (a. F.) nur noch, dem in der Patientenverfügung niedergelegten Willen des Betroffenen Ausdruck und Geltung zu verschaffen.[277] Anderenfalls hat der Betreuer nach § 1901a Abs. 2 BGB (a. F.) die Entscheidung über die Einwilligung oder Nichteinwilligung in eine anstehende ärztliche Maßnahme entsprechend des mutmaßlichen Willens, im Einvernehmen mit dem behandelnden Arzt zu treffen.[278] Da es keines betreuungsgerichtlichen Verfahrens mehr bedarf, kann die Umsetzung des Patientenwillens ohne Verzögerungen erfolgen.[279] Im Umkehrschluss bedarf der Abbruch der künstlichen Ernährung bei einwilligungsunfähigen Betroffenen angesichts der Gefahr des Todes gemäß § 1904 Abs. 2 BGB (a. F.) hingegen der betreuungsgerichtlichen Genehmigung, wenn kein Einvernehmen vorliegt.[280] Das Gericht hat die betreuungsgerichtliche Genehmigung zu erteilen, wenn die Nichteinwilligung in lebenserhaltende Maßnahmen oder der Widerruf einer entsprechenden Einwilligung dem Willen des Betreuten entspricht, § 1904 Abs. 3 BGB (a. F.).[281] Folglich sind die Maßstäbe des § 1901a Abs. 2 S. 1 BGB (a. F.), wonach zwischen den Behandlungswünschen einerseits und dem mutmaßlichen Willen des Betroffenen andererseits zu unterscheiden ist,

---

273 BGH MedR 2015, 508 Rn. 22.
274 BGH MedR 2015, 508 Rn. 22; BT-Drs. 16/8442, 9.
275 BGH MedR 2015, 508 Rn. 14.
276 BGH MedR 2015, 508 Rn. 14.
277 BGH MedR 2015, 508 Rn. 14.
278 BGH MedR 2015, 508 Rn. 18.
279 BGH MedR 2015, 508 m. Anm. Engels (508).
280 BGH MedR 2015, 508 m. Anm. Engels (508).
281 BGH MedR 2015, 508 Rn. 24.

anzusetzen.[282] Es kommt hilfsweise die Berücksichtigung des mutmaßlichen Willens nur in Betracht, wenn und soweit Behandlungswünsche des Betroffenen nicht zu ermitteln sind.[283] Die Entscheidung des Betreuers zum Schutz des Betreuten ist vom Betreuungsgericht dahingehend zu überprüfen, ob diese Entscheidung tatsächlich dem ermittelten Patientenwillen entspricht.[284]

Der BGH stellte weiter fest, dass Behandlungswünsche i. S. d. § 1901a Abs. 2 BGB (a. F.) alle Äußerungen eines Betroffenen sein können, die Festlegungen für eine konkrete Lebens- und Behandlungssituation enthalten, aber den Anforderungen an eine Patientenverfügung i. S. d. § 1901a Abs. 1 BGB (a. F.) nicht genügen.[285] Aus § 1901a Abs. 3 BGB (a. F.) folgt, dass keine höheren Anforderungen an die Ermittlung und die Annahme von Behandlungswünschen oder des mutmaßlichen Willens zu stellen sind, wenn der Tod des Betroffenen nicht unmittelbar bevorsteht.[286] Im vorliegenden Fall erlitt die 1963 geborene Betroffene am 18. September 2009 eine Gehirnblutung mit der Folge eines apallischen Syndroms i. S. eines Wachkomas und wurde nur noch über eine PEG-Magensonde ernährt.[287] Eine Kontaktaufnahme mit ihr war nicht möglich.[288] Ihre Tochter und ihr Ehemann wurden als Betreuer bestellt und beantragten, in weitere lebenserhaltende ärztliche Maßnahmen nicht mehr einzuwilligen bzw. ihre Einwilligung in die Fortführung lebenserhaltender Maßnahmen zu widerrufen.[289] Mit der behandelnden Ärztin der Betroffenen bestand Einvernehmen darüber, dass die Einstellung der künstlichen Ernährung dem Willen der Betroffenen entsprach.[290] Des Weiteren hatte die Betroffene in der Vergangenheit geäußert, dass sie im Fall einer schweren Krankheit keine lebenserhaltenden Maßnahmen erhalten wolle.[291]

---

282 BGH MedR 2015, 508 Rn. 24.
283 BGH MedR 2015, 508 Rn. 27.
284 BGH MedR 2015, 508 Rn. 24.
285 BGH MedR 2015, 508 Rn. 25.
286 BGH MedR 2015, 508 m. Anm. Engels (508).
287 BGH MedR 2015, 508 m. Anm. Engels (508).
288 BGH MedR 2015, 508 m. Anm. Engels (508).
289 BGH MedR 2015, 508 m. Anm. Engels (508).
290 BGH MedR 2015, 508 m. Anm. Engels (508).
291 BGH MedR 2015, 508 m. Anm. Engels (508).

Eine schriftliche Patientenverfügung lag nicht vor.[292] Die Betreuer beantragten weiter, hilfsweise festzustellen, dass die Einstellung der künstlichen Ernährung gemäß § 1904 Abs. 4 BGB (a. F.) nicht genehmigungsbedürftig sei.[293] In der Begründung der abweisenden Vorinstanz wurde ausgeführt, dass die früheren Äußerungen der Frau nicht die notwendige Qualität im Vergleich zu einer Patientenverfügung hatten.[294] Der BGH stellte fest, dass das Fehlen einer Patientenverfügung nicht dazu führt, dass dem in der Vergangenheit mündlich geäußerten Willen des Patienten jegliche Relevanz abgesprochen wird.[295] Bei der Ermittlung des mutmaßlichen Willens des Betroffenen ist darauf zu achten, dass nicht die Werte und Vorstellungen des Betreuers zum Entscheidungsmaßstab werden.[296] Es gelten die bei der Ermittlung des mutmaßlichen Willens strengen Anforderungen, unabhängig davon, ob der Tod des Betroffenen unmittelbar bevorsteht oder nicht.[297]

(3) BGH Beschluss vom 6. Juli 2016 – XII ZB 61/16

Die Entscheidung des BGH vom 6. Juli 2016 war maßgebend für die Beurteilung von Patientenverfügungen und Vorsorgevollmachten. Insbesondere durch die massive Verschärfung der Anforderungen an eine bindende Patientenverfügung sorgte die Entscheidung für eine große Verunsicherung unter den Verfügenden und Ärzten, sodass eine Vielzahl von Presseartikeln sich mit den Entscheidungsgründen und möglichen Auswirkungen auseinandersetzten.[298]

Dem Verfahren lag ein Antrag auf Kontrollbetreuung zugrunde, den die Töchter einer Patientin gestellt hatten, um bei ihrer Mutter die Einstellung der künstlichen Ernährung zu erreichen.[299] Die im Jahre 1941 geborene Betroffene erlitt Ende November 2011 einen Hirnschlag.[300] Im Krankenhaus wurde ihr

---

[292] BGH MedR 2015, 508 m. Anm. Engels (508).
[293] BGH MedR 2015, 508 m. Anm. Engels (508).
[294] BGH MedR 2015, 508 Rn. 6.
[295] BGH MedR 2015, 508 Rn. 37.
[296] BGH MedR 2015, 508 Rn. 37.
[297] BGH MedR 2015, 508 Rn. 37.
[298] Beispielsweise: *Zeit Online*, v. 09.08.2016; *Wortmann*, ÄrzteZeitung v. 09.08.2016.
[299] BGH MedR 2017, 36 m. Anm. *Sternberg-Lieben* (36).
[300] BGH MedR 2017, 36 m. Anm. *Sternberg-Lieben* (36).

eine PEG-Sonde gelegt, über die sie seitdem künstlich ernährt wurde.[301] Im Januar 2012 wurde sie in ein Pflegeheim verlegt.[302] Die Betroffene verlor die noch zu diesem Zeitpunkt vorhandene Fähigkeit zur verbalen Kommunikation infolge einer Phase epileptischer Anfälle im Frühjahr 2013.[303] Bereits am 10. Februar 2003 hatte die Betroffene eine schriftliche „Patientenverfügung" folgenden Inhalts unterzeichnet:

> Für den Fall, dass ich [...] aufgrund von Bewusstlosigkeit oder Bewusstseinstrübung [...] nicht mehr in der Lage bin, meinen Willen zu äußern, verfüge ich:
>
> - Solange eine realistische Aussicht auf Erhaltung eines erträglichen Lebens besteht, erwarte ich ärztlichen und pflegerischen Beistand unter Ausschöpfung der angemessenen Möglichkeiten.
> - Dagegen wünsche ich, dass lebensverlängernde Maßnahmen unterbleiben, wenn medizinisch eindeutig festgestellt ist,
> - dass ich mich unabwendbar im unmittelbaren Sterbeprozess befinde, bei dem jede lebenserhaltende Therapie das Sterben oder Leiden ohne Aussicht auf Besserung verlängern würde, oder
> - dass keine Aussicht auf Wiedererlangung des Bewusstseins besteht, oder
> - dass aufgrund von Krankheit oder Unfall ein schwerer Dauerschaden des Gehirns zurückbleibt, oder
> - dass es zu einem nicht behandelbaren, dauernden Ausfall lebenswichtiger Funktionen meines Körpers kommt.
>
> Behandlung und Pflege sollen in diesen Fällen auf die Linderung von Schmerzen, Unruhe und Angst gerichtet sein, selbst wenn durch die notwendige Schmerzbehandlung eine Lebensverkürzung nicht auszuschließen ist.
>
> Ich möchte in Würde und Frieden sterben können, nach Möglichkeit in meiner vertrauten Umgebung. Aktive Sterbehilfe lehne ich ab. Ich bitte um menschliche und seelsorgerische Begleitung.[304]

Des Weiteren bevollmächtigte sie eine ihrer Töchter.[305] Am 18. November 2011 erneuerte die Betroffene die Patientenverfügung und Vollmacht wortlautidentisch, erteilte gemeinsam mit ihrem Ehemann die gegenseitige

---

301 BGH MedR 2017, 36 m. Anm. *Sternberg-Lieben* (36).
302 BGH MedR 2017, 36 m. Anm. *Sternberg-Lieben* (36).
303 BGH MedR 2017, 36 m. Anm. *Sternberg-Lieben* (36).
304 BGH MedR 2017, 36 m. Anm. *Sternberg-Lieben* (37).
305 BGH MedR 2017, 36 m. Anm. *Sternberg-Lieben* (37).

Generalvollmacht und setzte eine Tochter als Bevollmächtigte ein.[306] Die Bevollmächtigte und die behandelnde Hausärztin waren übereinstimmend der Auffassung, dass der Abbruch der künstlichen Ernährung nicht dem in der Patientenverfügung geäußerten Willen der Betroffenen entsprach.[307] Demgegenüber vertraten die beiden anderen Töchter die gegenteilige Meinung.[308] Dementsprechend stellten sie beim Betreuungsgericht Anträge „auf Umsetzung der Patientenverfügung und auf Befolgung des Patientenwillens" sowie „auf Entzug des Betreuungsrechtes" der bevollmächtigten Schwester.[309] Das AG legte den Antrag auf Anordnung einer Kontrollbetreuung aus und wies ihn zurück.[310] Auf die Beschwerde einer Tochter hat das LG den amtsgerichtlichen Beschluss aufgehoben und sie „zur Betreuerin mit dem Aufgabenkreis des Widerrufs der von der Betroffenen [...] erteilten Vollmachten, allerdings nur für den Bereich der Gesundheitsfürsorge," bestellt.[311] Die Bevollmächtigte reichte daraufhin die Rechtsbeschwerde ein, mit der sie die Wiederherstellung der erstinstanzlichen Entscheidung forderte.[312]

Die Richter halfen der Rechtsbeschwerde ab und stellten fest, dass der Vollmachtstext den inhaltlichen Vorgaben des § 1904 Abs. 5 S. 2 BGB (a. F.) genügen muss.[313] Neben der Schriftform muss der Bevollmächtigte in eine der in § 1904 Abs. 1 S. 1, Abs. 2 BGB (a. F.) genannten Maßnahmen nur einwilligen, nicht einwilligen oder die Einwilligung widerrufen, wenn der Vollmachtstext hinreichend klar umschreibt, dass sich die Entscheidungskompetenz des Bevollmächtigten auf die im Gesetz genannten ärztlichen Maßnahmen sowie darauf bezieht, sie zu unterlassen oder am Betroffenen vornehmen zu lassen.[314] Eine bloße Ermächtigung zur Mitsprache sei nicht ausreichend.[315] Aus der Vollmacht muss auch deutlich hervorgehen, dass die jeweilige Entscheidung

---

306 BGH MedR 2017, 36 m. Anm. *Sternberg-Lieben* (37).
307 BGH MedR 2017, 36 m. Anm. *Sternberg-Lieben* (37).
308 BGH MedR 2017, 36 m. Anm. *Sternberg-Lieben* (37).
309 BGH MedR 2017, 36 m. Anm. *Sternberg-Lieben* (37).
310 BGH MedR 2017, 36 m. Anm. *Sternberg-Lieben* (37).
311 BGH MedR 2017, 36 m. Anm. *Sternberg-Lieben* (37).
312 BGH MedR 2017, 36 m. Anm. *Sternberg-Lieben* (37).
313 BGH MedR 2017, 36 Rn. 17.
314 BGH MedR 2017, 36 Rn. 17.
315 BGH MedR 2017, 36 Rn. 27.

mit der begründeten Gefahr des Todes oder eines schweren und länger dauernden gesundheitlichen Schadens verbunden sein kann.[316] Der konkrete Bezug auf einen Behandlungsabbruch soll den gebotenen Schutz des bevollmächtigten Patienten vor Übereilung in den lebensentscheidenden Fragen gewährleisten.[317] An die Bevollmächtigung werden keine strengeren Vorgaben geknüpft, sodass eine pauschale Bevollmächtigung möglich bleibt.[318] Da eine Patientenverfügung nur eine starre Behandlungssituation festhalten kann, ist eine parallele Vollmachtserteilung sinnvoll.[319] So kann der fehlenden notwendigen Kommunikation zwischen Patienten und Arzt dahingehend abgeholfen werden, dass der zukünftige Patient im noch einwilligungsfähigen Zustand einen Dritten bevollmächtigt, der später die Behandlungswünsche durchsetzt.[320] Der Bevollmächtigende sollte durch beschreibende inhaltserfüllte Vorgaben die Rechtsmacht seines Vertreters umgrenzen.[321] Des Weiteren sollte hinreichend deutlich und bestenfalls ohne Interpretationsspielraum festgelegt werden, in welchen Fällen bzw. körperlichen Zuständen keine lebenserhaltenden Maßnahmen bzw. eine lebensverkürzende Nichtbehandlung gewünscht wird.[322]

Für den Senat genügt die Festsetzung „keine lebenserhaltenden Maßnahmen“ nicht dem Grad der Konkretheit einer Patientenverfügung.[323] Damit werden weder die Umstände der Krankheit noch die Maßnahmen, die nicht durchgeführt werden sollen, konkret genug beschrieben.[324] Eine Konkretisierung könne aber durch die Benennung bestimmter ärztlicher Maßnahmen oder die Bezugnahme auf ausreichend spezifizierte Krankheiten oder Behandlungssituationen erfolgen.[325] Durch das geforderte hohe Maß an Konkretheit entschied der Senat deutlich strenger als in seiner Entscheidung

---

316 BGH MedR 2017, 36 Rn. 17.
317 BGH MedR 2017, 36 m. Anm. *Sternberg-Lieben* (44).
318 BGH MedR 2017, 36 m. Anm. *Sternberg-Lieben* (44).
319 BGH MedR 2017, 36 m. Anm. *Sternberg-Lieben* (44).
320 BGH MedR 2017, 36 m. Anm. *Sternberg-Lieben* (44 f.).
321 BGH MedR 2017, 36 m. Anm. *Sternberg-Lieben* (45).
322 BGH MedR 2017, 36 m. Anm. *Sternberg-Lieben* (43).
323 BGH MedR 2017, 36 Rn. 47.
324 BGH MedR 2017, 36 Rn. 47.
325 BGH MedR 2017, 36 Rn. 47.

aus dem Jahr 2014.[326] Überzogene Anforderungen verunsichern nicht nur die Betroffenen, ob deren Patientenverfügung hinreichende Bestimmungen enthalte, sondern auch die behandelnden Ärzte. Im Zweifelsfall werden diese sich bei unklaren strafrechtlichen Sanktionen grundsätzlich für die Durchführung von lebenserhaltenden Maßnahmen entscheiden.[327] Strafverfahren hinsichtlich der Tötung durch Unterlassen werden eher verfolgt, als wegen Körperverletzung infolge aufgedrängter Weiterbehandlung.[328]

Ebenfalls restriktiver als in seinem Beschluss vom 23. September 2015 – XII ZB 624/14, entschied der Senat, dass ein Kontrollbetreuer zu bestellen ist, wenn es offenkundig ist, dass sich der Bevollmächtigte mit seiner Entscheidung bezüglich der lebensverlängernden Maßnahmen über den Willen des Betroffenen hinwegsetzt.[329] Für einen Widerruf der Bevollmächtigung genügt es, wenn Anzeichen dafür sprechen, dass der Bevollmächtigte mit dem Umfang und der Schwierigkeit der vorzunehmenden Geschäfte überfordert ist oder Bedenken gegen die Redlichkeit oder die Tauglichkeit des Bevollmächtigten bestehen.[330] Nicht erforderlich ist ein Missbrauch der Vollmacht oder ein entsprechender Verdacht.[331] Es müssen konkrete Anhaltspunkte dafür vorliegen, dass der Bevollmächtigte nicht mehr entsprechend der Vereinbarung und im Interesse des Vollmachtgebers handelt und damit zukünftig eine erhebliche Verletzung des Wohls des Betroffenen zu befürchten ist.[332] Durch die Anordnung einer Kontrollbetreuung kann im Fall einer wirksam erteilten Vorsorgevollmacht für eine Kontrolle des Bevollmächtigten gesorgt werden, wenn der Vollmachtgeber nicht mehr in der Lage ist, den Bevollmächtigten zu überwachen und ggfs. die Vollmacht zu widerrufen.[333] Wie jede andere Betreuung, darf eine Kontrollbetreuung nur dann eingerichtet werden, wenn sie erforderlich ist.[334]

---

[326] BGH MedR 2017, 36 m. Anm. *Sternberg-Lieben* (43).
[327] BGH MedR 2017, 36 m. Anm. *Sternberg-Lieben* (43).
[328] BGH MedR 2017, 36 m. Anm. *Sternberg-Lieben* (43).
[329] BGH MedR 2017, 36 Rn. 33.
[330] BGH NJW 2015, 3657 Rn. 16.
[331] BGH NJW 2015, 3657 Rn. 16.
[332] BGH NJW 2015, 3657 Rn. 16.
[333] BGH NJW 2015, 3657 Rn. 17.
[334] BGH NJW 2015, 3657 Rn. 15; Siehe § 1820 Abs. 3 BGB.

(4) BGH Beschluss vom 8. Februar 2017 – XII ZB 604/15

Mit seinem Beschluss vom 8. Februar 2017 befasste sich der BGH erneut mit Fragen zu den Anforderungen an eine Patientenverfügung, die auf den Abbruch lebenserhaltender Maßnahmen abzielt.[335] Entgegen seinem Beschluss aus dem Jahr 2016 wurde festgestellt, dass eine Konkretisierung auch ohne eine solch detaillierte Benennung ärztlicher Maßnahmen oder eine Bezugnahme auf bestimmte Krankheiten oder Behandlungsstadien möglich ist.[336] Zu entscheiden war über die 1940 geborene Patientin, die im Jahr 2008 infolge eines Schlaganfalls und anschließenden Herz-Kreislauf-Stillstand ins Wachkoma fiel und künstlich über eine PEG-Sonde ernährt wurde.[337] Sie erstellte 1998 eine Patientenverfügung mit dem Inhalt:

> Für den Fall, dass ich [...] aufgrund von Bewusstlosigkeit oder Bewusstseinstrübung [...] nicht mehr in der Lage bin, meinen Willen zu äußern, verfüge ich:
>
> · Solange eine realistische Aussicht auf Erhaltung eines erträglichen Lebens besteht, erwarte ich ärztlichen und pflegerischen Beistand unter Ausschöpfung der angemessenen Möglichkeiten.
> · Dagegen wünsche ich, dass lebensverlängernde Maßnahmen unterbleiben, wenn medizinisch eindeutig festgestellt ist,
> · dass ich mich unabwendbar im unmittelbaren Sterbeprozess befinde, bei dem jede lebenserhaltende Therapie das Sterben oder Leiden ohne Aussicht auf Besserung verlängern würde, oder
> · dass keine Aussicht auf Wiedererlangung des Bewusstseins besteht, oder
> · dass aufgrund von Krankheit oder Unfall ein schwerer Dauerschaden des Gehirns zurückbleibt, oder
> · dass es zu einem nicht behandelbaren, dauernden Ausfall lebenswichtiger Funktionen meines Körpers kommt.
>
> Behandlung und Pflege sollen in diesen Fällen auf die Linderung von Schmerzen, Unruhe und Angst gerichtet sein, selbst wenn durch die notwendige Schmerzbehandlung eine Lebensverkürzung nicht auszuschließen ist.
>
> Ich möchte in Würde und Frieden sterben können, nach Möglichkeit in meiner vertrauten Umgebung. Aktive Sterbehilfe lehne ich ab. Ich bitte um menschliche und seelsorgerische Begleitung.[338]

---

[335] BGH NJW 2017, 1737 Rn. 12 ff.
[336] BGH NJW 2017, 1737 Rn. 19.
[337] BGH NJW 2017, 1737 (1737).
[338] BGH NJW 2017, 1737 (1737).

Des Weiteren benannte sie ihren Sohn als Vertrauensperson.[339] Anlässlich zweier Wachkomapatienten aus ihrem Umfeld hatte die Betroffene gegenüber Familie und Bekannten geäußert, dass sie lieber sterben wollte, als so dazuliegen und künstlich ernährt zu werden.[340] Dabei ging sie auch davon aus, dass sie durch ihre Patientenverfügung hinreichend vorgesorgt hatte.[341] Unmittelbar nach dem Schlaganfall hatte die Patientin einmalig die Möglichkeit zu sprechen und sagte ihrer Therapeutin, dass sie sterben möchte.[342] Der Sohn und der Ehemann der Betroffenen wurden zu Betreuern benannt.[343] Seit 2014 bemühte sich der Sohn im Einvernehmen mit dem behandelnden Arzt darum, die künstliche Ernährung und Flüssigkeitszufuhr einzustellen, da diese Maßnahmen nicht dem in der Patientenverfügung niedergelegten Willen der Betroffenen entsprachen.[344] Der Ehemann lehnte dies ab.[345] Der Antrag auf Genehmigung der Einstellung der künstlichen Ernährung wurde von den Vorinstanzen abgelehnt.[346] Die dagegen gerichtete Rechtsbeschwerde führte zur Aufhebung und Zurückverweisung an das Landgericht.[347]

Der BGH stellte wie im Beschluss von 2016 fest, dass die schriftliche Äußerung, dass „lebensverlängernde Maßnahmen unterbleiben" sollen, für sich genommen nicht die für eine bindende Patientenverfügung notwendige konkrete Behandlungsentscheidung des Betroffenen innehat.[348] Im Einzelfall kann sich bei nicht hinreichend benannten ärztlichen Maßnahmen durch die Bezugnahme auf ausreichend spezifizierte Krankheiten oder Behandlungssituationen eine Konkretisierung ergeben.[349] Der Wille des Verfügenden ist dann durch Auslegung der in der Verfügung enthaltenen Erklärungen zu ermitteln.[350] Insofern entfaltet eine Patientenverfügung nur

---

339 BGH NJW 2017, 1737 (1737).
340 BGH NJW 2017, 1737 (1737).
341 BGH NJW 2017, 1737 (1737).
342 BGH NJW 2017, 1737 (1737).
343 BGH NJW 2017, 1737 (1737).
344 BGH NJW 2017, 1737 (1737).
345 BGH NJW 2017, 1737 (1737).
346 BGH NJW 2017, 1737 (1737).
347 BGH NJW 2017, 1737 (1737).
348 BGH NJW 2017, 1737 Rn. 48.
349 BGH NJW 2017, 1737 Rn. 19.
350 BGH NJW 2017, 1737 Rn. 19.

dann unmittelbare Bindungswirkung, wenn sie neben den Erklärungen zu den ärztlichen Maßnahmen, in die der Ersteller einwilligt oder die er untersagt, auch erkennen lässt, dass sie in der konkreten Behandlungssituation Geltung beanspruchen soll.[351]

Es ist allgemein nachvollziehbar, dass eine Patientenverfügung gewissen Bestimmtheitsanforderungen genügen muss, um Fehlinterpretationen zu vermeiden und damit den konkreten Willen des Betroffenen durchzusetzen. Für den Senat sind zu allgemein gehaltene Aussagen wie, „keine lebenserhaltenden Maßnahmen" zu wollen nicht ausreichend und können somit nicht als spezifische Behandlungsentscheidung angesehen werden.[352] Welche ärztlichen Maßnahmen der Betroffene konkret als „lebenserhaltend" ansieht, kann ohne Erläuterungen nicht festgestellt werden.[353] Allerdings werden fortlaufend neue Behandlungsmethoden entwickelt und der medizinische Laie ist nicht in der Lage alle denkbaren Situationen vorauszuahnen, um entsprechende Festlegungen zu treffen.[354] Die Nennung von einigen spezifischen Krankheitszuständen, Behandlungsstadien oder Therapiemaßnahmen ist dann ausreichend, wenn anhand dieser Beispielsfälle ein hinreichend konkretes Bild davon konstruiert werden kann, wie sich der Betroffene seine weitere Behandlung grundsätzlich vorgestellt hat.[355]

Ferner hatte der BGH auch über die Diskrepanz beider Betreuer zu entscheiden. Für den Fall, dass mehrere Betreuer bestellt sind, bedarf es der Genehmigung nur dann nicht, wenn neben dem behandelnden Arzt sämtliche Betreuer dem Abbruch der Maßnahme zustimmen.[356] Bei Uneinigkeit hat das Gericht die Möglichkeit, die Entscheidung in der Angelegenheit auf einen der Betreuer zu übertragen.[357] Wurde von dieser Möglichkeit kein Gebrauch gemacht, besteht bei divergierenden Auffassungen mehrerer Betreuer kein Einvernehmen zwischen Betreuer und behandelndem Arzt i. S. v. § 1904 Abs. 3 BGB (a. F.), so dass es nach dem eindeutigen Gesetzeswortlaut nicht eines Negativattests, sondern einer Genehmigung

---

[351] BGH NJW 2017, 1737 Rn. 23.
[352] BGH NJW 2017, 1737 Rn. 19; BT-Drs. 16/8442, 15.
[353] BGH NJW 2017, 1737 Rn. 19; BT-Drs. 16/8442, 15.
[354] BGH NJW 2017, 1737 Rn. 18.
[355] BGH NJW 2017, 1737 Rn. 18.
[356] BGH NJW 2017, 1737 Rn. 29; § 1817 Abs. 3 1. HS BGB (n. F.).
[357] *Boemke*, NJW 2017, 1706 (1708).

durch das Betreuungsgericht bedarf.[358] Von dieser Auffassung ging der Senat in seiner Entscheidung im Jahr 2014 noch aus.[359] In der hiesigen Entscheidung änderte der BGH seine Würdigung, die nunmehr dem Gesetz unbegründet widerspricht.[360] Bei Vorliegen einer Patientenverfügung ist die Genehmigung nur dann entbehrlich, wenn „diese auf die konkret eingetretene Lebens- und Behandlungssituation zutrifft".[361] Ob die entsprechende Lebens- und Behandlungssituation eingetreten ist, entscheidet der Betreuer nach § 1901a Abs. 1 BGB (a. F.).[362]

(5) BGH Beschluss vom 14. November 2018 – XII ZB 107/18

Der Beschluss des BGH vom 14. November 2018 ist der Dritte, der sich mit den rechtlichen Anforderungen an die Formulierung einer Patientenverfügung auseinandersetzte.[363] Alle drei Entscheidungen betrafen faktisch identische Sachverhalte.[364] Die Beschlüsse von 2017 und 2018 befassen sich mit dem gleichen Fall.[365] Mit dem Beschluss vom 8. Februar 2017 – XII ZB 604/15 half der BGH der Rechtsbeschwerde des Sohnes ab und verwies das Verfahren an das LG zurück.[366] Zu der Frage, ob der konkrete Zustand der Betroffenen im Wachkoma ihr Bewusstsein entfallen ließ und ob in diesem Fall eine Aussicht auf Wiedererlangung des Bewusstseins bestand, wurde ein Sachverständigengutachten eingeholt.[367] Die Gutachter kamen zu dem Ergebnis, dass nach damaligem medizinisch-wissenschaftlichen Stand eine Verbesserung des seit Jahren konstanten Befundes der schwersten Hirnschädigung als äußerst unwahrscheinlich anzusehen war.[368] Das LG hat daraufhin die Beschwerde mit der Maßgabe zurückgewiesen, dass eine gerichtliche Genehmigung nicht erforderlich war.[369] Mit der zugelassenen

---

358 *Boemke*, NJW 2017, 1706 (1708).
359 BGH MedR 2015, 508 Rn. 20.
360 *Boemke*, NJW 2017, 1706 (1708).
361 BGH MedR 2015, 508 Rn. 14.
362 § 1901a Abs. 1 BGB (a. F.).
363 BGH NJW 2019, 600; BGH NJW 2017, 1737; BGH MedR 2015, 508.
364 BGH NJW 2019, 600; BGH NJW 2017, 1737; BGH MedR 2015, 508.
365 BGH NJW 2019, 600; BGH NJW 2017, 1737.
366 BGH NJW 2017, 1737 (1737 ff.).
367 BGH NJW 2019, 600 (601).
368 LG Landshut, Beschl. v. 08.02.2018 – 64 T 1826/15 = BeckRS 2018, 31893 Rn. 5.
369 LG Landshut, Beschl. v. 08.02.2018 – 64 T 1826/15 = BeckRS 2018, 31893.

Rechtsbeschwerde wandte sich der Ehemann der Betroffenen erfolglos gegen diese Entscheidung.[370] Der Senat stellte auch in diesem Beschluss fest, dass eine Konkretisierung durch die Bezugnahme auf ausreichend spezifizierte Krankheiten oder Behandlungssituationen erfolgen kann.[371] Ob in solchen Fällen eine hinreichend konkrete Patientenverfügung vorliegt, ist dann durch Auslegung der in der Verfügung enthaltenen Erklärungen zu ermitteln.[372] Die Patientenverfügung stellt eine Urkunde über formbedürftige Willenserklärungen dar und ist nach allgemeinen Grundsätzen auszulegen.[373] Außerhalb der Urkunde liegende Umstände dürfen dabei aber nur berücksichtigt werden, wenn der einschlägige rechtsgeschäftliche Wille des Erklärenden in der formgerechten Urkunde einen, wenn auch nur unvollkommenen oder andeutungsweisen, Ausdruck gefunden hat.[374] Mit diesen Feststellungen etablierte der BGH einen zweigliedrigen Bestimmtheitsgrundsatz von Patientenverfügungen, bestehend aus zwei Elementen.[375] Danach genügt eine Patientenverfügung dem Bestimmtheitsgrundsatz, wenn sie (1) konkret die Behandlungssituation beschreibt, in der sie gelten soll und (2) die ärztliche Maßnahme bezeichnet, in die der Patient (nicht) einwilligt.[376]

(6) BGH Urteil vom 2. April 2019 – VI ZR 13/18

In seinem jüngsten Verfahren zum Thema selbstbestimmten Sterben hatte der BGH sich damit auseinanderzusetzen, ob ein Anspruch auf materiellen und immateriellen Schadensersatz im Zusammenhang mit der künstlichen Ernährung eines Patienten besteht.[377] Der Sohn eines im Oktober 2011 verstorbenen, demenzkranken Mannes war der Auffassung, dass dessen Arzt für die durch die künstliche Ernährung, bedingte sinnlose Verlängerung des krankheitsbedingten Leidens haftet.[378] Der im Jahr 1929 Geborene stand wegen Demenz von September 1997 bis zu seinem Tod unter Betreuung eines

---

370 BGH NJW 2019, 600 (601).
371 BGH NJW 2019, 600 Rn. 20.
372 BGH NJW 2019, 600 Rn. 34.
373 BGH NJW 2019, 600 Rn. 33.
374 BGH NJW 2019, 600 Rn. 33.
375 BGH NJW 2019, 600 Rn. 19 f.
376 BGH NJW 2019, 600 Rn. 19 f.
377 BGH NJW 2019, 1741 (1741 ff.).
378 BGH NJW 2019, 1741 (1742).

Rechtsanwalts.[379] Seit 2006 lebte er in einem Pflegeheim.[380] Ihm wurde während eines stationären Krankenhausaufenthalts im September 2006 wegen Mangelernährung und Austrocknung des Körpers mit Einwilligung des Betreuers eine PEG-Sonde gelegt, durch welche er bis zu seinem Tod künstlich ernährt wurde.[381] Der Betroffene hatte weder eine Patientenverfügung verfasst noch ließ sich sein Wille hinsichtlich des Einsatzes lebenserhaltender Maßnahmen anderweitig feststellen.[382] Seit 2003 konnte sich der Vater wegen Kontrakturen nicht mehr selbständig fortbewegen und ab 2008 war er nicht mehr zu einer Kommunikation fähig.[383] Ab November 2008 wurden dem Patienten regelmäßig Schmerzmittel auf Opioidbasis verschrieben.[384] Der Zustand des Betroffenen verschlechterte sich stetig.[385] Im Zeitraum von Januar 2010 bis zum 19. November 2011 erlitt er mehrere Lungenentzündungen, Fieber, Atembeschwerden und wiederkehrende Druckgeschwüre sowie eine Gallenblasenentzündung mit zwei Abszessen.[386] Von einer Operation wurde in Anbetracht des schlechten Allgemeinzustands des Patienten abgesehen.[387] Für den Sohn war die Sondenernährung spätestens ab Anfang 2010 weder medizinisch indiziert noch durch einen feststellbaren Patientenwillen gerechtfertigt gewesen.[388] Es hat sich vielmehr ausschließlich um eine sinnlose Verlängerung des krankheitsbedingten Leidens des Vaters ohne Aussicht auf Besserung des gesundheitlichen Zustands gehandelt.[389] Hierdurch wurden der Körper und das Persönlichkeitsrecht des Patienten verletzt, wodurch dem Sohn aus ererbtem Recht ein Anspruch auf Schmerzensgeld zustand.[390] Zudem war er der Ansicht, dass er einen Anspruch auf Ersatz der im streitgegenständlichen Zeitraum entstandenen

379 BGH NJW 2019, 1741 (1742).
380 BGH NJW 2019, 1741 (1742).
381 BGH NJW 2019, 1741 (1742).
382 BGH NJW 2019, 1741 (1742).
383 BGH NJW 2019, 1741 (1742).
384 BGH NJW 2019, 1741 (1742).
385 BGH NJW 2019, 1741 (1742).
386 BGH NJW 2019, 1741 (1742).
387 BGH NJW 2019, 1741 (1742).
388 BGH NJW 2019, 1741 (1742).
389 BGH NJW 2019, 1741 (1742).
390 BGH NJW 2019, 1741 (1742).

Behandlungs- und Pflegeaufwendungen hat.[391] Der BGH stellte erneut fest, dass das menschliche Leben ein höchstrangiges Rechtsgut und absolut erhaltungswürdig ist.[392] Ein Urteil über seinen Wert steht keinem Dritten zu.[393] Deshalb verbietet es sich, das Leben – auch ein leidensbehaftetes Weiterleben – als Schaden anzusehen.[394] Aus dem durch lebenserhaltende Maßnahmen ermöglichten Weiterleben eines Patienten lässt sich daher kein Anspruch auf Zahlung von Schmerzensgeld herleiten.[395] Dabei übertrug der Senat einige Erwägungen aus dem sogenannten Rötelnfall vom 18. November 1983 – VI ZR 114/81.[396] Damals ging es um ein körperlich bzw. psychisch geschädigtes Kind, dessen Leben nicht durch einen Schwangerschaftsabbruch verhindert wurde.[397] Es wurde festgestellt, dass es sich einer allgemeinverbindlichen Beurteilung entzieht, ob ein Leben mit schweren Behinderungen (sog. wrongful life) gegenüber der Alternative des Nichtlebens überhaupt im Rechtssinne einen Schaden oder aber eine immer noch günstigere Lage darstellt.[398] Ein rechtlich relevantes Urteil über den Lebenswert fremden Lebens ist nicht erlaubt.[399] Der Mensch hat grundsätzlich sein Leben so hinzunehmen, wie es von der Natur gestaltet ist.[400] Des Weiteren besteht die Verpflichtung aller staatlichen Gewalt, jeden Menschen in seinem Dasein um seiner selbst willen zu achten.[401]

Der Senat vertrat in seinem Urteil im Jahr 2019 die Auffassung, dass, auch wenn der Patient selbst sein Leben als lebensunwert erachten mag, es die Verfassungsordnung aller staatlichen Gewalt verbietet, ein solches Urteil über das Leben des betroffenen Patienten mit der Schlussfolgerung zu treffen, dieses Leben ist ein Schaden.[402] Abgesehen davon entzieht es sich menschlicher Erkenntnisfähigkeit, ob ein leidensbehaftetes Leben gegenüber dem Tod ein

---

[391] BGH NJW 2019, 1741 (1742).
[392] BGH NJW 2019, 1741 Rn. 14.
[393] BGH NJW 2019, 1741 Rn. 14.
[394] BGH NJW 2019, 1741 Rn. 14.
[395] BGH NJW 2019, 1741 Rn. 23.
[396] BGH NJW 1983, 1371 (1371 ff.).
[397] BGH NJW 1983, 1371 (1371 ff.).
[398] BGH NJW 1983, 1371 (1373).
[399] BGH NJW 1983, 1371 (1373).
[400] BGH NJW 1983, 1371 (1374).
[401] BVerfG NJW 1993, 1751 (1764).
[402] BGH NJW 2019, 1741 Rn. 20.

Nachteil ist.[403] Des Weiteren wurde festgestellt, dass es nicht der Schutzzweck etwaiger Aufklärungs- und Behandlungspflichten im Zusammenhang mit lebenserhaltenden Maßnahmen ist, wirtschaftliche Belastungen zu verhindern, die mit dem Weiterleben und den dem Leben anhaftenden krankheitsbedingten Leiden verbunden sind.[404] Diese Pflichten dienen nicht dazu, den Erben das Vermögen des Patienten möglichst ungeschmälert zu erhalten.[405]

---

[403] BGH NJW 2019, 1741 Rn. 20.
[404] BGH NJW 2019, 1741 Rn. 29.
[405] BGH NJW 2019, 1741 Rn. 33.

D. Voraussetzungen für eine wirksame Patientenverfügung

I. Anforderungen an die wirksame Errichtung

1. Einwilligungsfähigkeit

Die Einwilligungs- bzw. Einwilligungsverweigerungsfähigkeit zum Zeitpunkt der Errichtung einer Patientenverfügung ist eine Voraussetzung für die Wirksamkeit.[406] Der Begriff der Einwilligungsfähigkeit ist im Gesetz nicht definiert, jedoch kann aus der Begründung des Entwurfs des Dritten Gesetzes zur Änderung des Betreuungsrechts und dem Gesetz zur Reform des Rechts der Vormundschaft und Pflegschaft für Volljährige vom 12. September 1990 (BGBl. 1990 I 2002) auf die Begrifflichkeit des bisherigen Rechtszustands zurückgeschlossen werden.[407]

Die Einwilligungsfähigkeit setzt sich aus einem kognitiven Element, der Einsichtsfähigkeit und einem voluntativen Element, der Steuerungsfähigkeit, zusammen.[408] Einwilligungsfähig ist demnach, wer Art, Bedeutung und Tragweite der Maßnahme erfassen und seinen Willen hiernach bestimmen kann.[409] Es muss nachgewiesen werden, dass die betroffene Person im Zeitpunkt der Errichtung der Patientenverfügung einwilligungsfähig ist, wobei sich dieser Nachweis auf das Zivilrecht bezieht.[410] Es kommt im

---

406 Vgl. *Hau/Poseck/Müller-Engels*, § 1827 Rn. 23.
407 *Gsell/Krüger/Diener*, § 1827 Rn. 40.
408 *Hau/Poseck/Müller-Engels*, § 1827 Rn. 23.
409 BVerfG BeckRS 2021, 20465 Rn. 74; BT-Drs. 16/8442, 13; BT-Drs. 11/4528, 71.
410 MüKo BGB/*Schneider*, § 1827 Rn. 10.

Gegensatz zum Abschluss eines zivilrechtlichen Behandlungsvertrages für die Einwilligung nicht auf die Geschäftsfähigkeit des Betroffenen an.[411]

Die Prüfung der Einwilligungsfähigkeit zum Zeitpunkt der Errichtung der Patientenverfügung ist nicht immer einfach. Es empfiehlt sich daher, die Verfügung zu datieren. Besonders problematisch wird die Feststellung der Einwilligungsfähigkeit, wenn die betroffene Person an einer Erkrankung leidet, die Auswirkungen auf ihre Geistestätigkeit haben kann. Vor allem bei Menschen mit psychischen Erkrankungen ist oft eine genaue Prüfung des Vorliegens der Einwilligungsfähigkeit erforderlich. Eine pauschale Beurteilung über die Einwilligungsfähigkeit von psychisch kranken Menschen ist jedoch nicht zulässig, es kommt immer auf die Umstände des Einzelfalls an.[412]

Die Einwilligungsfähigkeit ist situationsabhängig, das heißt, dass bei der situationsspezifischen Beurteilung des Vorliegens auch nach Schwere und Kompliziertheit eines Eingriffs differenziert werden kann.[413] Eine Person kann in Bezug auf bestimmte einfache Maßnahmen einwilligungsfähig sein, während die Einwilligungsfähigkeit in Bezug auf kompliziertere oder risikoreichere Operationen fehlt.[414] Die Feststellung, ob der Erklärende als entscheidungsfähig anzusehen ist, ist im Zusammenhang mit den behandelnden Leiden und den angezeigten Therapien zu beurteilen.[415] Je komplizierter sich nach medizinrechtlichen Grundsätzen die ärztliche Aufklärung über die therapeutischen Möglichkeiten und Risiken gestaltet, desto höhere Anforderungen sind an die Entscheidungsfähigkeit zu stellen.[416]

Auch eine Ablehnung einer medizinisch notwendigen Behandlung kann nicht automatisch zu einer Einwilligungsunfähigkeit führen, da es viele Gründe geben kann, warum eine Person eine Maßnahme ablehnt.[417]

In Hinblick auf die Einwilligung in einen Eingriff in die körperliche Integrität ist zu beachten, dass es sich hierbei nicht um eine Einwilligung im Sinne des § 183 BGB zur Zustimmung zu einem Rechtsgeschäft handelt.[418]

---

411 BT-Drs. 16/8442, 12 f.; BT-Drs. 11/4528, 71.

412 *Kern*, NJW 1994, 753 (756).

413 BT-Drs. 11/4528, 71.

414 BT-Drs. 11/4528, 71.

415 MüKo BGB/*Schneider*, § 1827 Rn. 10.

416 MüKo BGB/*Schneider*, § 1827 Rn. 10.

417 *Gsell/Krüger/Diener*, § 1827 Rn. 45.

418 BGH NJW 1959, 811.

Somit handelt es sich auch nicht um eine rechtsgeschäftliche Willenserklärung, sondern vielmehr um eine Gestattung oder Ermächtigung zur Vornahme tatsächlicher Handlungen, die in den Rechtskreis des Gestattenden eingreifen.[419] Die Einwilligungsfähigkeit ist nicht mit der Geschäftsfähigkeit gleichzusetzen.[420] Letztere betrifft leitbildhaft vermögens- und marktbezogene Entscheidungen und deckt somit einen anderen Bereich des Rechts ab.[421]

In Zweifelsfällen bedarf es der Heranziehung medizinischen Sachverstands, um das Vorliegen der Einwilligungsfähigkeit zu beurteilen. Bei bestimmten Erkrankungen, die Auswirkungen auf das Denken und die Wahrnehmung haben können, ist eine genaue Prüfung des Vorliegens der Einwilligungsfähigkeit besonders wichtig.

2. Volljährigkeit und persönliche Errichtung

Bei einer Patientenverfügung handelt es sich um eine einseitige, nicht empfangsbedürftige und höchstpersönliche Erklärung.[422] Diese kann nur von dem Betroffenen selbst errichtet werden. Eine Stellvertretung bei der Errichtung der Verfügung ist damit ausgeschlossen.[423]

Der Errichtende muss volljährig sein.[424] Die Volljährigkeit tritt nach § 2 BGB mit der Vollendung des achtzehnten Lebensjahres ein.[425] Ein Minderjähriger kann keine Patientenverfügung aufsetzen.[426] Für ihn können auch die Eltern bzw. gesetzlichen Vertreter keine Patientenverfügung in Vertretung errichten.[427] Auch mit Eintritt der Volljährigkeit wird eine im minderjährigen Alter erstellte Verfügung nicht wirksam.[428] Allein im Rahmen des § 1827 Abs. 2 BGB kann der somit geäußerte Wille Bedeutung erlangen.[429]

---

419 BGH NJW 1959, 811; *Damm*, MedR 2015, 775 (776).
420 *Damm*, MedR 2015, 775 (776).
421 *Damm*, MedR 2015, 775 (776).
422 MüKo BGB/*Schneider*, § 1827 Rn. 9.
423 MüKo BGB/*Schneider*, § 1827 Rn. 9.
424 MüKo BGB/*Schneider*, § 1827 Rn. 11; Die Problematik der Volljährigkeit wird ausführlich unter I. II. behandelt.
425 Siehe § 2 BGB.
426 MüKo BGB/*Schneider*, § 1827 Rn. 11.
427 *Hau/Poseck/Müller-Engels*, § 1827 Rn. 24.
428 *Gsell/Krüger/Diener*, § 1827 Rn. 33.
429 MüKo BGB/*Schneider*, § 1827 Rn. 11.

3. Schriftformerfordernis

Damit die Patientenverfügung ihre Gültigkeit entfaltet, muss sie schriftlich und unter den nach § 126 BGB einzuhaltenden Formalien aufgesetzt sein.[430] Das Erfordernis der Schriftform dient dem Übereilungsschutz und hat Klarstellungsfunktion.[431] Die Urkunde muss von dem Aussteller eigenhändig durch Namensunterschrift oder mittels notariell beglaubigten Handzeichens unterzeichnet werden.[432] Die Schriftform kann nach § 126 Abs. 3 und 4 BGB entweder durch die notarielle Beurkundung oder durch die elektronische Form gemäß § 126a BGB ersetzt werden.[433] Insofern ist es nicht erforderlich, dass der Text handschriftlich erfasst wird.[434] Auch für die elektronische Form muss der Ersteller seinen Namen hinzufügen und das elektronische Dokument mit seiner qualifizierten elektronischen Signatur versehen.[435] Wird die Patientenverfügung nicht entsprechend der Formvorschriften erstellt, können die erklärten Willensbekundungen dennoch für die Ermittlung der Behandlungswünsche bzw. des mutmaßlichen Willens nach § 1827 Abs. 2 BGB herangezogen werden.[436]

4. Keine Beratungs-, Aktualisierungs- oder Datierungspflicht

Der Gesetzgeber hat keine Pflicht zur Aktualisierung einer Patientenverfügung oder zu einer ärztlichen Beratung vor deren Abfassung vorgesehen.[437]

Sollte die Patientenverfügung eine Einwilligung in eine ärztliche Maßnahme enthalten, bedarf es für deren Wirksamkeit einer vorherigen ärztlichen Aufklärung oder einer ausdrücklichen Erklärung eines Aufklärungsverzichts.[438] Dies entspricht auch den allgemeinen Anforderungen an den ärztlichen Behandlungsvertrag nach §§ 630d, 630e BGB.[439] Wenn keine ärztliche

---

[430] *Gsell/Krüger/Diener*, § 1827 Rn. 34.
[431] BT-Drs. 16/8442, 13.
[432] Siehe § 126 BGB.
[433] *Gsell/Krüger/Diener*, § 1827 Rn. 34.
[434] *Gsell/Krüger/Diener*, § 1827 Rn. 34.
[435] Siehe § 126a BGB.
[436] *Gsell/Krüger/Diener*, § 1827 Rn. 34.
[437] BT-Drs. 16/8442, 14.
[438] BT-Drs. 16/8442, 14; *Gsell/Krüger/Diener*, § 1827 Rn. 64.
[439] Siehe § 630d BGB und § 630e BGB.

Aufklärung vorliegt oder kein ausdrücklicher Verzicht erklärt wurde, gilt eine in der Verfügung enthaltene Einwilligung als Behandlungswunsch oder als Indiz für die Feststellung des mutmaßlichen Willens im Rahmen des § 1827 Abs. 2 BGB.[440] Eine Ablehnung ärztlicher Maßnahmen entfaltet auch ohne ärztliche Beratung oder Verzicht unmittelbare Bindungswirkung, da die Wirksamkeit auch bei Einwilligungsfähigen nicht von einer ärztlichen Beratung oder Aufklärung abhängt.[441]

Hinsichtlich der Aktualisierung empfiehlt es sich regelmäßig zu überprüfen, ob die in der Verfügung getroffenen Festlegungen noch den aktuellen Behandlungswünschen und medizinischen Möglichkeiten entsprechen.[442] Insbesondere bei langen Zeitintervallen zwischen Errichtung oder letzter Bestätigung der Verfügung und dem Behandlungszeitpunkt muss sorgfältig geprüft werden, ob der Verfasser zwischenzeitlich seine Festlegungen durch einen jederzeit und formlos möglichen Widerruf zurückgenommen oder geändert hat.[443]

Zur besseren Beurteilung der Geltung und Aktualität der verfassten Patientenverfügung empfiehlt es sich, eine Datierung zu ergänzen, auch wenn dies keine Wirksamkeitsvoraussetzungen sind.[444] Für den Fall, dass weitere verfasste Patientenverfügungen oder sonstige Schriftstücke vorhanden sind, die etwa für eine Entscheidung im Rahmen des § 1827 Abs. 2 BGB ausgewertet werden können, erleichtern weitere Angaben die Prüfung der Aktualität der Behandlungswünsche.[445] Auch für die Ermittlung der Einwilligungsfähigkeit zum Zeitpunkt der Erstellung, kann die Datumsangabe hilfreich sein.[446] Beispielsweise bei demenziellen Erkrankungen mit schleichend, progressiv verlaufenden Beeinträchtigungen der kognitiven Fähigkeiten ist es wichtig, den Zeitraum der Errichtung der Verfügung zu kennen.[447]

---

[440] *Gsell/Krüger/Diener*, § 1827 Rn. 64.
[441] BT-Drs. 16/8442, 14.
[442] *Gsell/Krüger/Diener*, § 1827 Rn. 65.
[443] BT-Drs. 16/8442, 14.
[444] *Jurgeleit/Kieß*, § 1827 Rn. 15.
[445] *Gsell/Krüger/Diener*, § 1827 Rn. 66.
[446] *Gsell/Krüger/Diener*, § 1827 Rn. 43.
[447] *Gsell/Krüger/Diener*, § 1827 Rn. 66.

II. Inhalt der Patientenverfügung

1. Hinreichende Bestimmtheit

a) Maßstab

Das Bestimmtheitsgebot ist eine grundlegende Voraussetzung für die Wirksamkeit einer Patientenverfügung.[448] Die Anforderungen an die Bestimmtheit ergeben sich aus § 1827 Abs. 1 BGB sowie aus der höchstrichterlichen Rechtsprechung des BGH.[449]

Das Bestimmtheitserfordernis bezieht sich nach dem Wortlaut des § 1827 Abs. 1 BGB zunächst nur auf die hinreichend konkrete Beschreibung der ärztlichen Maßnahme.[450] Der BGH hat in mehreren Urteilen den Bestimmtheitsgrundsatz weiter konkretisiert.[451] In seinem Beschluss vom 6. Juli 2016 wurde festgestellt, dass der Bestimmtheitsgrundsatz nicht nur eine hinreichend konkrete Beschreibung der ärztlichen Maßnahme erfordert, sondern auch die konkrete Beschreibung der Behandlungssituation, in der die ärztliche Maßnahme vorgenommen oder unterlassen werden soll.[452] Die alleinige Festlegung eines ärztlichen Eingriffs ist wenig aufschlussreich und kann die Gesamtsituation nicht hinreichend berücksichtigen.[453] Ohne die konkrete Beschreibung der ärztlichen Maßnahme und Behandlungssituation ist es dem Betreuer fast unmöglich, seinem Prüfauftrag aus § 1827 Abs. 1 S. 1 BGB, ob die Festlegungen auf die aktuelle Lebens- und Behandlungssituation zutreffen, nachzukommen.[454]

Der BGH hat in seinem Beschluss im Jahr 2018 einen zweistufigen Bestimmtheitsgrundsatz entwickelt, der einerseits aus der konkreten Beschreibung der Behandlungssituation (Situationsbeschreibung) und andererseits aus der konkreten Bezeichnung der ärztlichen Maßnahme, in die eingewilligt oder welche untersagt wird (Handlungsanweisung), besteht.[455]

---

448 BGH NJW 2019, 600; BGH NJW 2017, 1737; BGH MedR 2017, 36 m. Anm. *Sternberg-Lieben* (36).
449 BGH NJW 2019, 600; BGH MedR 2017, 36; BGH NJW 2017, 1737.
450 Siehe § 1827 Abs. 1 BGB.
451 BGH NJW 2019, 600; BGH MedR 2017, 36; BGH NJW 2017, 1737.
452 BGH MedR 2017, 36 Rn. 46.
453 *Gsell/Krüger/Diener*, § 1827 Rn. 51.
454 *Gsell/Krüger/Diener*, § 1827 Rn. 51.
455 BGH NJW 2017, 1737 Rn. 18; *Seibl*, NJW 2016, 3277 (3279).

Dennoch dürfen die Anforderungen an die Bestimmtheit nicht überspannt werden.[456] Schließlich können überzogene Anforderungen nicht nur die Betroffenen dahingehend verunsichern, ob deren Patientenverfügung hinreichende Bestimmungen enthält, sondern auch die behandelnden Ärzte und Patientenvertreter. Diese werden in Anbetracht drohender strafrechtlicher Sanktionen vordergründig für die lebenserhaltenden Maßnahmen entscheiden.[457]

Der Betroffene muss durch die Benennung bestimmter ärztlicher Maßnahmen oder die Bezugnahme auf ausreichend spezifizierte Krankheiten oder Behandlungssituationen konkret festlegen, welche Behandlung oder Nichtbehandlung er sich wünscht.[458] Besonders wichtig ist eine Zusammenschau aller in der Patientenverfügung enthaltenen Erklärungen und so müssen Handlungsanweisung und Situationsbeschreibung daher stets gemeinsam betrachtet werden.[459] Sofern erforderlich, kann eine Konkretisierung im Einzelfall auch durch eine weniger detaillierte Benennung bestimmter ärztlicher Maßnahmen erfolgen.[460] Dies kann durch eine Bezugnahme auf ausreichend spezifizierte Krankheiten oder Behandlungssituationen gewährleistet werden.[461]

Auch nach der Rechtsprechung des BGH muss der Betroffene weder seine eigene Biografie bzw. Krankheitsgeschichte vorausahnen noch die zukünftigen medizinischen Fortschritte berücksichtigen.[462] Es kann auch nicht erwartet werden, dass die Präzision der Festsetzungen mit den Willenserklärungen eines einwilligungsfähigen Kranken vergleichbar ist.[463] Würden die strengen Anforderungen als Wirksamkeitsvoraussetzung angenommen werden, dann wären fast alle Patientenverfügungen unverbindlich, weil sie den Anforderungen an die Bestimmtheit nicht genügten.[464] Grundsätzlich ist anzunehmen, dass der Betreuer und der Arzt zweifelsfrei feststellen können

---

[456] BGH MedR 2017, 36 m. Anm. *Sternberg-Lieben* (43).
[457] BGH MedR 2017, 36 m. Anm. *Sternberg-Lieben* (43).
[458] BGH NJW 2017, 1737 Rn. 22 f.
[459] *Gsell/Krüger/Diener*, § 1827 Rn. 53.
[460] *Gsell/Krüger/Diener*, § 1827 Rn. 53.
[461] *Gsell/Krüger/Diener*, § 1827 Rn. 53.
[462] BGH NJW 2017, 1737 Rn. 18.
[463] *Gsell/Krüger/Diener*, § 1827 Rn. 53.
[464] *Gsell/Krüger/Diener*, § 1827 Rn. 53.

müssen, in welcher Behandlungssituation welche ärztlichen Maßnahmen durchgeführt werden bzw. unterbleiben sollen.[465]

b) Auslegung

Die Patientenverfügung stellt eine Urkunde über formbedürftige Willenserklärungen dar und ist nach allgemeinen Grundsätzen auszulegen.[466] Die allgemeinen Auslegungsgrundsätze nach § 133 BGB sind demnach anzuwenden, wenn zu prüfen ist, ob eine hinreichend konkrete Patientenverfügung vorliegt.[467] Nach der Rechtsprechung des BGH sind außerhalb der Urkunde liegende Umstände dabei nur zu berücksichtigen, wenn der einschlägige rechtsgeschäftliche Wille des Erklärenden in der formgerechten Urkunde einen, wenn auch nur unvollkommenen oder andeutungsweisen, Ausdruck gefunden hat.[468] Bei der Auslegung ist der Gesamtzusammenhang der Urkunde bzw. Patientenverfügung zu berücksichtigen.[469] Des Weiteren ist festzustellen, ob sich daraus ein hinreichend eindeutig zu bestimmender Patientenwille ergibt.[470] Eine Formulierung, wonach lebensverlängernde Maßnahmen abgelehnt werden, kann einen Anhaltspunkt dafür darstellen, dass auch ein Einverständnis mit dem Abbruch bereits eingeleiteter Maßnahmen vorliegt.[471]

c) Zusammenfassung einiger unzureichender Formulierungen

Grundsätzlich gilt, dass allgemeine Richtlinien für eine künftige Behandlung oder allgemeine Behandlungswünsche nicht dem Bestimmtheitsgebot der Patientenverfügung entsprechen.[472] Beispielsweise sind abstrakt gehaltene Phrasen wie „ich will nicht an Schläuchen hängen“ oder „ich will keine Apparatemedizin“ nicht hinreichend konkret.[473] Auch allgemein gehaltene Festlegungen wie die Ermöglichung eines würdevollen Sterbens, wenn

---

465 *Gsell/Krüger/Diener*, § 1827 Rn. 53.
466 *Boemke*, NJW 2017, 1706 (1707); *Jurgeleit/Kieß*, § 1827 Rn. 39.
467 BGH NJW 2019, 600 Rn. 34.
468 BGH NJW 2019, 600 Rn. 33.
469 BGH NJW 2017, 1737 Rn. 19.
470 BGH NJW 2017, 1737 Rn. 21.
471 BGH NJW 2019, 600 Rn. 34.
472 BGH MedR 2017, 36 Rn. 46; BT-Drs. 16/8442, 13.
473 *Gsell/Krüger/Diener*, § 1827 Rn. 56.

eine Besserung des Gesundheitszustandes nicht in Aussicht steht, sind nicht ausreichend konkret.[474] Dem Bestimmtheitsgebot dürften die Formulierungen „wenn medizinisch eindeutig festgestellt ist, dass aufgrund von Krankheit oder Unfall ein schwerer Dauerschaden des Gehirns zurückbleibt" bzw. „dass es zu einem nicht behandelbaren, dauernden Ausfall lebenswichtiger Funktionen meines Körpers kommt" ebenso nicht genügen.[475]

Nach der Rechtsprechung des BGH ist die alleinige Festlegung auf „keine lebenserhaltenden Maßnahmen" nicht hinreichend konkret.[476] Wird diese mit einer Lebens- und Behandlungssituation verknüpft, beispielsweise mit „wenn medizinisch eindeutig festgestellt ist, dass keine Aussicht auf Wiedererlangung des Bewusstseins besteht", dann liegt eine notwendige Zusammenschau von Handlungsanweisung und Situationsbeschreibung vor.[477] Diese Gesamtschau stellt eine hinreichend bestimmte Festlegung dar, die den Abbruch einer bereits eingeleiteten künstlichen Ernährung und Flüssigkeitsversorgung erfasst.[478]

2. Keine Reichweitenbeschränkung

Im Rahmen des Selbstbestimmungsrechts sollen Patienten auch das Recht haben, im nicht irreversibel tödlichen Verlauf einer Krankheit, eine Entscheidung zu treffen, die ihre Lebenszeit begrenzt.[479] Der Gesetzgeber hat in § 1827 Abs. 3 BGB geregelt, dass die Patientenverfügung und der aufgrund konkreter Anhaltspunkte festgestellte mutmaßliche Wille des Betroffenen den Arzt und den Patientenvertreter unabhängig von Art und Stadium der Erkrankung binden.[480] Übereinstimmend hat der BGH in seinem Beschluss im Jahr 2014 in Bezug auf den Abbruch lebenserhaltender Maßnahmen entschieden, dass das Vorliegen einer Grunderkrankung mit einem „irreversibel tödlichen Verlauf" nicht Voraussetzung für den zulässigen Abbruch lebenserhaltender Maßnahmen ist.[481] Der Senat begründete seine Entscheidung

---

[474] BGH NJW 2017, 1737 Rn. 19; BGH MedR 2017, 36 Rn. 46.
[475] Vgl. BGH NJW 2017, 1737 Rn. 19.
[476] BGH NJW 2017, 1737 Rn. 19.
[477] BGH NJW 2017, 1737 Rn. 18 f.
[478] BGH NJW 2017, 1737 Rn. 22; *Jürgens/Loer*, § 1827 Rn. 8.
[479] BT-Drs. 16/8442, 16.
[480] Siehe § 1827 Abs. 3 BGB; vgl. BT-Drs. 16/8442, 16.
[481] BGH MedR 2015, 508 Rn. 22.

damit, dass das verfassungsrechtlich verbürgte Selbstbestimmungsrecht des Betroffenen zu achten ist, auch wenn die Grunderkrankung noch keinen unmittelbar zum Tod führenden Verlauf genommen und der Sterbevorgang noch nicht eingesetzt haben.[482]

Der in einer Patientenverfügung geäußerte Wille ist auch dann zu beachten, wenn der Patient seinen Gesundheitszustand selbst herbeigeführt hat, z. B. bei einem Suizidversuch.[483] Eine Verpflichtung zur Hilfeleistung nach § 323c Abs. 1 StGB besteht daher entsprechend dem in einer Patientenverfügung geäußerten Willen nicht.[484]

Des Weiteren sind Dritte zur Vornahme medizinisch nicht indizierter Maßnahmen weder bei entscheidungsfähigen noch bei entscheidungsunfähigen Betroffenen verpflichtet, denn eine Tötung auf Verlangen ist weiterhin nach § 216 StGB strafrechtlich sanktioniert.[485]

Mit der klaren Regelung des § 1827 Abs. 3 BGB, hat sich der Gesetzgeber gegen die Vorschläge der Enquete-Kommission „Ethik und Recht der modernen Medizin" entschieden, welche den Verzicht auf lebenserhaltende Maßnahmen nur ermöglichen wollte, wenn ein irreversibler Verlauf des Grundleidens vorliegt und dieses trotz medizinischer Behandlung nach ärztlicher Erkenntnis zum Tod führen würde.[486] Ebenso wurde der Ansicht nicht gefolgt, dass die Patientenverfügung nur für bestimmte Lebenssituationen gilt und beispielsweise keine Entscheidungen im Falle von Demenzerkrankungen oder Wachkoma umfassen sollte.[487]

3. Noch nicht unmittelbar bevorstehende Maßnahmen

In der Patientenverfügung sind nur Festlegungen zu treffen, die sich auf noch nicht unmittelbar bevorstehende medizinische Behandlungen beziehen.[488] Der einwilligungsfähige Patient, der also in eine unmittelbar bevorstehende Maßnahme (noch) einwilligen kann, muss demnach selbst entscheiden.[489]

---

[482] BGH MedR 2015, 508 Rn. 22.
[483] BGH NJW 2019, 3092 Rn. 47.
[484] BGH NJW 2019, 3092 Rn. 47.
[485] *Hau/Poseck/Müller-Engels*, § 1827 Rn. 40; *Laufs/Kern/Rehborn/Ulsenheimer*, § 133 Rn. 40.
[486] BT-Drs. 15/3700, 38 f.
[487] BT-Drs. 15/3700, 38.
[488] BT-Drs. 16/8442, 12; MüKoBGB/*Schneider*, § 1827 Rn. 21.
[489] *Jürgens/Loer*, § 1827 Rn. 8.

Der Gesetzgeber beabsichtigte damit eine klare Unterscheidung und Trennung einer Patientenverfügung für zukünftige Maßnahmen, von der aktuellen Einwilligung in eine unmittelbar bevorstehende medizinische Behandlung.[490] Die Letztgenannte bedarf nicht der Schriftform.[491]

4. Besonderheiten bei Festlegungen der Einwilligung und Untersagung

Wenn eine Patientenverfügung die Einwilligung in eine konkrete ärztliche Maßnahme enthält, muss der Erklärende zuvor über den medizinischen Sachverhalt in Bezug auf zu berücksichtigende Krankheiten, therapeutische Alternativen, Chancen und Risiken der in Aussicht genommenen Behandlung aufgeklärt worden sein oder auf die Aufklärung ausdrücklich verzichtet haben.[492] Sollte der Erklärende die Festsetzungen ohne Aufklärung oder Aufklärungsverzicht getroffen haben, dann genügt die Patientenverfügung nicht als unmittelbare Grundlage für das gerechtfertigte ärztliche Handeln und kann nur als „Behandlungswunsch“ nach § 1827 Abs. 2 BGB Bedeutung erlangen.[493]

Im Gegensatz zu den Festlegungen der Einwilligung in medizinische Maßnahmen bedarf es bei der Versagung der Einwilligung keiner vorhergehenden ärztlichen Aufklärung und Beratung.[494] Der Verfügende kann auch Festlegungen zur Unterlassung oder zum Abbruch lebenserhaltender Maßnahmen treffen. Die Maßnahmen der Basisbetreuung sind nicht von der Patientenverfügung umfasst.[495] Diese sind von den behandelnden Ärzten und dem Pflegepersonal immer vorzunehmen.[496]

5. Festlegungen von ärztlichen Zwangsmaßnahmen

a) Ärztliche Zwangsmaßnahme

aa) Legaldefinition und Voraussetzung

Eine ärztliche Zwangsmaßnahme umfasst gemäß § 1832 Abs. 1 S. 1 BGB ärztliche Untersuchungen des Gesundheitszustands, Heilbehandlungen und

---

[490] MüKoBGB/*Schneider*, § 1827 Rn. 21.
[491] BT-Drs. 16/8442, 13.
[492] BT-Drs. 16/8442, 14; MüKo BGB/*Schneider*, § 1827 Rn. 18; Siehe §§ 630d, 630e BGB.
[493] MüKo BGB/*Schneider*, § 1827 Rn. 18; Siehe §§ 630d, 630e BGB.
[494] BT-Drs. 16/8442, 14.
[495] BT-Drs. 16/8442, 13.
[496] BT-Drs. 16/8442, 13.

ärztliche Eingriffe, die dem „natürlichen Willen“ des Betreuten widersprechen.[497] Dabei handelt es sich um eine bewusste Willensäußerung einer einsichts- und/oder steuerungsunfähigen Person, die sich gegen eine medizinische Maßnahme richtet.[498] Als natürlicher Wille gilt jede willensgesteuerte Erklärung, die geäußert oder durch Verhalten zu erkennen gegeben wird, die in einer bestimmten, rechtlich relevanten Situation erfolgt.[499] Es muss lediglich eine generelle Handlungsfähigkeit des Betroffenen gegeben sein und eine Abwehrhaltung zur Geltung kommen.[500] Äußert sich der Betroffene nicht, weil er nicht will oder kann, liegt keine ärztliche Zwangsmaßnahme vor.[501] Der entgegenstehende Wille muss sich bereits manifestiert haben, sodass reflexartige Bewegungen oder nur zeitweise unkooperatives Verhalten nicht ausreichen.[502]

Für die Zwangsbehandlung ist nicht entscheidend, in welcher Art der natürliche Wille des Betroffenen überwunden wird.[503] Für den Betroffenen kann auch die verdeckte Gabe von Medikamenten eine ärztliche Zwangsbehandlung darstellen.[504]

Grundsätzlich setzt eine Zwangsbehandlung die medizinische Indikation sowie gegebenenfalls ihre zwangsweise Durchsetzung voraus.[505] Die medizinische Indikation für die Behandlung ist aus ärztlicher Sicht dann gegeben, wenn der Betroffene unter der Krankheit oder an deren Folgen leidet oder leiden wird und sich der Krankheitszustand durch die Behandlung kurzfristig oder langfristig verbessern lässt.[506] Dabei muss der Nutzen der Behandlung die Risiken unter Berücksichtigung möglicher alternativer Behandlungsmaßnahmen überwiegen.[507] Bei psychischen Erkrankung unterliegt das was als „Nutzen“ gilt, verschiedenen Wertungen und ist nicht

---

[497] MüKo BGB/*Schneider*, § 1832 Rn. 9.
[498] *Gsell/Krüger/Brilla*, § 1832 Rn. 18.
[499] *Gsell/Krüger/Brilla*, § 1832 Rn. 18.
[500] *Gsell/Krüger/Brilla*, § 1832 Rn. 18 f.
[501] *Gsell/Krüger/Brilla*, § 1832 Rn. 19.
[502] *Gsell/Krüger/Brilla*, § 1832 Rn. 20.
[503] *Gsell/Krüger/Brilla*, § 1832 Rn. 21.
[504] MüKo BGB/*Schneider*, § 1832 Rn. 9; *BAK*, Dtsch Arztebl 2013, A 1334 (1335).
[505] MüKo BGB/*Schneider*, § 1832 Rn. 9.
[506] *BAK*, Dtsch Arztebl 2013, A 1334 (1336).
[507] *BAK*, Dtsch Arztebl 2013, A 1334 (1336).

von vornherein festgelegt.[508] Der Arzt hat dabei die Wertvorstellungen des Betroffenen zu berücksichtigen.[509] Wenn bei einer psychischen Erkrankung die Einschätzung des Betroffenen beeinträchtigt sein kann, dann sind die Wertvorstellungen maßgeblich, die er früher im einwilligungsfähigen Zustand hatte und jetzt haben würde, wenn keine Beeinträchtigung vorliegen würde.[510]

Soll die Maßnahme, die Nutzen verspricht, zwangsweise durchgeführt werden, dann sind der Zwang und seine Folgen im Rahmen der Nutzen-Risiko-Abwägung zu berücksichtigen.[511] Dabei muss der Nutzen deutlich den Risiken überwiegen.[512] Bei der Abwägung sind mehrere Aspekte von entscheidender Bedeutung. Zunächst müssen die gesundheitlichen Risiken, die durch den Einsatz des jeweiligen Zwangsmittels entstehen können, sorgfältig berücksichtigt werden.[513] Zudem ist zu beachten, dass Zwangsmaßnahmen den Behandlungserfolg potenziell beeinträchtigen können.[514] Das subjektive Erleben des Patienten spielt ebenfalls eine wesentliche Rolle, da verschiedene Zwangsmaßnahmen und Behandlungen, wie die Gabe von Benzodiazepinen oder Neuroleptika, von den Betroffenen unterschiedlich tiefgreifend wahrgenommen werden.[515] Schließlich ist auch die mögliche Beeinträchtigung des Vertrauensverhältnisses zum behandelnden Arzt ein kritischer Faktor, da dieses Vertrauen die Grundlage für die aktuelle und eventuelle zukünftige Behandlung bildet.[516] Grundsätzlich ist in jedem Einzelfall eine differenzierte Beurteilung notwendig.[517] Zwangsmaßnahmen sind aus ethischer und rechtlicher Sicht auf das absolut unverzichtbare Maß zu reduzieren.[518]

Nicht nur in der Psychiatrie, sondern auch in anderen Fachbereichen wie der Neurologie und der Geriatrie können Zwangsbehandlungen stattfinden.[519]

---

508 *BAK*, Dtsch Arztebl 2013, A 1334 (1336).
509 *BAK*, Dtsch Arztebl 2013, A 1334 (1336).
510 *BAK*, Dtsch Arztebl 2013, A 1334 (1336).
511 *BAK*, Dtsch Arztebl 2013, A 1334 (1336).
512 *BAK*, Dtsch Arztebl 2013, A 1334 (1336).
513 *BAK*, Dtsch Arztebl 2013, A 1334 (1336).
514 *BAK*, Dtsch Arztebl 2013, A 1334 (1336).
515 *BAK*, Dtsch Arztebl 2013, A 1334 (1336).
516 *BAK*, Dtsch Arztebl 2013, A 1334 (1336).
517 *BAK*, Dtsch Arztebl 2013, A 1334 (1336).
518 *BAK*, Dtsch Arztebl 2013, A 1334 (1336).
519 *BAK*, Dtsch Arztebl 2013, A 1334 (1334).

Dabei können sie sowohl auf die Behandlung psychischer Erkrankungen als auch auf die Therapie somatischer Erkrankungen abzielen.[520]

bb) Normzweck

Zwangsbehandlungen sind aufgrund der tiefen Grundrechtseingriffe (Art. 2 Abs. 2 GG) nur als ultima ratio in Situationen drohender erheblicher Selbstgefährdung und auf der Grundlage eines Gesetzes zulässig, das die Voraussetzungen für die Zulässigkeit des Eingriffs bestimmt.[521] Dies gilt sowohl für die materiellen als auch für die formellen Eingriffsvoraussetzungen.[522] Der Gesetzgeber hat zur Rechtfertigung dieser Grundrechtseingriffe bei einer Zwangsbehandlung nur durch § 1832 BGB und die Rechtsgrundlagen der Psychisch-Kranken-Gesetze bzw. Unterbringungsgesetze der Länder vorgesehen.[523]

Die Voraussetzungen zur Einwilligung in ärztliche Zwangsmaßnahmen und deren betreuungsgerichtlichen Genehmigung wurden vom Gesetzgeber entsprechend nach strengen materiell- und verfahrensrechtlichen Vorgaben explizit gesetzlich in § 1832 BGB geregelt. Insofern darf der mit dem entsprechenden Aufgabenbereich bestellte Betreuer nur dann in eine ärztliche Zwangsmaßnahme einwilligen, wenn nach § 1832 Abs. 1 S. 1 Nr. 1–7 BGB deren Voraussetzungen kumulativ vorliegen.[524] Damit sind Zwangsbehandlungen weder bzgl. der Anlass- noch bzgl. einer Begleiterkrankung außerhalb von §§ 1831, 1832 BGB zulässig.[525]

b) Normgeschichte

Bis 2013 war die Zwangsbehandlung nicht gesetzlich geregelt. Der BGH ging noch im Jahr 2006 in einer Grundsatzentscheidung davon aus, dass § 1906 Abs. 1 Nr. 2 BGB (a. F.), der heute dem § 1831 Abs. 1 Nr. 2 BGB entspricht, eine ausreichende Ermächtigungsgrundlage für eine Zwangsbehandlung darstellte.[526] Im Jahr 2011 stellte das BVerfG zunächst für den Maßregelvollzug fest,

---

520 *BAK*, Dtsch Arztebl 2013, A 1334 (1334).

521 BVerfG NJOZ 2016, 593, Rn. 27.

522 BVerfG NJOZ 2016, 593, Rn. 27.

523 *Laufs/Kern/Rehborn/Kern/Rehborn*, § 75 Rn. 8.

524 MüKo BGB/*Schneider*, § 1832 Rn. 8.

525 *Spickhoff/Spickhoff*, § 1832 BGB Rn. 14.

526 BGH NJW 2006, 1277 Rn. 24.

dass die Zwangsbehandlung eines Untergebrachten nur auf Grundlage eines Gesetzes zulässig ist, das die Voraussetzungen für die Zulässigkeit des Eingriffs bestimmt.[527] Die Voraussetzungen müssen für die Zulässigkeit hinreichend klar und bestimmt geregelt sein.[528] Je intensiver der Grundrechtseingriff ist, den die Norm vorsieht, desto höher müssen die Anforderungen an den Grad der Klarheit und Bestimmtheit sein.[529] Die Zwangsbehandlung wurde durch das am 26. Februar 2013 in Kraft getretene Gesetz zur Regelung der betreuungsrechtlichen Einwilligung in eine ärztliche Zwangsmaßnahme neben prozessrechtlichen Änderungen zunächst in § 1906 Abs. 3 und 3a BGB (a. F.) eingefügt.[530] Im Jahr 2016 erklärte das BVerfG nach Vorlage des BGH den § 1906 Abs. 3 BGB (a. F.) für verfassungswidrig.[531] Eine Zwangsbehandlung bei immobilen Betroffenen scheide aus, weil der Schutz des Art. 2 Abs. 2 S. 1 GG bei stationär behandelten Personen nicht gegeben sei, da diese sich nicht entfernen könnten.[532]

Die ärztliche Zwangsbehandlung wurde erstmals mit dem Gesetz zur Änderung der materiellen Zulässigkeitsvoraussetzungen von ärztlichen Zwangsmaßnahmen und zur Stärkung des Selbstbestimmungsrechts von Betreuten vom 17. Juli 2017[533] in einer eigenständigen Normierung in § 1906a BGB a. F. eingefügt. Der Gesetzgeber beabsichtigte mit der eigenständigen Regelung für die Zwangsbehandlung eine Entkoppelung von der freiheitsentziehenden Unterbringung nach § 1831 Abs. 1 BGB (vgl. § 1906 Abs. 1 BGB (a. F.)).[534] Mit § 1906a Abs. 1 S. 1 Nr. 3 BGB (a. F.) wurde zur Stärkung der Selbstbestimmung der Betroffenen eingefügt, dass die ärztliche Zwangsmaßnahme dessen Willen gemäß § 1827 BGB (vgl. § 1901a BGB (a. F.)) entsprechen muss.[535] Mit § 1901a Abs. 4 BGB (a. F.) (seit 1. Januar 2023: § 1827 Abs. 4 BGB) wurde die Regelverpflichtung für den Betreuer eingeführt, dass dieser den Betreuten in geeigneten Fällen auf die Möglichkeit einer

---

527 BVerfG NJW 2011, 2113 Rn. 72.
528 BVerfG NJW 2011, 2113 Rn. 73.
529 BVerfG NJW 2011, 2113 Rn. 73.
530 *Gsell/Krüger/Brilla*, § 1832 Rn. 3.
531 BVerfG NJW 2017, 53 Rn. 102.
532 BVerfG NJW 2017, 53 Rn. 102.
533 BGBl. 2017 I 2426.
534 *Hau/Poseck/Müller-Engels*, § 1832 Rn. 1.
535 *Gsell/Krüger/Brilla*, § 1832 Rn. 5.

Patientenverfügung hinweisen und ihn auf dessen Wunsch bei der Errichtung unterstützen muss.[536] Der Gesetzgeber regelte in § 1906a Abs. 1 S. 1 Nr. 7 BGB (a. F.), dass die Durchführung der ärztlichen Zwangsmaßnahmen nur im Rahmen eines stationären Aufenthalts in einem Krankenhaus zulässig ist, in dem die gebotene medizinische Versorgung des Betreuten einschließlich einer erforderlichen Nachbehandlung sichergestellt ist.[537] Damit soll erreicht werden, dass die ärztlichen Zwangsmaßnahmen die Ultima Ratio darstellen und damit auf das unvermeidbare Mindestmaß reduziert werden.[538] In § 1906a Abs. 4 BGB (a. F.) wurde die Möglichkeit zur Verbringung zur Zwangsbehandlung eingeführt.[539]

Bis heute hat der Gesetzgeber von der Einführung einer ambulanten Zwangsbehandlung Abstand genommen. Der ehemalige § 1906a BGB wurde im Rahmen der zum 1. Januar 2023 in Kraft getretenen umfassenden Vormundschafts- und Betreuungsreform im Wesentlichen inhaltlich gleichlautend in den § 1832 BGB verschoben. Zur Einheitlichkeit des Betreuungsrechts und zur Vermeidung von Missverständnissen wurde auf den Begriff des „Wohls“ in § 1832 Abs. 1 S. 1 Nr. 1 BGB verzichtet und die Überschrift der Regelung abgeändert.[540] Des Weiteren wurde die in § 1906a Abs. 5 BGB (a. F.) enthaltene Regelung über die Notwendigkeit der Schriftform und der inhaltlichen Konkretisierung in § 1820 Abs. 2 Nr. 3 BGB verschoben.[541]

c) Gesetzliche Regelungen und Entwicklungen zur stationären und ambulanten Zwangsbehandlung

Bereits 2001 stellte der BGH klar, dass eine ambulante Zwangsbehandlung nicht genehmigungsfähig ist.[542]

Im Gesetzesentwurf des Bundesrates im Jahr 2003 zum Betreuungsrechtsänderungsgesetz war vorgesehen, dass der neu zu schaffende § 1906a BGB (a. F.) Voraussetzungen enthalten solle, unter denen eine zwangsweise Vorführung zur ambulanten ärztlichen Heilbehandlung genehmigt

---

536 BT-Drs. 18/11240, 18.
537 BT-Drs. 18/11240, 20.
538 BT-Drs. 18/11240, 20.
539 *Gsell/Krüger/Brilla*, § 1832 Rn. 5.
540 BT-Drs. 18/24445, 261.
541 BT-Drs. 18/24445, 261.
542 BGH NJW 2001, 888 (890 f.).

werden kann.[543] Ziel war es, die Eingriffshöhe gegenüber dem Betreuten im Gegensatz zur Unterbringung nach § 1906 Abs. 1 Nr. 2 BGB (a. F.) zu senken.[544] Die vorgeschlagene Neuerung wurde aufgrund des erheblichen Grundrechtseingriffs, der im Bedarfsfall gegebenen Eingriffsmöglichkeiten auf der Grundlage der Gesetze der Länder für den Bereich der zwangsweisen psychiatrischen Versorgung, der Möglichkeiten nach den §§ 70 ff. FGG und aus sozialpsychiatrischen Gründen, abgelehnt.[545]

Im Jahr 2015 wurde sich auf der 86. Konferenz der Justizminister der Länder für eine Gesetzesinitiative zur Regelung der ambulanten Zwangsbehandlung ausgesprochen.[546]

Das BVerfG hat in seinem Beschluss im Jahr 2016 die Frage offengelassen, ob die fehlende Regelung einer ambulanten Zwangsbehandlung verfassungswidrig ist.[547] Es wurde festgestellt, dass ambulant Betreute in schwerwiegenden Fällen letztlich nicht schutzlos seien, weil sie nach einer Unterbringung bei Erfüllung der Voraussetzungen des § 1906 Abs. 1 Nr. 2 BGB (a. F.) dann doch einer Zwangsbehandlung unterzogen werden könnten.[548] Dabei wurde eine Vorlage zur ambulanten Zwangsbehandlung gem. Art. 100 Abs. 1 S. 1 GG für unzulässig erachtet.[549]

Im Jahr 2017 hat sich der Gesetzgeber erneut gegen eine Zulassung einer ambulanten Zwangsbehandlung entschieden.[550] Aufgrund des Ultima Ratio-Gebots sollen ambulant durchgeführte ärztliche Zwangsmaßnahmen weiterhin ausgeschlossen bleiben.[551] Nach dem Gesetzgeber besteht mit der Zulassung von ambulant durchgeführten Zwangsbehandlungen die Gefahr, dass solche teilweise traumatisierenden Behandlungen in der Praxis regelmäßig und auch ohne ausreichende Prüfung von weniger eingriffsintensiven Alternativen durchgeführt werden.[552] Des Weiteren widersprechen ambulant

---

543 BR-Drs. 865/03, 77.
544 BR-Drs. 865/03, 77.
545 BR-Drs. 865/2/03 (neu), 2 f.; BT-Drs. 15/2494, 47.
546 Beschluss TOP I.10, 86. Konferenz der Justizminister der Länder.
547 BVerfG NJW 2017, 53 Rn. 100 f.
548 BVerfG NJW 2017, 53 Rn. 100.
549 BVerfG NJW 2017, 53 Rn. 54 f.
550 BR-Drs. 66/17; BT-Drs. 18/11240 S. 15.
551 BT-Drs. 18/11240 S. 15.
552 BT-Drs. 18/11240 S. 15.

durchgeführte Zwangsmaßnahmen der modernen Psychiatrie.[553] Danach sollen psychisch kranke Betroffene in ihrem Wohn- und persönlichen Umfeld eine vertrauensvolle Unterstützung und Hilfe und eben keinen staatlich genehmigten Zwang erfahren.[554] Ambulante Zwangsbehandlungen würden dem Ziel, den Zwang im psychiatrischen Hilfesystem so gut wie möglich zu vermeiden, entgegenwirken.[555] Außerdem soll auch die Koppelung der ärztlichen Zwangsmaßnahme an eine stationäre Behandlung sichergestellt werden, dass die gebotene sorgfältige Prüfung der Voraussetzung der Zwangsmaßnahme erfolgt.[556]

Bis heute sind ärztliche Zwangsmaßnahmen nach § 1832 Abs. 1 S. 1 Nr. 7 BGB nur im Rahmen eines stationären Aufenthalts in einem Krankenhaus durchzuführen. Dabei müssen die gebotene medizinische Versorgung des Betreuten und die erforderliche Nachbehandlung sichergestellt sein.[557] Ärztliche Zwangsbehandlungen sind außerhalb von §§ 1831, 1832 nicht zulässig.[558] Eine ambulante Zwangsbehandlung im Rahmen der *lex lata* ist damit dezidiert ausgeschlossen.[559] Eine Behandlung ist dann als vollstationär anzusehen, wenn sie sich zeitlich über einen Tag und eine Nacht erstreckt.[560] Wird eine Behandlung ambulant durchgeführt, dann verbringt der Betroffene die Nacht vor und die Nacht nach der Behandlung nicht im Krankenhaus.[561] Bei der Einordnung kommt es maßgeblich auf die Dauer des Aufenthalts an.[562] Für eine ärztliche Zwangsmaßnahme muss der Betroffene damit mindestens einen Tag und eine Nacht im Krankenhaus bleiben. Insofern wird auch Patienten, bei denen dieser längere Aufenthalt nicht erforderlich ist, die körperliche Bewegungsfreiheit (Art. 2 Abs. 2 GG) entzogen.

---

553 BT-Drs. 18/11240 S. 15.

554 BT-Drs. 18/11240 S. 15.

555 BT-Drs. 18/11240 S. 15.

556 BT-Drs. 18/11240 S. 15.

557 Vgl. § 1832 Abs. 1 S. 1 Nr. 7 BGB.

558 *Spickhoff/Spickhoff*, § 1832 BGB Rn. 14.

559 *Spickhoff/Spickhoff*, § 1832 BGB Rn. 14.

560 BSG MedR 2004, 702 (704).

561 BSG MedR 2004, 702 (704).

562 BSG MedR 2004, 702 (704).

d) Zulässigkeit ärztlicher Zwangsbehandlung

aa) *Vorteile und Herausforderungen stationärer Zwangsbehandlungen*

Bis heute sind ärztliche Zwangsbehandlungen ausschließlich im Rahmen eines stationären Aufenthalts in einem Krankenhaus zulässig, in dem die gebotene medizinische Versorgung des Betreuten einschließlich einer erforderlichen Nachbehandlung sichergestellt ist. Nach der Ansicht des Gesetzgebers kann die gebotene sorgfältige Prüfung der Zulässigkeitsvoraussetzungen für die beabsichtigte ärztliche Zwangsmaßnahme durch den verantwortlichen Arzt und den Betreuer nur im Rahmen dieses Aufenthalts durchgeführt werden.[563] Das Krankenhaus muss über die institutionellen Rahmenbedingungen verfügen, die es ermöglichen, eine zwangsweise Behandlung sowohl fachgerecht als auch den spezifischen Bedürfnissen des Betreuten entsprechend durchzuführen.[564] Es muss sichergestellt sein, dass auch eine medizinisch erforderliche Nachsorge durchgeführt werden kann.[565] Hierzu gehören auch etwaige Maßnahmen zur therapeutischen Aufarbeitung der Zwangsbehandlung.[566] Nach der Durchführung einer ärztlichen Zwangsmaßnahme ist sicherzustellen, dass der Betreute nicht sich selbst überlassen bleibt, sofern weiterhin ein therapeutischer Bedarf besteht.[567]

Ein wesentlicher Vorteil der stationären Zwangsbehandlung ist die umfassende Kontrolle und Überwachung der Patienten. Diese kontinuierliche Beobachtung ist besonders wichtig bei schwerwiegenden psychischen oder physischen Zuständen, bei denen eine schnelle medizinische Intervention notwendig sein kann. Krankenhäuser und spezialisierte Einrichtungen verfügen über die erforderliche Infrastruktur und medizinischen Geräte sowie über qualifiziertes Fachpersonal, um eine umfassende Betreuung sicherzustellen. Dies umfasst auch die Möglichkeit, multidisziplinäre Ansätze zu nutzen und verschiedene therapeutische Maßnahmen zu kombinieren. Ein weiterer Vorteil ist die erhöhte Rechtssicherheit. Stationäre Zwangsbehandlungen sind in klar definierten rechtlichen Rahmenbedingungen eingebettet, die sowohl die

563 Vgl. BT-Drs. 18/11240 S. 15.
564 *Schulze/Kemper*, § 1832 Rn. 14.
565 *Schulze/Kemper*, § 1832 Rn. 14.
566 *Schulze/Kemper*, § 1832 Rn. 14.
567 *Schulze/Kemper*, § 1832 Rn. 14.

Patientenrechte als auch die Handlungsfreiheit des medizinischen Personals schützen sollen. Diese rechtlichen Rahmenbedingungen minimieren das Risiko von Missbrauch und gewährleisten, dass die Zwangsmaßnahmen nur unter strengen Auflagen durchgeführt werden.

Allerdings hat im Rahmen der Erarbeitung einer Stellungnahme die Zentrale Ethikkommission bei der Bundesärztekammer bei einer Anhörung unter Beteiligung von Fachleuten verschiedener Bereiche und von Betroffenen festgestellt, dass in der Praxis erhebliche Mängel bei Zwangsbehandlungen vorliegen.[568] Dabei zeigten sich auch strukturelle Probleme auf, wonach institutionelle Bedingungen in den Kliniken einen größeren Einfluss auf den Einsatz von Zwangsmaßnahmen haben, als der Krankheitszustand des Betreuten.[569] Neben fehlendem, unzureichend geschultem Personal wurden Defizite in der Kommunikationskultur, fehlende Rückzugsmöglichkeiten für die Betreuten, fehlende Hilfe für überforderte Mitarbeiter sowie Mängel in der Stationsorganisation festgestellt.[570] Dabei soll das Bewusstsein des Personals, dass jede Zwangsbehandlung einen erheblichen Grundrechtseingriff darstellt, nicht ausreichend vorhanden sein.[571] Des Weiteren zeigten sich Defizite bei der Kommunikation zwischen Ärzten, Betreuern und den Betreuungsgerichten.[572] Auch die Besuchskommission, welche die Verletzung von Patientenrechten verhindern und eine entsprechende medizinische Versorgung sichern soll, war teils nicht geeignet zusammengesetzt, mit unzureichenden Kompetenzen ausgestattet oder gar nicht vorhanden.[573]

Für viele Patienten kann es sehr belastend sein, aus ihrer gewohnten Umgebung herausgerissen und in einem Krankenhaus isoliert und damit ohne Zugang zu Familienmitgliedern oder Vertrauenspersonen, behandelt zu werden. Dies kann zur Verschlechterung des psychischen Zustands und zu zusätzlichem Stress führen, der den Heilungsprozess behindern kann.

Insgesamt sollten stationäre Zwangsbehandlungen ein hohes Maß an Sicherheit, Kontrolle und medizinischer Versorgung, was in vielen kritischen

---

[568] *BAK*, Dtsch Arztebl 2013, A 1334 (1335).
[569] *BAK*, Dtsch Arztebl 2013, A 1334 (1335).
[570] *BAK*, Dtsch Arztebl 2013, A 1334 (1335).
[571] *BAK*, Dtsch Arztebl 2013, A 1334 (1335).
[572] *BAK*, Dtsch Arztebl 2013, A 1334 (1335).
[573] *BAK*, Dtsch Arztebl 2013, A 1334 (1335).

Situationen unerlässlich ist, gewährleisten. Dennoch müssen die negativen Aspekte wie Isolation, Stress und Traumatisierung für den Betroffenen sorgfältig abgewogen werden. Eine differenzierte und kontextabhängige Entscheidung, die die individuellen Bedürfnisse und Umstände der Betroffenen berücksichtigt, ist daher von entscheidender Bedeutung.

bb) Potenzial ambulanter Zwangsbehandlungen

Eine ambulante Zwangsbehandlung könnte schonender für die Betroffenen sein, indem sie diese in ihrer gewohnten Umgebung belassen und die sozialen Unterstützungsstrukturen erhalten. Für Betroffene mit beispielsweise paranoider Schizophrenie könnte allein der Transport in eine Klinik, mit teilweise großem Aufwand und unter Umständen mit massivem Widerstand traumatisierend wirken, sodass dadurch die Gesundheit geschädigt würde.[574] Diese gesundheitsbeeinträchtigenden Umstände könnten vermieden werden, wenn Betroffene die Behandlung beispielsweise in der Heimeinrichtung erhalten würden, in der sie leben.[575] Die Schutzpflicht des Staates besteht schließlich darin, vor Beeinträchtigungen der körperlichen Unversehrtheit und der Gesundheit zu schützen.[576] Daraus folgt, dass es mit der aus Art. 2 Abs. 2 S. 1 GG verankerten Schutzpflicht des Staates unvereinbar ist, wenn ärztliche Zwangsmaßnahmen im Rahmen eines stationären Krankenhausaufenthalts vorgenommen werden, obwohl durch den Transport in ein Krankenhaus die Gesundheit der betroffenen Person beeinträchtigt wird und eine gleichwertige Zwangsbehandlung und Nachsorge aus medizinischer Sicht in der aktuellen Einrichtung möglich ist.[577]

Letztendlich bedarf es einer differenzierten und stark regulierten Herangehensweise in jedem Einzelfall den schonendsten Umgang und Behandlung des Betroffenen zu gewährleisten. Während stationäre Zwangsbehandlungen in Fällen schwerwiegender psychischer Erkrankungen, die eine intensive Überwachung und medizinische Intervention erfordern, weiterhin unerlässlich sind, könnte die Einführung ambulanter Zwangsbehandlungen unter strengen Auflagen und klar definierten Bedingungen

---

574 *Stückle*, Donaukurier v. 11.07.2024.

575 *Stückle*, Donaukurier v. 11.07.2024.

576 BVerfG Pressemitteilung v. 12.06.2024.

577 BVerfG Pressemitteilung v. 12.06.2024.

eine sinnvolle Ergänzung darstellen. Eine solche Regelung würde es ermöglichen, die Vorteile beider Ansätze zu nutzen, die Belastungen für die Betroffenen zu minimieren und gleichzeitig die Sicherheit und Wirksamkeit der Behandlungen zu gewährleisten. In jedem Fall muss jedoch eine sorgfältige ethische, rechtliche und medizinische Bewertung erfolgen, um sicherzustellen, dass die bestmögliche Versorgung der Patienten im Einklang mit ihren Rechten und ihrem Wohl erfolgt.

cc) Kritik und Regulierung bei der Einführung ambulanter Zwangsbehandlungen

Die mögliche Zulassung von ambulanten ärztlichen Zwangsbehandlungen wird dahingehend kritisiert, dass eine erhöhte Missbrauchsgefahr bestehen würde, dass Betroffene schlichtweg „ruhiggestellt" werden oder dass ohne ausreichende Prüfung von weniger eingriffsintensiven Alternativen mehr Zwangsbehandlungen durchgeführt werden.[578] Wie bereits von der Bundesärztekammer und von dem Sachverständigen Pollmächer festgestellt, sind solche Gegebenheiten möglich, bereits heute gegeben und rechtswidrig.[579] Der Gesetzgeber ist aufgefordert, sich umfassend und kritisch mit den bestehenden Defiziten in der praktischen Anwendung bei stationären ärztlichen Zwangsbehandlungen auseinanderzusetzen. Dabei sollte er nicht nur die Rahmenbedingungen für die Zulassung ambulanter Zwangsbehandlungen überdenken, sondern auch eine umfassende Überarbeitung der Regelungen für stationäre Behandlungen in Betracht ziehen.

Um sicherzustellen, dass eine ambulante Zwangsbehandlung einer stationären Zwangsbehandlung in nichts nachsteht, sollten umfassende Maßnahmen ergriffen und streng geregelt werden. Zunächst ist es entscheidend, genügend qualifiziertes und unterstütztes Personal bereitzustellen, das durch regelmäßige Schulungen in Deeskalationstechniken befähigt wird, humane und effektive Zwangsmaßnahmen durchzuführen und somit deren Notwendigkeit zu minimieren.[580] Mitarbeiter benötigen zudem Zugang zu ausreichenden Unterstützungsmechanismen, um Überforderung zu vermeiden, die unter Umständen zu ungerechtfertigten Zwangsmaßnahmen

---

[578] *Stückle*, Donaukurier v. 11.07.2024; BT-Drs. 18/11240 S. 15.
[579] *Stückle*, Donaukurier v. 11.07.2024; *BAK*, Dtsch Arztebl 2013, A 1334 (1335).
[580] Vgl. *BAK*, Dtsch Arztebl 2013, A 1334 (1335).

führen könnte.[581] Ein multiprofessionelles Team sollte unter Einschluss des Pflegepersonals Entscheidungen über eine Zwangsbehandlung treffen, wobei die Gesamtverantwortung bei dem behandelnden Arzt liegen sollte.[582] Neben der Prüfung der ethischen und rechtlichen Voraussetzungen sind auch mögliche Behandlungsvereinbarungen, Patientenverfügungen oder andere vorsorgliche Willensbekunden des Betroffenen zu beachten.[583] Die Notwendigkeit der Zwangshandlung sollte regelmäßig in kurzen zeitlichen Abständen überprüft werden.[584] Die Einwilligungsfähigkeit von Betroffenen muss vor jeder Zwangsbehandlung streng geprüft werden; eine bloße Behandlungsverweigerung sollte nicht automatisch als fehlende Einwilligungsfähigkeit gedeutet werden.[585] Weiterhin ist es notwendig, die Indikation für Zwangsmaßnahmen streng und differenziert zu ermitteln, um sicherzustellen, dass eine Behandlung tatsächlich zwingend erforderlich ist und keine weniger belastenden Alternativen zur Verfügung stehen.[586] Patienten sollten so weit wie möglich über die geplante Behandlung, ihre Nebenwirkungen, Langzeitfolgen und möglichen Alternativen aufgeklärt werden.[587] Auch bei fehlender Einwilligungsfähigkeit muss der Patient seinen Fähigkeiten entsprechend in den Entscheidungsprozess einbezogen werden.[588] Besonders wichtig ist eine umfangreiche Dokumentation hinsichtlich der Art, Umfang und der Begründung der getroffenen Maßnahmen.[589]

Des Weiteren sollte eine ausgeprägte Kommunikationskultur etabliert werden, die den offenen Austausch zwischen Betroffenen, medizinischem Personal und Vertretern bzw. Betreuern fördert, um ein besseres Verständnis und damit eine höhere Akzeptanz von Behandlungsmaßnahmen zu erreichen.[590] Dabei sind die Vertreter frühzeitig in den Entscheidungsprozess

---

[581] Vgl. *BAK*, Dtsch Arztebl 2013, A 1334 (1335).
[582] Vgl. *BAK*, Dtsch Arztebl 2013, A 1334 (1337).
[583] Vgl. *BAK*, Dtsch Arztebl 2013, A 1334 (1337).
[584] Vgl. *BAK*, Dtsch Arztebl 2013, A 1334 (1337).
[585] Vgl. *BAK*, Dtsch Arztebl 2013, A 1334 (1335).
[586] Vgl. *BAK*, Dtsch Arztebl 2013, A 1334 (1335).
[587] Vgl. *BAK*, Dtsch Arztebl 2013, A 1334 (1335).
[588] Vgl. *BAK*, Dtsch Arztebl 2013, A 1334 (1335).
[589] Vgl. *BAK*, Dtsch Arztebl 2013, A 1334 (1337).
[590] Vgl. *BAK*, Dtsch Arztebl 2013, A 1334 (1335).

über eine Zwangsbehandlung einzubinden.[591] Auch in einem ambulanten Rahmen sollte eine Nachbetreuung der Betroffenen stattfinden, um bei Komplikationen schnell eingreifen zu können.

Es sollten Leitlinien durch einschlägige Fachgesellschaften, die ethische und rechtliche Aspekte einbeziehen, erstellt werden.[592] Maßnahmen zur Qualitätssicherung, inklusive Fehlermeldesysteme und effizientes Beschwerdemanagement, sind unverzichtbar, um die Qualität der Behandlung kontinuierlich zu überwachen.[593] Betroffene müssen die Möglichkeit haben, ungehindert und vertraulich mit Vertrauenspersonen zu kommunizieren, und es sollten leicht zugängliche unabhängige Ansprechpartner für Beschwerden bereitstehen.[594] Besuchskommissionen müssen alle Formen der Unterbringung und der Zwangsbehandlung überwachen können.[595]

Durch die umfassende Umsetzung dieser und weiterer Maßnahmen kann gewährleistet werden, dass ambulante Zwangsbehandlungen mit den notwendigen Schutzmechanismen ausgestattet sind und den Standards stationärer Behandlungen entsprechen.

dd) Individuelle Prüfung der Behandlungsform im Kontext von Ultima Ratio- und Verhältnismäßigkeitsprinzip

Mit Blick auf den Ultima Ratio-Grundsatz kann es problematisch sein, einen stationären Aufenthalt einer ambulanten Behandlung vorzuziehen.[596] Durch einen stationären Aufenthalt wird die Bewegungsfreiheit des Betroffenen deutlich länger eingeschränkt und auch der Transport zur Klinik kann mit erheblichen Belastungen einhergehen.[597] Unter Berücksichtigung des Verhältnismäßigkeitsgrundsatzes kann die Anforderung eines stationären Aufenthalts gemäß § 1832 Abs. 1 Nr. 7 BGB im Einzelfall dazu führen, dass der verbundene Grundrechtseingriff länger andauert, als es erforderlich und zumutbar ist.[598] Grundsätzlich sollte in Zukunft, sofern eine ambulante

---

591 Vgl. *BAK*, Dtsch Arztebl 2013, A 1334 (1338).
592 Vgl. *BAK*, Dtsch Arztebl 2013, A 1334 (1338).
593 Vgl. *BAK*, Dtsch Arztebl 2013, A 1334 (1338).
594 Vgl. *BAK*, Dtsch Arztebl 2013, A 1334 (1338).
595 Vgl. *BAK*, Dtsch Arztebl 2013, A 1334 (1338).
596 MüKo BGB/*Schneider*, § 1832 Rn. 30.
597 MüKo BGB/*Schneider*, § 1832 Rn. 30.
598 MüKo BGB/*Schneider*, § 1832 Rn. 30.

Behandlung zugelassen wird, bei jedem Betroffenen individuell geprüft werden, welche Behandlung den geringeren Eingriff darstellt und dem Wohl des Patienten am besten dient, und entsprechend durchgeführt werden.

e) Patientenverfügung – Festlegungen zu ärztlichen Zwangsmaßnahmen

Der Gesetzgeber hat in Umsetzung der Feststellungen des BVerfG[599] in § 1832 Abs. 1 S. 1 Nr. 3 BGB die explizite Regelung aufgenommen, dass in eine ärztliche Zwangsbehandlung nur vom Betreuer eingewilligt werden darf, wenn sie dem nach § 1827 zu beachtenden Willen des Betroffenen entspricht.[600] Hat der Betroffene in seiner wirksamen Patientenverfügung eine bestimmte Maßnahme bzw. das konkrete Medikament untersagt und bringt er seine Ablehnung durch den natürlichen Willen zum Ausdruck oder verhält sich dazu gar nicht, dann ist die Zwangsbehandlung ausgeschlossen.[601] Fallen die Festlegungen in der Patientenverfügung mit dem zum Ausdruck gebrachten aktuellen natürlichen Willen auseinander, sodass sich der Betroffene im einwilligungsunfähigen Zustand entgegen der Patientenverfügung für die Behandlung entscheidet, dann liegt keine Zwangsbehandlung vor, da der entgegenstehende Wille gemäß § 1832 Abs. 1 S. 1 BGB Voraussetzung ist.[602] Allerdings dürfte der Betroffene nicht entgegen seiner Patientenverfügung behandelt werden.[603] Dieser Konflikt der „Zwangsnichtbehandlung" wurde dadurch gelöst, dass der aktuelle natürliche Wille, der gemäß § 1821 BGB befolgt werden muss, Vorrang hat.[604] Für den Fall, dass die Wünsche zu einer erheblichen Gefährdung führen würden, dürfen sie gemäß § 1821 Abs. 3 BGB nicht berücksichtigt werden.[605] Enthält die Patientenverfügung keine Angaben darüber, ob sie auch dann gelten soll, wenn sie dem natürlichen Behandlungswillen widerspricht, sind die aktuellen Wünsche ausschlaggebend.[606]

---

[599] BVerfG NJOZ 2016, 593, Rn. 27 ff.
[600] MüKo/*Schneider*, § 1832, Rn. 19.
[601] *Gsell/Krüger/Brilla*, § 1832 Rn. 31.
[602] *Gsell/Krüger/Brilla*, § 1832 Rn. 31.
[603] *Gsell/Krüger/Brilla*, § 1832 Rn. 31.
[604] *Gsell/Krüger/Brilla*, § 1832 Rn. 31.
[605] *Gsell/Krüger/Brilla*, § 1832 Rn. 31.
[606] *Gsell/Krüger/Brilla*, § 1832 Rn. 31.

Im umgekehrten Fall, wenn eine Patientenverfügung eine bestimmte Behandlung fordert, der Betroffene sich jedoch mit seinem natürlichen Willen dagegen wendet, liegt eine Zwangsbehandlung vor, obwohl kein wirksamer Widerruf der Verfügung vorliegt, der natürliche Wille aber Vorrang genießt.[607]

Abstrakte Ablehnungen jeglicher Zwangsbehandlungen ohne Bezug auf den Anlass und die Notwendigkeit erfüllen jedoch nicht das Bestimmtheitserfordernis einer Patientenverfügung.[608]

Liegt keine Patientenverfügung vor, so sind die Behandlungswünsche und der mutmaßliche Wille des Betroffenen nach § 1827 Abs. 2 BGB maßgeblich für die Entscheidung des Betreuers, ob er in eine ärztliche Zwangsmaßnahme einwilligt.[609] Es ist nicht ausreichend, dass der Betroffene zu einem früheren Zeitpunkt der ärztlichen Zwangsmaßnahme im einwilligungsfähigen Zustand nicht widersprochen hat.[610] Vielmehr muss positiv festgestellt werden, dass die ärztliche Zwangsmaßnahme dem zu beachtenden aktuellen Willen des Betroffenen entspricht.[611] Liegt ein der Zwangsmaßnahme entgegenstehender Wille vor und würde diese der Verbesserung der Gesundheit des Betroffenen dienen, dann kommt dennoch eine Einwilligung nicht in Betracht.[612] Die staatlichen Schutzpflichten treten gegenüber dem hohen Gewicht der persönlichen Autonomie zurück, wenn die Maßnahme nicht dem Willen des Betroffenen entspricht.[613] Denn mit der „Freiheit zur Krankheit“ genießt der Wille des Betroffenen als Ausgestaltung des Selbstbestimmungsrechts verfassungsrechtlichen Schutz.[614] Etwas anderes kann nur gelten, wenn die Patientenverfügung nicht wirksam ist, kein mutmaßlicher Wille ermittelbar ist oder der Schutz der Grundrechte Dritter entgegensteht, über den der Betroffene nicht disponieren kann.[615] Aufgrund seiner aus Art. 2 Abs. 2 S. 1 GG folgenden Schutzpflicht ist der Staat dann zum Handeln verpflichtet und berechtigt, auch ohne die Einwilligung des

---

607 *Gsell/Krüger/Brilla*, § 1832 Rn. 31.
608 Vgl. BGH NJW 2019, 600; BGH MedR 2017, 36; BGH NJW 2017, 1737.
609 MüKo BGB/*Schneider*, § 1832, Rn. 19; BT-Drs. 18/11240, 19.
610 BT-Drs. 18/12842, 8.
611 MüKo/*Schneider*, § 1832, Rn. 19.
612 BVerfG NStZ-RR 2021, 356 (358 f.).
613 BVerfG NStZ-RR 2021, 356 (358 f.).
614 MüKo/*Schneider*, § 1832, Rn. 19.
615 MüKo/*Schneider*, § 1832, Rn. 19.

Betroffenen die Möglichkeit einer ärztlichen Maßnahme zum Schutz dessen unter bestimmten Voraussetzungen vorzusehen.[616]

f) Odysseus-Verfügung

aa) Begriff und Hintergrund

Im Jahr 2008 wurde in den Niederlanden die Odysseus-Verfügung rechtlich geregelt.[617] Benannt nach der griechischen Erzählung von Odysseus aus Homers „Odyssee“, handelt es sich um ein juristisches und ethisches Konzept, das im Bereich der psychiatrischen Vorsorge Anwendung findet und eine Art Vorausverfügung bezeichnet.[618] Um dem verlockenden aber todbringenden Gesang der Sirenen zu entgehen, veranlasste Odysseus, dass seine Begleiter sich Wachs in die Ohren steckten um somit dem psychologischen Zwang zu widerstehen, den Kurs des Schiffes zu ändern.[619] Um die Sirenen zu hören aber um nicht in Gefahr zu geraten, ließ sich Odysseus selbst an den Mast des Schiffes festbinden.[620] Er erteilte seinen Gefährten den strikten Befehl, ihn unter keinen Umständen zu befreien, bis das Schiff die Gefahrenzone vollständig passiert hatte, unabhängig von seinen Bitten oder Forderungen währenddessen.[621] Die Fesselung an den Mast erlaubte es Odysseus, sich der Bedrohung durch die Sirenen zu widersetzen, und dabei ohne direkte Gefahr für sich und sein Schiff die Begebenheiten zu überstehen.[622] Im medizinischen Kontext wird der Sirenengesang als Metapher für psychotische Zustände wie schizophrene Schübe oder vorübergehende Manien gedeutet.[623]

Mit einer Odysseus-Verfügung als Vorausverfügung regelt der einwilligungsfähige Betroffene entsprechende Behandlungsmethoden, die gegen seinen Willen (Zwangsbehandlungen), zum Zeitpunkt seiner vorübergehenden Einwilligungsunfähigkeit, durchgeführt werden können. Durch die

---

616 MüKo/*Schneider*, § 1832, Rn. 6.
617 *Scholten et al.*, Psychiat. Praxis 2022, 111 (111).
618 *Scholten et al.*, Psychiat. Praxis 2022, 111 (111).
619 *Homer*, Odyssee XII, V. 170 ff.
620 *Homer*, Odyssee XII, V. 175 ff.
621 *Homer*, Odyssee XII, V. 190 ff.
622 *Scholten et al.*, Psychiat. Praxis 2022, 111 (111).
623 *Hallich*, Ethik in der Medizin, S. 3.

Eingrenzung auf Phasen der vorübergehenden Kompetenzbeeinträchtigung grenzt sich die Odysseus-Verfügung deutlich von der Demenzverfügung ab.[624]

Hintergrund der Odysseus-Verfügung ist, dass Menschen mit einer psychischen Krankheit wie einer bipolaren Störung oder Schizophrenie während ihrer manischen oder psychotischen Anfälle eine Aufnahme in einer psychiatrischen Klinik und anschließenden Behandlung ablehnen.[625] Zum Teil fügen sich die Betroffenen während ihrer Krisen erhebliche finanzielle oder soziale Schäden zu.[626] Eine Unterbringung bzw. Zwangsbehandlung ist mangels Eigen- oder Fremdgefährdung nach rechtlichen Kriterien nicht möglich.[627] So könnten Betroffene vorab verfügen, bei welchen Symptomen und Verhaltensweisen sie gegen ihren natürlichen Willen in eine Klinik eingewiesen werden bzw. eine bestimmte ärztliche Behandlung erfahren.[628]

bb) Rechtslage in Deutschland – Vorrang von § 1832 BGB

Eine Patientenverfügung kann nicht durch einen natürlichen Willensausdruck widerrufen werden.[629] Allerdings folgt daraus gerade nicht, dass mittels Patientenverfügung angeordnete Zwangsbehandlungen durchgeführt werden können.[630] Ausschließlich § 1832 BGB und die Rechtsgrundlagen der Psychisch-Kranken-Gesetze[631] der Länder regeln die ärztlichen Behandlungen gegen den natürlichen Willen und haben aus systematischen Gründen Vorrang.[632]

In § 1832 Abs. 1 Nr. 3 BGB wird zwar auf die Patientenverfügung verwiesen, allerdings kann diese nur im Rahmen von § 1832 BGB zum Tragen kommen und nicht aus sich selbst heraus Handlungen gegen den natürlichen Willen legitimieren.[633] Da Zwangsbehandlungen tief in die grundrechtlich geschützte körperliche Integrität und das Selbstbestimmungsrecht über den

---

624 *Hallich*, Ethik in der Medizin, S. 3.
625 *Scholten et al.*, Psychiat. Praxis 2022, 111 (111).
626 *Scholten et al.*, Psychiat. Praxis 2022, 111 (111).
627 *Scholten et al.*, Psychiat. Praxis 2022, 111 (111).
628 *Scholten et al.*, Psychiat. Praxis 2022, 111 (111).
629 MüKo BGB/*Schneider*, § 1827 Rn. 38; *Gsell/Krüger/Diener*, § 1827 Rn. 80; *Steenbreker*, NJW 2012, 3207 (3209); *Olzen/Schneider*, MedR 2010, 745 (745).
630 *Fritz*, MedR 2024, 415 (417).
631 Bsp. § 20 Abs. 3 PsychKHG BW.
632 *Fritz*, MedR 2024, 415 (417).
633 *Fritz*, MedR 2024, 415 (417).

eigenen Körper nach Art. 2 Abs. 2 S. 1 GG eingreifen, muss ihre Anwendung besonders strengen rechtlichen Voraussetzungen unterliegen.[634]

Kann der Betroffene krankheitsbedingt keinen freien Willen mehr in Bezug auf den Umgang mit seiner Krankheit bilden und fehlt ihm die Einsicht für die Notwendigkeit einer ärztlichen Maßnahme, so bleibt sein natürlicher Wille dennoch verfassungsrechtlich geschützt.[635] Der natürliche Wille ist Ausdruck des durch das Grundrecht auf freie Entfaltung der Persönlichkeit geschützten Rechts auf Selbstbestimmung.[636]

Aufgrund der tiefen Grundrechtseingriffe durch Zwangsbehandlungen schränkt § 1832 BGB diese im Rahmen von Patientenverfügungen ein und knüpft an den natürlichen Willen. Im Falle einer Odysseus-Verfügung würde die angeordnete ärztliche Maßnahme dem natürlichen Willen des Verfügenden widersprechen. Dies führt dazu, dass der Gesetzgeber seiner Schutzpflicht aus Art. 2 Abs. 2 S. 1 GG nachkommen muss, welche aus der spezifischen Hilfsbedürftigkeit des Betroffenen resultiert.[637] Danach besteht die Verpflichtung, Betroffene die bezüglich der medizinischen Behandlung, ungeachtet des Ausmaßes ihrer Gefährdung an Leib oder Leben einerseits und der Behandlungsrisiken andererseits, keinen freien Willen mehr bilden können, Schutz zu gewähren.[638] Neben dem durch die Patientenverfügung verwirklichten Selbstbestimmungsrecht sind die Grundrechtseingriffe in das allgemeine Persönlichkeitsrecht und das Recht auf körperliche Integrität gegeneinander abzuwägen und der Konflikt schonend aufzulösen. Des Weiteren ist auch der vorhandene natürliche Wille verfassungsrechtlich geschützt und Ausdruck des geschützten Selbstbestimmungsrechts, in das durch die Zwangsbehandlung eingegriffen wird.[639]

Nur unter den strengen Voraussetzungen des § 1832 BGB können medizinische Zwangsbehandlungen in gravierenden Fällen als ultima ratio gegen den natürlichen Willen durchgeführt werden. Die Verbindlichkeit der Patientenverfügung ist durch das Strafrecht und die medizinische Ethik

---

634 *Laufs/Kern/Rehborn/Kern/Rehborn*, § 75 Rn. 6.
635 BVerfG NJW 2017, 53 Rn. 76.
636 BVerfG NJW 2017, 53 Rn. 76.
637 BVerfG NJW 2017, 53 Rn. 72.
638 BVerfG NJW 2017, 53 Rn. 66, 72.
639 BVerfG NJW 2017, 53 Rn. 76.

begrenzt.[640] Dem würde widersprechen, wenn der einwilligungsfähige Betroffene nach freiem Ermessen eigene spätere Zwangsbehandlungen freigeben könnte, unabhängig von drohenden schwerwiegenden Gesundheitsbeeinträchtigungen oder Fremdgefährdung bzw. den Voraussetzungen nach § 1832 BGB.

Auch vor dem Hintergrund, dass mehrere Untersuchungen gezeigt haben, dass ärztliche Behandlungen, die mit Zwangsmaßnahmen verbunden sind, von den Betroffenen häufig als emotional belastend und traumatisch empfunden werden, erscheint eine andere Sichtweise fraglich.[641] Bei etwa einem Viertel der fixierten Betroffenen muss eine posttraumatische Belastungsstörung vermutet werden.[642] Dabei zeigten die subjektiven Wahrnehmungen bezüglich der Fixierung keine signifikanten Veränderungen im Laufe der Zeit.[643] Das bedeutet, dass das Erleben der Zwangsbehandlung mit der Zeit nicht als „weniger" belastend empfunden wird. Außerdem haben die Untersuchungsergebnisse gezeigt, dass eine hohe interindividuelle Variabilität beim Empfinden und den Auswirkungen besteht.[644] Auch wenn die Zwangsmaßnahmen so wenig belastend wie möglich durchgeführt werden, bleibt das Risiko einer Traumatisierung bestehen.[645] Des Weiteren kann durch die körperlichen Eingriffe und den Einsatz von Medikamenten zur Fixierung kurz oder auch langfristig die Arzt-Patienten-Beziehung gestört werden.[646] Die körperliche Fixierung kann außerdem die Gefahr von körperlichen Verletzungen der Betroffenen erhöhen und die typischen Risiken einer Immobilisierung wie beispielsweise eine Beinvenenthrombose mit der Möglichkeit einer Lungenentzündung verwirklichen.[647]

cc) Abwägung der Vor- und Nachteile

Die Odysseus-Verfügung bietet ein komplexes Zusammenspiel von Vor- und Nachteilen, das sowohl rechtliche, ethische als auch praktische Implikationen in der psychiatrischen Praxis mit sich bringt. Einer der zentralen Vorteile

---

640 MüKo BGB/*Schneider*, § 1827 Rn. 25.
641 *Fugger et al.*, Acta Psychiatr Scand 2016, 133 (221).
642 *Fugger et al.*, Acta Psychiatr Scand 2016, 133 (229).
643 *Fugger et al.*, Acta Psychiatr Scand 2016, 133 (221).
644 *Fugger et al.*, Acta Psychiatr Scand 2016, 133 (221).
645 *Fugger et al.*, Acta Psychiatr Scand 2016, 133 (230).
646 *Fugger et al.*, Acta Psychiatr Scand 2016, 133 (222).
647 *Fugger et al.*, Acta Psychiatr Scand 2016, 133 (222).

liegt in der Förderung der Autonomie des Betroffenen, indem es ihm ermöglicht wird, im Voraus verbindliche Entscheidungen für zukünftige Krisensituationen zu treffen, in denen er nicht mehr urteilsfähig ist. Aus wiederkehrenden psychischen Krisen muss nicht zwangsläufig eine Selbst- oder Fremdgefährdung hervorgehen.[648] Es ist auch möglich, dass „nur" die finanzielle Lage oder das soziale Umfeld des Betroffenen geschädigt wird.[649]

Allerdings gibt es auch erhebliche Bedenken hinsichtlich der Einschränkung der aktuellen Autonomie des Patienten. Die Odysseus-Verfügung setzt sich über den aktuellen Willen des Patienten in Krisensituationen hinweg und schränkt somit die persönliche Freiheit ein. Zudem gibt es praktische Herausforderungen bei der Umsetzung solcher Verfügungen, einschließlich der Schwierigkeiten, den geistigen Zustand des Betroffenen sowohl zum Zeitpunkt der Erstellung als auch während der Anwendung der Verfügung korrekt zu bewerten.[650] Es besteht auch die Gefahr, dass diese Verfügungen missbraucht werden könnten, indem sie gegen den aktuellen Willen des Patienten angewendet werden, insbesondere wenn die ursprüngliche Verfügung unter Druck oder ohne vollständige Information erstellt wurde. Die praktische Umsetzung von Odysseus-Verfügungen kann auch durch logistische Hürden erschwert werden, was ihre Wirksamkeit in akuten Krisensituationen infrage stellt.

Durch die Möglichkeit, dass eine Person in einer Phase der geistigen Klarheit im Voraus eine spätere Zwangsbehandlung anregt, wird die Anwendung solcher Maßnahmen in Situationen erleichtert, in denen keine unmittelbare Fremd- oder Selbstgefährdung besteht. Die Hemmschwelle zu einer ggf. traumatisierenden Zwangsbehandlung sinkt. Dies könnte dazu führen, dass Zwangsbehandlungen häufiger und unter Umständen auch in weniger schwerwiegenden Fällen angewendet werden, was die strengen Voraussetzungen für Zwangsmaßnahmen untergräbt, die zum Schutz der Patientenrechte entwickelt wurden.

Aus ethischer und rechtlicher Sicht ist diese Entwicklung problematisch, da sie das fundamentale Prinzip der Verhältnismäßigkeit infrage stellt, das sicherstellen soll, dass Zwangsmaßnahmen nur als letztes Mittel und nur

---

648 *Scholten et al.*, Psychiat. Praxis 2022, 111 (111).
649 *Scholten et al.*, Psychiat. Praxis 2022, 111 (111).
650 *Scholten et al.*, Psychiat. Praxis 2022, 111 (111 f.).

unter konkret definierten und äußerst dringlichen Umständen eingesetzt werden. Die Verharmlosung der Zwangsbehandlung durch die einfache Verfügbarkeit und die vorab erteilte Zustimmung in der Odysseus-Verfügung könnte das Risiko erhöhen, dass solche Maßnahmen als Routineinstrument in der psychiatrischen Praxis etabliert werden, anstatt als Ausnahmefall, der nur unter strikten Bedingungen zulässig ist.

dd) Fazit

Eine Odysseus-Verfügung wäre mit den rechtlichen Vorgaben des § 1832 BGB nicht vereinbar. § 1832 BGB legt strenge Voraussetzungen für Zwangsbehandlungen fest, die nur unter bestimmten, eng gefassten Bedingungen zulässig sind. Die Einführung einer Odysseus-Verfügung würde die verfassungsrechtlich verankerten Schutzmechanismen untergraben und eine Ausweitung von Zwangsbehandlungen begünstigen. Dies könnte zu einer Erosion der Grundrechte führen, insbesondere des Rechts auf körperliche Unversehrtheit und Selbstbestimmung. Vor diesem Hintergrund ist die Einführung einer Odysseus-Verfügung in Deutschland rechtlich bedenklich und ethisch nicht gerechtfertigt.

6. Sonstige Festlegungen

Der Erklärende kann in seiner Patientenverfügung auch festlegen, dass diese nicht unmittelbar gelten, sondern der Bevollmächtigte die Entscheidung über die Behandlung, ggf. unter Zuweisung eines Entscheidungsspielraums, treffen soll.[651] In diesem Fall wird dann die Einwilligung bzw. Nichteinwilligung als Grundlage ärztlichen Handelns nicht von dem Verfügenden im Voraus erklärt, sondern durch den Vertreter.[652] Festlegungen in einer Patientenverfügung sind hingegen unzulässig, wenn sie unabhängig von der aktuellen Lebens- und Behandlungssituation durchgesetzt werden sollen.[653] Die Prüfobliegenheit, ob die Festlegungen auf die aktuelle Lebens- und Behandlungssituation zutreffen, kann nicht abbedungen werden.[654]

---

[651] BGH MedR 2017, 36 Rn. 40; BT-Drs. 16/8442, 15.

[652] MüKo BGB/*Schneider*, § 1827 Rn. 27.

[653] *Gsell/Krüger/Diener*, § 1827 Rn. 69.

[654] *Gsell/Krüger/Diener*, § 1827 Rn. 69.

III. Freiwilligkeitsgebot und Kopplungsverbot

Nach § 1827 Abs. 5 BGB „kann“ niemand zur Errichtung einer Patientenverfügung verpflichtet werden.[655] Des Weiteren darf die Errichtung oder Vorlage einer Patientenverfügung auch nicht zur Bedingung eines Vertragsschlusses gemacht werden (Kopplungsverbot).[656] So darf kein Betroffener unter Zwang zur Abfassung einer Patientenverfügung genötigt werden, beispielsweise beim Abschluss eines Heim- oder Versicherungsvertrages.[657] Der Gesetzgeber beabsichtigte damit dem individuellen und gesellschaftlichen Druck zur Errichtung einer (bestimmten) Patientenverfügung entgegenzuwirken.[658] Ein mit einer entsprechenden Bedingung geschlossener Vertrag führt zur Unwirksamkeit der Klausel nach § 134 BGB und nicht zur Unwirksamkeit des Vertrages.[659]

Dem Kopplungsverbot unterfallen nicht die Patientenverfügungen, die im Rahmen der Glaubens- und Religionsfreiheit gemäß Art. 4 Abs. 1 GG aufgesetzt werden.[660] Die Ausstrahlung des Grundrechts bewirkt, dass, solange die Mitgliedschaft der Betroffenen in einer bestimmten Glaubensgemeinschaft zweifelsfrei von freiwilliger Natur ist, keine Bedingung bzw. Verpflichtung der Abgabe einer entsprechenden Patientenverfügung vorliegt.[661] Das Kopplungsverbot nach § 1827 Abs. 5 BGB bezieht sich ausschließlich auf das Verpflichtungsgeschäft.[662] Ob die Patientenverfügung zur Anwendung kommt, entscheidet sich später bei der Prüfung, ob die getroffenen Feststellungen mit der konkreten Lebens- und Behandlungssituation übereinstimmen.[663] Auch bei der Ermittlung des Patientenwillens im Rahmen des § 1828 BGB kommt die Patientenverfügung nicht zur Anwendung, wenn eine vertragliche Verpflichtung zu ihrer Errichtung mit einem entsprechenden Inhalt bestand und ein entsprechender Druck auf den Ersteller ausgeübt wurde.[664]

---

[655] Siehe § 1827 Abs. 5 S. 1 BGB.
[656] *Spickhoff/Spickhoff*, § 1827 Rn. 19; siehe § 1827 Abs. 5 S. 2 BGB.
[657] BT-Drs. 16/13314, 20.
[658] BT-Drs. 16/13314, 20.
[659] *Spickhoff/Spickhoff*, § 1827 Rn. 19.
[660] *Spickhoff/Spickhoff*, § 1827 Rn. 20.
[661] *Spickhoff/Spickhoff*, § 1827 Rn. 20.
[662] *Spickhoff/Spickhoff*, § 1827 Rn. 20.
[663] *Spickhoff/Spickhoff*, § 1827 BGB Rn. 20.
[664] *Spickhoff/Spickhoff*, § 1827 BGB Rn. 20.

E. Widerruf der Patientenverfügung

Die Patientenverfügung kann gemäß § 1827 Abs. 1 S. 3 BGB jederzeit formlos widerrufen werden, sodass je nach Lebenssachverhalt auch durch nonverbales Verhalten der Widerruf erfolgen kann.[665] Hauptvoraussetzung ist, dass der Betroffene seine Willensänderung hinreichend deutlich zum Ausdruck bringt.[666] Auch bei dem Widerruf handelt es sich um ein höchstpersönliches Geschäft und kann daher ausschließlich vom Aussteller selbst vorgenommen werden.[667] Die Patientenverfügung kann auch nur teilweise formlos widerrufen werden.[668] Werden Festlegungen der ursprünglichen Verfügung auch nur geringfügig abgeändert oder neue hinzugefügt, bedarf es hingegen der Schriftform.[669] Um Unstimmigkeiten zu vermeiden, sollte bei einem Wunsch nach Änderung der Patientenverfügung die gesamte Erklärung neu gefasst und die alte Verfügung für obsolet erklärt werden.[670]

In der Gesetzesbegründung heißt es, dass der Betreuer zu prüfen hat, ob die Patientenverfügung auf die aktuelle Lebens- und Behandlungssituation zutrifft.[671] Die Prüfung umfasst auch das aktuelle Verhalten des entscheidungsunfähigen

---

665 *Lange*, ZEV 2009, 537 (541); siehe § 1827 Abs. 1 S. 3 BGB; *Zum Widerruf durch nonverbales Verhalten siehe unten I. I. 5. f).*

666 BT-Drs. 16/8442, 13.

667 *Gsell/Krüger/Diener*, § 1827 Rn. 79.

668 *Gsell/Krüger/Diener*, § 1827 Rn. 78.

669 *Gsell/Krüger/Diener*, § 1827 Rn. 78.

670 MüKo BGB/*Schneider*, § 1901a Rn. 39.

671 BT-Drs. 16/8442, 14 f.

Patienten.[672] Hier muss geprüft werden, ob konkrete Anhaltspunkte zeigen, dass er unter den gegebenen Umständen den zuvor schriftlich geäußerten Willen nicht mehr gelten lassen will.[673]

Gesetzlich ist nicht geregelt, ob der wirksame Widerruf die Entscheidungsfähigkeit des Betroffenen voraussetzt.[674] Nach der herrschenden Meinung ist für einen Widerruf einer Patientenverfügung erforderlich, dass der Erklärende entscheidungsfähig ist, da der Widerruf als *actus contrarius* zur Patientenverfügung gilt (Kehrseitentheorie).[675] Diese Auffassung ergibt sich auch aus dem systematischen Vergleich von § 1905 Abs. 1 S. 1 Nr. 1 BGB (a. F.) mit § 1827 Abs. 1 S. 3 BGB. Nach § 1905 Abs. 1 S. 1 Nr. 1 BGB (a. F.), setzt eine Sterilisation des einwilligungsunfähigen Betreuten voraus, dass diese seinem (natürlichen) „Willen" nicht widerspricht.[676] Eine entsprechende Aussage enthält § 1827 Abs. 1 BGB nicht. Daraus folgt, dass der Gesetzgeber für den Widerruf einer Patientenverfügung einen natürlichen Willen nicht ausreichen lassen wollte.[677] Es handelt sich um eine Ausnahmeregelung, die nicht auf andere Rechtsverhältnisse übertragbar ist.[678] Des Weiteren würde eine entgegengesetzte Betrachtungsweise die getroffenen Festlegungen in der Patientenverfügung entwerten, die unter Einwilligungsfähigkeit wohl überlegt getroffen wurden.[679] Wenn Zweifel an der Einwilligungsfähigkeit bestehen, ist fachärztliche (psychiatrische) Hilfe hinzuzuziehen.[680]

---

672 BT-Drs. 16/8442, 14 f.

673 BT-Drs. 16/8442, 14 f.

674 MüKo BGB/*Schneider*, § 1827 Rn. 38.

675 MüKo BGB/*Schneider*, § 1827 Rn. 38; *Gsell/Krüger/Diener*, § 1827 Rn. 80; *Steenbreker*, NJW 2012, 3207 (3209); Vgl. *hierzu auch die grundsätzliche Problematik im Zusammenhang mit Demenz unter I. I.*

676 *Olzen/Schneider*, MedR 2010, 745 (745).

677 *Olzen/Schneider*, MedR 2010, 745 (745).

678 *Coeppicus*, NJW 2011, 2085 (2090).

679 MüKo BGB/*Schneider*, § 1827 Rn. 38.

680 *Spickhoff/Spickhoff*, § 1827 BGB Rn. 22.

F. Verfahren zur Umsetzung einer Patientenverfügung

I. Rechtslage beim Bestehen einer Betreuung

Für den Fall des Vorliegens einer wirksamen Patientenverfügung bedarf es gemäß § 1827 Abs. 1 S. 1 BGB keiner gesonderten Einwilligung oder Versagung der Einwilligung des Betreuers.[681] Wurde bereits ein Betreuer bestellt, muss der Arzt in einem dialogischen Prozess die von ihm empfohlene, medizinisch indizierte Maßnahme unter Berücksichtigung des Patientenwillens erörtern.[682]

In (Not-)Fällen, bei denen das Warten auf die Hinzuziehung eines Betreuers nicht möglich ist, liegt eine Ausnahme vom dialogischen Prozess vor, sodass der Arzt berechtigt ist, allein zu entscheiden und zu handeln.[683]

Wenn der Betroffene wieder einwilligungsfähig wird, kann er die Entscheidung über die Erteilung oder Versagung einer Einwilligung in die medizinische Maßnahme selbst treffen.[684] Der Betreuer ist jedoch nach wie vor im Außenverhältnis legitimiert, und daher ist auch seine erteilte Einwilligung oder Versagung der Einwilligung gleichwohl rechtswirksam.[685]

---

[681] Siehe § 1827 Abs. 1 S. 1 BGB; *Hervorzuheben ist, dass eine hinreichend bestimmte Patientenverfügung den Arzt unmittelbar bindet und es daher weder einer Bestellung eines Betreuers noch einer gerichtlichen Genehmigung bedarf.*

[682] *Gsell/Krüger/Diener*, § 1827 Rn. 73; siehe § 1828 Abs. 1 BGB.

[683] *Gsell/Krüger/Diener*, § 1827 Rn. 74.

[684] *Gsell/Krüger/Diener*, § 1827 Rn. 100.

[685] *Gsell/Krüger/Diener*, § 1827 Rn. 100.

Davon kann der einwilligungsfähige Betroffene jedoch wieder abrücken und nach Belieben selbst entscheiden.[686]

1. Nachforschung und Beschaffung der Verfügung

Der Betreuer hat, falls Hinweise vorliegen, dass eine Patientenverfügung existiert, Nachforschungen über deren Verbleib anzustellen.[687] Zusätzlich hierzu hat der Betreuer die Verpflichtung, Dritte, welche die Verfügung kennen, dazu anzuhalten, ihre Pflichten gemäß § 1820 Abs. 1 BGB zu erfüllen und, falls erforderlich, das Gericht einzuschalten.[688] Der Gesetzgeber hat ungünstig geregelt, dass die Herausgabe- und Unterrichtungspflichten Dritter nur dem Betreuungsgericht, nicht aber gegenüber dem Betreuer gelten.[689]

2. Prüfungspflicht

Der Betreuer bzw. der Vorsorgebevollmächtigte ist nach § 1827 Abs. 1 S. 1 und Abs. 5 BGB verpflichtet zu prüfen, ob die Festlegungen der Patientenverfügung auf die aktuelle Lebens- und Behandlungssituation zutreffen und ob sie für diese Situation eine Entscheidung über die anstehende ärztliche Maßnahme enthalten.[690] Nach der Gesetzesbegründung obliegt dem Betreuer die Prüfpflicht auch dahingehend, ob die damaligen Festlegungen noch dem Willen des Patienten entsprechen.[691] Allerdings ist der Betreuer bzw. Vorsorgebevollmächtigte nur scheinbar allein zur Prüfung verpflichtet, denn nach § 1829 Abs. 4 BGB ist eine Genehmigung des Betreuungsgerichts nur dann nicht erforderlich, wenn zwischen dem Betreuer und dem behandelnden Arzt Einvernehmen darüber besteht, dass der Abbruch lebenserhaltender Maßnahmen dem Willen des Betreuten entspricht.[692] Das fehlende Einverständnis des behandelnden Arztes lässt die Einschaltung des Gerichts notwendig werden. Zu bedenken ist auch, dass der Betreuer in der Regel für eine Einschätzung der „Behandlungssituation" fachlich nicht kompetent genug ist. Eine Prüfungspflicht trifft daher auch die Ärzte, die selbst beurteilen

---

686 *Gsell/Krüger/Diener*, § 1827 Rn. 100.
687 MüKo BGB/*Schneider*, § 1827 Rn. 34.
688 MüKo BGB/*Schneider*, § 1827 Rn. 34.
689 MüKo BGB/*Schneider*, § 1827 Rn. 34.
690 BT-Drs. 16/8442, 14; siehe § 1827 Abs. 1 S. 1 BGB.
691 BT-Drs. 16/8442, 15.
692 Siehe § 1829 Abs. 4 BGB.

müssen, ob für ihr Handeln die erforderliche Einwilligung des Patienten vorliegt oder nicht.[693] Der Betreuer muss daher dem behandelnden Arzt die Patientenverfügung vorlegen und sich mit ihm beraten.[694] Für den Arzt ist die Einschätzung des Betreuers, ob die Festlegungen der Patientenverfügung auf den Fall zutreffen, nicht bindend.[695]

3. Durchsetzung der Patientenverfügung

a) Verbindlichkeit der wirksamen Patientenverfügung

Stimmt die Patientenverfügung mit der aktuell eingetretenen Lebens- und Behandlungssituation des Betroffenen überein und wurde sie nicht widerrufen, dann hat der Betreuer den niedergelegten Willen gemäß § 1827 Abs. 1 S. 2 BGB Ausdruck und Geltung zu verschaffen.[696] Das bedeutet, dass der Betreuer den Inhalt der Patientenverfügung gegenüber allen an der Behandlung Beteiligten klar kommuniziert und ggf. auch mit Nachdruck auf die Einhaltung der Festlegungen hinwirkt.[697] Gemäß § 1828 Abs. 1 S. 2 und Abs. 3 BGB ist die Maßnahme unter Berücksichtigung des Patientenwillens von dem Betreuer mit dem behandelnden Arzt zu erörtern.[698] Den nahen Angehörigen und sonstigen Vertrauenspersonen des Betroffenen soll nach § 1828 Abs. 2, 3 BGB Gelegenheit zur Äußerung gegeben werden, wenn dies ohne erhebliche Verzögerung möglich ist.[699]

b) Grenzen der Verbindlichkeit einer Patientenverfügung

Festlegungen in einer Patientenverfügung, die den Betreuer oder den behandelnden Arzt zu einem strafbaren oder sittenwidrigen Handeln verleiten, sind für diese nicht verpflichtend.[700] Der BGH hat sich in seiner Entscheidung vom 25. Juni 2010 – 2 StR 454/09 von der Beschränkung der passiven Sterbehilfe auf ein „Unterlassen im Rechtssinn" gelöst.[701] Der Begriff

---

693 *Spickhoff/Spickhoff*, § 1827 BGB Rn. 14.
694 MüKo BGB/*Schneider*, § 1827 Rn. 28.
695 MüKo BGB/*Schneider*, § 1827 Rn. 28.
696 BGH MedR 2017, 36 Rn. 36; BT-Drs. 16/8442, 15.
697 *Gsell/Krüger/Diener*, § 1827 Rn. 68.
698 BGH MedR 2017, 36 Rn. 49.
699 BT-Drs. 16/8442, 16; siehe § 1828 Abs. 2 BGB.
700 MüKo BGB/*Schneider*, § 1827 Rn. 33.
701 MüKo BGB/*Schneider*, § 1827 Rn. 33.

der Sterbehilfe durch Behandlungsunterlassung, -begrenzung oder -abbruch setzt voraus, dass die betroffene Person lebensbedrohlich erkrankt ist und die Maßnahme medizinisch zur Erhaltung oder Verlängerung des Lebens geeignet ist.[702] Dagegen sind vorsätzliche lebensbeendende Handlungen im Sinne der §§ 216, 228 StGB, die außerhalb eines solchen Zusammenhangs mit einer medizinischen Behandlung einer Erkrankung vorgenommen werden, einer Rechtfertigung durch Einwilligung des Betroffenen von vornherein nicht zugänglich.[703] Nach der Auffassung des BGH kommt eine Rechtfertigung durch Einwilligung daher nur in Betracht, wenn sich das Handeln darauf beschränkt, einen Zustand (wieder-)herzustellen, der einem bereits begonnenen Krankheitsprozess seinen Lauf lässt, indem zwar Leiden gelindert, die Krankheit aber nicht (mehr) behandelt wird, sodass der Patient letztlich dem Sterben überlassen wird.[704] Nicht erfasst sind dagegen Fälle eines gezielten Eingriffs, der die Beendigung des Lebens vom Krankheitsprozess abkoppelt.[705]

c) Ausnahme: Keine Geltung der Festlegungen

Der in der wirksamen Patientenverfügung zum Ausdruck gebrachte Wille ist grundsätzlich maßgeblich und durchzusetzen. Eine Ausnahme besteht nur dann, wenn der Betroffene seine Verfügung wirksam widerrufen hat oder wenn die verfügte Festlegung nicht auf die konkrete Lebens- und Behandlungssituation zutrifft.[706] Das kann beispielsweise der Fall sein, wenn die Festlegungen nach ihrem Sinn nicht für das konkrete Krankheitsbild gedacht sind oder sich seit der Errichtung die therapeutischen Möglichkeiten für das konkrete Leiden derart verändert haben, dass angenommen werden muss, dass der Verfügende bei Kenntnis dieser Veränderungen seine Festlegungen nicht oder anders getroffen hätte.[707] Arzt und Betreuer sind verpflichtet, die Verbindlichkeit der Patientenverfügung unter diesem

---

[702] BGH NJW 2010, 2963 Rn. 33.
[703] BGH NJW 2010, 2963 Rn. 25.
[704] BGH NJW 2010, 2963 Rn. 35.
[705] BGH NJW 2010, 2963 Rn. 35.
[706] Siehe § 1827 Abs. 1 S. 1 BGB.
[707] MüKo BGB/*Schneider*, § 1827 Rn. 29.

Gesichtspunkt zu prüfen.[708] Bei Uneinigkeit ist ein Genehmigungsverfahren nach § 1829 BGB beim Betreuungsgericht anzuregen.[709]

4. Weitere Pflichten des Betreuers

Der Betreuer ist nach § 1821 Abs. 1 BGB zur Vornahme aller Tätigkeiten verpflichtet, die erforderlich sind, um die Angelegenheiten des Betreuten u. a. rechtlich zu regeln.[710] Dazu gehört auch, für die Einleitung und Organisation der angezeigten medizinischen Maßnahmen zu sorgen wie beispielsweise durch den Abschluss von Arzt- und Krankenhausverträgen.[711] Des Weiteren ist der Betreuer verpflichtet eine Palliativversorgung sicherzustellen.[712]

II. Rechtslage ohne bestehende Betreuung

1. Keine weitere Bevollmächtigung

Der behandelnde Arzt ist nicht verpflichtet, beim Betreuungsgericht die Einrichtung einer Betreuung anzuregen, wenn eine einschlägige Patientenverfügung vorliegt, da nach § 630d Abs. 1 S. 2 BGB der Arzt im Rahmen des Behandlungsvertrages die Einwilligung eines Berechtigten nur dann einholen muss, soweit nicht eine wirksame Patientenverfügung vorliegt, die den Eingriff gestattet oder untersagt.[713] In § 630d BGB hat der Gesetzgeber, auch im Gegensatz zu § 1828 BGB, die Kontrollfunktion in Bezug auf das Zutreffen auf die Lebens- und Behandlungssituation nicht geregelt.[714] Aus dem Gesetzgebungsverfahren ergibt sich zum Erlass des Gesetzes zur Verbesserung der Rechte von Patientinnen und Patienten vom 20. Februar 2013 (BGBl. 2013 I 277), dass nach § 630d Abs. 1 S. 1 BGB allein die Existenz des § 1828 BGB für sich genommen kein Erfordernis zur Einrichtung einer Betreuung auslöst.[715]

Für den Fall, dass nur eine Vorausverfügung gem. § 1827 Abs. 2 BGB und eben keine Patientenverfügung vorliegt, ist § 630d Abs. 1 S. 2 BGB nicht

---

[708] MüKo BGB/*Schneider*, § 1827 Rn. 29.
[709] Vgl. § 1829 Abs. 4 BGB.
[710] Vgl. § 1821 Abs. 1 BGB.
[711] MüKo BGB/*Schneider*, § 1827 Rn. 35; vgl. § 1821 BGB.
[712] *Brosey/Lesting/Loer/Marschner*, Lit. E. Rn. 226.
[713] Siehe § 630d Abs. 1 S. 2 BGB.
[714] Siehe § 1828 BGB und § 630d BGB.
[715] BR-Drs. 312/12 (B), 10 f.

einschlägig und der Arzt ist gehalten, die Einwilligung eines Berechtigten einzuholen.[716] Wenn bis dahin kein Betreuer vorhanden war, muss der behandelnde Arzt beim Betreuungsgericht die Einrichtung einer Betreuung anregen.[717]

2. Geltung für Ehegattenvertreter

Nach § 1358 Abs. 1 BGB erhalten in Notsituationen Ehegatten oder Partner eingetragener Lebenspartnerschaften eine gegenseitige, zeitlich befristete Befugnis zur Vertretung in Angelegenheiten der Gesundheitssorge und zur Vornahme bestimmter weiterer Handlungen.[718] Der Gesetzgeber wollte mit der Schaffung der Norm verhindern, dass beim Fehlen einer Vorsorgevollmacht eine vorläufige Betreuung gemäß § 300 FamFG angeordnet werden muss.[719] Die behandelnden Ärzte sind gemäß § 1358 Abs. 2 BGB dem vertretenden Partner gegenüber von der Schweigepflicht entbunden.[720] Die nach § 1358 BGB befristete Befugnis zur Vertretung gilt nicht für Kinder der Betroffenen oder für Partner nichtehelicher Lebensgemeinschaften.[721] Zu beachten ist auch, dass das gesetzliche Vertretungsrecht nicht besteht, wenn der Betroffene in einer Vollmacht eine dritte Person mit der Wahrnehmung der Gesundheitssorge bevollmächtigt hat.[722] Wenn ein ärztlicher Eingriff oder dessen Unterlassen mit der Gefahr des Todes oder eines schweren, länger andauernden gesundheitlichen Schadens verbunden ist, bedarf die Entscheidung nach §§ 1358 Abs. 1 Nr. 1, Abs. 6, 1829 Abs. 1 und Abs. 2 BGB grundsätzlich einer betreuungsgerichtlichen Genehmigung.[723] Wenn zwischen dem vertretenden Ehegatten und dem behandelnden Arzt allerdings Einvernehmen darüber besteht, dass die entsprechende Behandlung dem Willen des Betroffenen nach § 1827 BGB entspricht, bedarf es keiner Genehmigung.[724] Für den Willen des nicht ein-

---

[716] *Gsell/Krüger/Diener*, § 1827 Rn. 72.
[717] *Gsell/Krüger/Diener*, § 1827 Rn. 72.
[718] Siehe § 1358 BGB; § 21 LPartG.
[719] BT-Drs. 19/24445, 179.
[720] Siehe § 1358 Abs. 2 BGB.
[721] *Gsell/Krüger/Erbarth*, § 1358 Rn. 34.
[722] *Jurgeleit/Jurgeleit*, § 1358 Rn. 30; siehe § 1358 Abs. 3 Nr. 2b BGB.
[723] *Jurgeleit/Jurgeleit*, § 1358 Rn. 30.
[724] *Jurgeleit/Jurgeleit*, § 1358 Rn. 30.

willigungsfähigen Betroffenen ist nach §§ 1358 Abs. 6, 1827 Abs. 1, 2 BGB der Inhalt einer Patientenverfügung bzw. der mutmaßliche Wille maßgeblich.[725]

3. Geltung für Bevollmächtigte

Nach § 1358 Abs. 6 BGB gelten die Regelungen in Abs. 1 bis Abs. 3 ebenfalls für Bevollmächtigte.[726] Für den Bevollmächtigten ergeben sich die Verpflichtungen vorrangig aus der Vollmacht.[727] Auch ihm obliegt die Prüfung des aktuellen Willens des Betroffenen im Rahmen der § 1358 Abs. 1 und 2 BGB. Daher genügen solche Festlegungen den Anforderungen an eine Vollmacht nach § 1827 BGB nicht, die jegliche Möglichkeit der Abweichung von der Patientenverfügung aufgrund des aktuellen Willens ausschließen sollen.[728]

Wenn sich der Bevollmächtigte offenkundig über den – insbesondere in einer Patientenverfügung niedergelegten – Willen des Betroffenen hinweggesetzt, kann eine Kontrollbetreuung mit Ermächtigung zum Vollmachtwiderruf beim Betreuungsgericht beantragt werden.[729]

[725] *Jurgeleit/Jurgeleit*, § 1358 Rn. 30.
[726] Siehe § 1358 Abs. 6 BGB.
[727] *Gsell/Krüger/Diener*, § 1827 Rn. 14.
[728] *Gsell/Krüger/Diener*, § 1827 Rn. 146.
[729] BGH MedR 2017, 36 Rn. 30.

G. Fehlen einer Patientenverfügung i. S. v. § 1827 Abs. 1 BGB

I. Entscheidung und Informations-/Aufklärungspflichten

Erfüllt die Patientenverfügung nicht die entsprechenden Wirksamkeitsvoraussetzungen, wie formell die Schriftlichkeit und materiell das Bestimmtheitsgebot sowie die Feststellung der Kongruenz von Festlegung und aktueller Behandlungs- und Lebenssituation, liegt keine unmittelbare Bindung vor.[730] Der Betreuer bzw. der Bevollmächtigte muss dann über die Einwilligung in die anstehende ärztliche Maßnahme entscheiden, unter Berücksichtigung der Behandlungswünsche bzw. des mutmaßlichen Willens des Betroffenen.[731] Muss über eine Einwilligung in den Abbruch lebenserhaltender Maßnahmen entschieden werden, dann ist die betreuungsgerichtliche Genehmigung nach § 1829 Abs. 2 BGB einzuholen, falls der behandelnde Arzt und der Betreuer/Bevollmächtigte/Ehegattenvertreter gem. § 1358 BGB darüber nicht im Einvernehmen sind.[732] Des Weiteren kann auch der Betroffene den Anwendungsbereich des § 1827 Abs. 2 BGB trotz Vorliegens einer wirksamen Patientenverfügung auslösen, wenn er die Festlegung getroffen hat, dass die Patientenverfügung nicht unmittelbar gelten soll, sondern stets der Betreuer die Entscheidung über die Behandlung zu treffen hat.[733]

---

730 BT-Drs. 16/8442, 11.
731 Siehe § 1827 Abs. 2 und 6 BGB.
732 Siehe § 1829 Abs. 2 bzw. 4 BGB.
733 BT-Drs. 16/8442, 15.

Im Gegensatz zur Anwendung der Patientenverfügung kommt im Rahmen des § 1827 Abs. 2 BGB dem Betreuer bzw. Bevollmächtigten damit nicht lediglich eine Kontrollfunktion zu.[734] Er muss selbst – unter Berücksichtigung der Behandlungswünsche oder des mutmaßlichen Willens des Betroffenen – entscheiden, ob er in eine bestimmte ärztliche Maßnahme einwilligt oder sie untersagt.[735] Den behandelnden Arzt treffen Informations- und Aufklärungspflichten gegenüber dem Betreuer.[736] Der Betreuer muss über sämtliche für die Einwilligung erforderlichen Umstände aufgeklärt werden, wozu insbesondere Art, Umfang, Durchführung, zu erwartende Folgen und Risiken der Maßnahme zählen.[737] Des Weiteren besteht auch eine Aufklärungspflicht über alternative Behandlungsmaßnahmen, wenn mehrere medizinisch gleichermaßen indizierte und übliche Methoden zu wesentlich unterschiedlichen Belastungen, Risiken oder Heilungschancen führen können.[738] Die Aufklärungspflicht entfällt gem. § 630e Abs. 4 BGB i. V. m. § 630e Abs. 3 BGB, wenn die Aufklärung aufgrund besonderer Umstände entbehrlich ist, wie beispielsweise bei Unaufschiebbarkeit der Maßnahme oder wenn der Betreuer auf die Aufklärung ausdrücklich verzichtet hat.[739] Der Verzicht auf die Aufklärung kann im Innenverhältnis eine Verletzung von Betreuerpflichten darstellen.[740] Für die Wirksamkeit des Aufklärungsverzichts im Außenverhältnis ist dieser Umstand jedoch unerheblich.[741] Auch wenn der Betroffene einwilligungsunfähig ist, sind ihm nach § 630e Abs. 5 BGB die wesentlichen Umstände der beabsichtigten Behandlung entsprechend seinem Verständnis zu erläutern, soweit er aufgrund seines Entwicklungsstandes und seiner Verständnismöglichkeiten in der Lage ist, die Erläuterung aufzunehmen und soweit dies seinem Wohl nicht zuwiderläuft.[742] Bei unaufschiebbaren

---

[734] *Gsell/Krüger/Diener*, § 1827 Rn. 91.
[735] *Gsell/Krüger/Diener*, § 1827 Rn. 91.
[736] Siehe § 630e Abs. 4 BGB.
[737] *Gsell/Krüger/Walter*, § 630e Rn. 7.
[738] *Gsell/Krüger/Walter*, § 630e Rn. 11.
[739] *Gsell/Krüger/Diener*, § 1827 Rn. 97.
[740] *Gsell/Krüger/Diener*, § 1827 Rn. 97.
[741] *Gsell/Krüger/Diener*, § 1827 Rn. 97.
[742] *Gsell/Krüger/Diener*, § 1827 Rn. 98.

Notfallmaßnahmen oder im Falle eines wirksamen Informationsverzichts entfällt die Informationspflicht.[743]

Bei Notfallmaßnahmen kann der behandelnde Arzt allein, aber unter Berücksichtigung des mutmaßlichen Willens des Betroffenen, entscheiden.[744] Ansonsten ist grundsätzlich der Betreuer/Bevollmächtigte/Ehegattenvertreter gem. § 1358 BGB bei der Entscheidung über medizinische Maßnahmen seitens des Arztes einzubinden. Falls der Betroffene keinen Betreuer/Bevollmächtigten hat, ist der Arzt verpflichtet, beim Betreuungsgericht die Bestellung eines Betreuers anzuregen.[745]

II. Entscheidungskriterien des Betreuers

Der Betreuer hat nach dem Wortlaut des § 1827 Abs. 2 BGB „die Behandlungswünsche oder den mutmaßlichen Willen des Betreuten festzustellen und auf dieser Grundlage zu entscheiden", ob er in die angebotene ärztliche Maßnahme einwilligt oder sie untersagt.[746] Die Behandlungswünsche des Betroffenen genießen gegenüber dem mutmaßlichen Willen Vorrang.[747] Der mutmaßliche Wille kommt nur hilfsweise in Betracht, wenn und soweit der wirkliche, vor Eintritt der Einwilligungsunfähigkeit geäußerte Wille des Betroffenen nicht zu ermitteln ist.[748] Der Betreuer darf die Willensbekundung für oder gegen bestimmte medizinische Maßnahmen nicht durch einen „Rückgriff auf den mutmaßlichen Willen" des Betroffenen korrigieren.[749]

1. Behandlungswünsche

Nach der Definition des BGH können Behandlungswünsche alle Äußerungen eines Betroffenen sein, die Festlegungen für eine konkrete Lebens- und Behandlungssituation enthalten, aber den Anforderungen an eine Patientenverfügung i. S. d. § 1827 Abs. 1 BGB nicht genügen, beispielsweise weil sie nicht schriftlich abgefasst wurden, keine antizipierenden

[743] *Laufs/Katzenmeier/Lipp/Lipp*, Lit. III. Rn. 35.
[744] *Jurgeleit/Jurgeleit*, § 1358 Rn. 33.
[745] *Laufs/Kern/Rehborn/Ulsenheimer*, § 149, Rn. 97.
[746] Siehe § 1827 Abs. 2 BGB.
[747] BGH MedR 2015, 508 Rn. 23.
[748] BGH MedR 2015, 508 Rn. 27.
[749] BGH MedR 2015, 508 Rn. 27.

Entscheidungen treffen oder von einem minderjährigen Betroffenen verfasst wurden.[750] Eine Patientenverfügung, die nicht auf die aktuelle Lebens- und Behandlungssituation des Betroffenen zutrifft und deshalb keine unmittelbare Wirkung entfaltet, kann als Behandlungswunsch Berücksichtigung finden.[751] Die Behandlungswünsche des Betroffenen sind insbesondere dann aussagekräftig, wenn sie in Ansehung der Erkrankung zeitnah geäußert worden sind, konkrete Bezüge zur aktuellen Behandlungssituation aufweisen und die Zielvorstellungen des Patienten erkennen lassen.[752] Ob die Behandlungswünsche dabei mündlich oder schriftlich erklärt wurden, ist ohne Belang.[753] Auch für die Behandlungswünsche verlangt der BGH ein vergleichbares Maß an Bestimmtheit wie an die Festlegungen in einer Patientenverfügung.[754] Ob hinreichende Bestimmtheit vorliegt, ist im Einzelfall zu beurteilen.[755] Hierfür sind alle relevanten Erklärungen des Betroffenen auszulegen.[756] Allgemein gehaltene Inhalte genügen wie bei einer Patientenverfügung nicht, um als Behandlungswunsch i. S. d. Abs. 2 Berücksichtigung zu finden.[757]

2. Mutmaßlicher Wille

Der Wille des Patienten ist als „mutmaßlich" anzusehen, wenn er seinen Willen vermutlich im Zeitpunkt der Entscheidung über die konkrete medizinische Maßnahme haben würde, wenn er selbstverantwortlich entscheiden könnte.[758] Der mutmaßliche Wille steht im Gegensatz zu dem tatsächlich gebildeten und geäußerten Willen einer Person.[759] Auf ihn ist dann abzustellen, wenn sich ein auf die aktuelle Lebens- und Behandlungssituation

---

750 BGH NJW 2017, 1737 Rn. 32; BGH MedR 2017, 36 Rn. 53; BGH MedR 2015, 508 Rn. 25.

751 *Gsell/Krüger/Diener*, § 1827 Rn. 105.

752 *Gsell/Krüger/Diener*, § 1827 Rn. 105.

753 BGH MedR 2017, 36 Rn. 53.

754 BGH MedR 2017, 36 Rn. 53; BGH MedR 2015, 508 Rn. 30.

755 BGH MedR 2017, 36 Rn. 53; BGH MedR 2015, 508 Rn. 30.

756 BGH MedR 2017, 36 Rn. 53; BGH MedR 2015, 508 Rn. 30.

757 BGH NJW 2017, 1737 Rn. 39.

758 MüKo BGB/*Schneider*, § 1827 Rn. 46.

759 MüKo BGB/*Schneider*, § 1827 Rn. 47.

bezogener Wille des Betroffenen nicht feststellen lässt.[760] Der mutmaßliche Wille ist ein Konstrukt, das andere Personen dem „Wollenden“ zurechnen.[761]

Der nur zweitrangig heranzuziehende mutmaßliche Wille ist gemäß § 1827 Abs. 2 S. 2 BGB aufgrund konkreter Anhaltspunkte zu ermitteln.[762] Grundsätzlich sind immer individuell konkrete Überzeugungen des Betroffenen zu berücksichtigen, insbesondere frühere mündliche oder schriftliche Äußerungen, ethische oder religiöse Überzeugungen und sonstige Wertvorstellungen.[763] Aus der formalen Zugehörigkeit zu einer Religion kann kein bestimmter mutmaßlicher Wille für eine konkrete Entscheidung über ärztliche Maßnahmen gefolgert werden.[764]

Bei der Gesamtwürdigung muss der Betreuer sozusagen eine These aufstellen, wie der Betroffene selbst in der konkreten Situation entschieden hätte.[765] Im Unterschied zum Bestimmtheitsmaßstab der Behandlungswünsche müssen sich frühere Willensäußerungen des Betroffenen nicht situativ genau auf die tatsächlich eingetretene Lage beziehen.[766] Allgemein gehaltene oder der konkreten Situation nicht vollständig entsprechende frühere Willensäußerungen müssen auf die eingetretene Situation übertragen werden.[767]

Grundsätzlich ist der Wille Dritter bei der Ermittlung des mutmaßlichen Willens unbeachtlich.[768] Ausnahmsweise kommt der Wille Dritter in Betracht, wenn er mutmaßlich den Willen der betreuten Person beeinflusst hätte, beispielsweise bei Ehegatten.[769] Wenn der Betreuer oder das Gericht ausnahmsweise vom Willen Dritter Rückschlüsse auf den mutmaßlichen Willen der betroffenen Personen ziehen will, müssen konkret nachprüfbare Feststellungen dazu getroffen werden.[770] Wenn es also an der Möglichkeit der einigermaßen sicheren Einschätzung fehlt, dann fehlt es an einem

---

760 BGH MedR 2017, 36 Rn. 56; BGH MedR 2015, 508 Rn. 26.

761 MüKo BGB/*Schneider*, § 1827 Rn. 47.

762 Siehe § 1827 Abs. 2 S. 2 BGB.

763 BGH NJW 1995, 204 (205); siehe § 1827 Abs. 2 S. 3 BGB.

764 MüKo BGB/*Schneider*, § 1827 Rn. 48.

765 BGH NJW 2017, 1737 Rn. 34; BGH MedR 2017, 36 Rn. 56; BGH MedR 2015, 508 Rn. 26.

766 *Gsell/Krüger/Diener*, § 1827 Rn. 107.

767 *Gsell/Krüger/Diener*, § 1827 Rn. 107.

768 BGH NJW 2017, 1737 Rn. 43.

769 BGH NJW 2017, 1737 Rn. 43; *Gsell/Krüger/Diener*, § 1827 Rn. 109.

770 *Gsell/Krüger/Diener*, § 1827 Rn. 109.

mutmaßlichen Willen.[771] In diesem Fall erlaubt sich kein Rückgriff auf die allgemeine Lebenserfahrung und das durchschnittliche Denken eines „vernünftigen Menschen".[772]

Des Weiteren soll die Ermittlung des mutmaßlichen Willens bzw. der Behandlungswünsche des Betreuten auch dazu dienen, dass nahen Angehörigen oder sonstigen Vertrauenspersonen gemäß § 1828 Abs. 2 BGB Gelegenheit zur Äußerung gegeben wird.[773]

---

771 MüKo BGB/*Schneider*, § 1827 Rn. 49.
772 MüKo BGB/*Schneider*, § 1827 Rn. 49.
773 Siehe § 1828 Abs. 2 BGB.

H. Negativattest und gerichtliche Genehmigung

Nach § 1829 BGB kann eine Genehmigungspflicht durch das Betreuungsgericht für oder gegen eine medizinische Maßnahme gegeben sein, wenn die begründete Gefahr besteht, dass der Patient aufgrund der Maßnahme stirbt oder einen schweren und länger dauernden gesundheitlichen Schaden erleidet.[774] Wird von dem behandelnden Arzt bzw. von dem Betreuer das Betreuungsgericht ersucht und stellt dieses fest, dass zwischen beiden Parteien Einvernehmen darüber besteht, dass die Einwilligung in die vorgesehene medizinische Maßnahme, deren Widerruf oder Versagung dem nach § 1827 Abs. 1 oder 2 BGB festgestellten Willen des Patienten entspricht, so wird der Antrag abgelehnt (Negativattest).[775] Daraus ergibt sich, dass eine gerichtliche Genehmigung u. a. nach § 1829 Abs. 4 BGB nicht erforderlich ist.[776] Kann kein Einvernehmen festgestellt werden oder ggf. nicht nach dem Patientenwillen entschieden werden, so ist der Wille des Betroffenen von Amts wegen zu ermitteln.[777]

Steht der Betroffene unter keiner Betreuung und trifft die Festlegung der Patientenverfügung eindeutig die konkrete Situation, dann kann der Arzt den Willen ohne weitere Vorkehrungen befolgen.[778] Es ist weder die

---

[774] *Jürgens/Marschner*, § 1829 Rn. 6.
[775] *Hau/Poseck/Müller-Engels*, § 1829 Rn. 34; *Jürgens/Marschner*, § 1829 Rn. 19 f.
[776] *Hau/Poseck/Müller-Engels*, § 1829 Rn. 35.
[777] *Hau/Poseck/Müller-Engels*, § 1829 Rn. 34.
[778] *Gsell/Krüger/Diener*, § 1827 Rn. 71.

Bestellung eines Betreuers noch eine gerichtliche Genehmigung nötig.[779] Aus dem Behandlungsvertrag ergibt sich nach § 630d Abs. 1 S. 2 BGB, dass der Arzt die Einwilligung eines Vertreters nur dann einholen muss, wenn keine wirksame Patientenverfügung vorliegt, die den Eingriff gestattet oder untersagt.[780]

---

779 MüKo BGB/*Schneider*, § 1827 Rn. 26.
780 *Gsell/Krüger/U. Walter*, § 630d Rn. 22.

I. Weitere aktuelle Rechtsprobleme

I. Demenz

1. Vorbemerkung

In Deutschland lebten zum Ende des Jahres 2021 fast 1,8 Millionen Menschen mit Demenz.[781] Die jährliche Inzidenz lag bei ca. 440.000.[782] Experten schätzen, dass bis zum Jahr 2050 etwa 2,8 Millionen Menschen allein in Deutschland im Alter von 65+ von Demenzerkrankungen betroffen sein könnten.[783] Durch den demografischen Wandel ist ein Anstieg der Krankenlast durch Demenz zu erwarten.[784] Dabei sind Frauen überproportional oft erkrankt.[785] Derzeit ist Demenz die siebthäufigste Todesursache und eine der Hauptursachen für Behinderung und Abhängigkeit bei älteren Menschen weltweit.[786] Eine Therapie zur Heilung oder Verzögerung der Demenz ist bisher nicht verfügbar.[787]

Die Entscheidungsfähigkeit der Patienten wird durch den Abbau der kognitiven Fähigkeiten zunehmend eingeschränkt.[788] Dadurch kommt es nicht selten zum Verlust der Einwilligungsfähigkeit.[789]

---

781 *DAG*, Presse und Aktuelles.
782 *DAG*, Presse und Aktuelles.
783 *DAG*, Presse und Aktuelles.
784 *Busch*, CardioVasc 5/2011, 32 (32).
785 *WHO*, Dementia.
786 *WHO*, Dementia.
787 *Busch*, CardioVasc 5/2011, 32 (32).
788 *WHO*, Dementia.
789 *WHO*, Dementia.

Die Einrichtung einer Patientenverfügung bzw. Vorsorgevollmacht kann bereits in einem frühen Stadium der Erkrankung sinnvoll sein, um dem Willen des Betroffenen ab dem Zeitpunkt der Einwilligungsunfähigkeit Ausdruck und Geltung verschaffen zu können. Gerade mit Blick auf Festlegungen in der Patientenverfügung ist stets zu berücksichtigen, dass die Krankheit sehr komplex ist und der Errichtende das Ausmaß oft nur unzureichend erfassen kann. Dieser Umstand wird verstärkt, wenn – wie allzu häufig – Betroffene sich vor Errichtung der Verfügung nicht ärztlich beraten lassen, sodass Vorstellungen zum Krankheitsverlauf und Endstadium gänzlich fehlen. Die Demenzkrankheiten sind weit mehr als nur das Vergessen. Dabei wird selten beachtet, dass auch einwilligungsunfähige Patienten einen natürlichen Willen haben, der sich entgegen den Festlegungen in der Patientenverfügung zeigen kann. Dann beginnt die Problematik der Bindungskraft einer in der Vergangenheit aufgesetzten Patientenverfügung. Beispielsweise kann ein früher gewünschter Therapieverzicht mit Blick auf den lebensfroh wirkenden Betroffenen nicht in dessen Sinne erscheinen.

2. Medizinische Grundlagen

Neben Depressionen sind Demenzerkrankungen die häufigsten und folgenreichsten neuropsychiatrischen Erkrankungen im fortgeschrittenen Lebensalter, die für die Betroffenen und deren Angehörige mit erheblichen Belastungen verbunden sind.[790]

Demenz wird als Oberbegriff für rund 50 verschiedene Erkrankungen des Gehirns verwendet.[791] Dabei ist Alzheimer nach Untersuchungen der WHO[792] mit 60–70% die häufigste Form der Demenz.[793]

Laut der Klassifikation ICD-10[794] der WHO wird Demenz definiert als ein Krankheitssyndrom, welches aus einer zumeist chronisch verlaufenden oder fortschreitenden Krankheit des Gehirns mit Störungen zahlreicher kognitiver Funktionen besteht.[795] Als Begleiterscheinungen können Veränderung der

---

790 *Busch*, CardioVasc 5/2011, 32 (32).

791 *Flöer*, Alzheimer.

792 WHO = World Health Organization = Weltgesundheitsorganisation.

793 *WHO*, Dementia.

794 ICD-10 bedeutet: International Classification of Diseases/Internationale Klassifikation psychischer Störungen.

795 *WHO*, Dementia.

Stimmung, emotionaler Kontrollverlust sowie Änderung des Sozialverhaltens auftreten.[796]

Die Symptome setzen langsam und meist über Jahre ein.[797] Die Anzeichen variieren dabei individuell.[798] Beispielsweise sind bei der Alzheimer-Demenz vor allem Störungen des Gedächtnisses in Bezug auf die Merkfähigkeit charakteristisch, wobei sich die anfängliche Vergesslichkeit zu Wortfindungs- und Orientierungsstörungen steigern kann.[799] Die Betroffenen haben Schwierigkeiten mit dem Vorstellungsvermögen und können schlechter lesen, schreiben und rechnen.[800] Des Weiteren können auch psychiatrische und neurologische Begleitsymptome wie Antriebsmangel, Störung des Schlaf-Wach-Rhythmus, psychomotorische Unruhe, sozialer Rückzug, Depressivität, Aggressivität, Wahn und Halluzinationen hinzukommen.[801] Die Sprache kann derart gestört sein, dass keine sinnvolle Sprachproduktion mehr möglich ist oder der Betroffene komplett seine Sprachfähigkeit verliert.[802] Selbst die motorischen Fähigkeiten können durch die voranschreitende Krankheit so stark beeinträchtigt werden, dass lediglich stereotypische Bewegungsmuster wie kreisende Handbewegungen verbleiben.[803] Auch die Nahrungsaufnahme kann durch die Beeinträchtigung des Schluckaktes unmöglich werden.[804]

3. Der „natürliche" Wille

Für den Philosophen Georg Wilhelm Friedrich Hegel ist der natürliche Wille identisch mit der Leidenschaft, dem Trieb und der Neigung.[805] Für ihn sind der Trieb und die Leidenschaft nichts anderes als die Lebendigkeit des Subjekts.[806] Nach dieser Auffassung ist der Mensch, solange er „lebendig" ist, fähig einen natürlichen Willen zu bilden.

---

[796] *WHO*, Dementia.
[797] *WHO*, Dementia.
[798] *WHO*, Dementia.
[799] *Hosp*, Ziff. 4.5.5.
[800] *Hosp*, Ziff. 4.5.5.
[801] *Hosp*, Ziff. 8.3.6; 4.2.3.2.
[802] *Hosp*, Ziff. 4.5.5.
[803] *Hosp*, Ziff. 4.4.3.
[804] *Hosp*, Ziff. 4.4.3.
[805] *Hegel*, (541).
[806] *Hegel*, (546).

Vom natürlichen Willen ist der freie Wille zu unterscheiden. Nach dem BGH liegt kein freier Wille vor, wenn jemand außerstande ist, seinen Willen frei und unbeeinflusst von einer vorliegenden Geistesstörung zu bilden und nach zutreffend gewonnenen Einsichten zu handeln.[807] Dabei ist darauf abzustellen, ob eine freie Entscheidung nach Abwägung des Für und Wider bei sachlicher Prüfung der in Betracht kommenden Gesichtspunkte möglich ist oder ob umgekehrt von einer freien Willensbildung nicht mehr gesprochen werden kann, etwa weil infolge der Geistesstörung Einflüsse dritter Personen den Willen übermäßig beherrschen.[808] Die beiden entscheidenden Kriterien sind dabei die Einsichtsfähigkeit des Betroffenen und dessen Fähigkeit zur Willensbildung.[809] Liegen diese nicht vor, dann liegt kein freier, sondern nur ein natürlicher Wille vor.[810] Bloße Reflexe sind kein Ausdruck des Selbstbestimmungsrechts und bilden auch keinen natürlichen Willen.[811]

Der Begriff des „natürlichen Willens" fand erstmals mit der Verabschiedung des „Gesetzes zur Regelung der betreuungsrechtlichen Einwilligung in eine ärztliche Zwangsmaßnahme" am 18. Februar 2013 Eingang in eine gesetzliche Norm, § 1906 Abs. 3 BGB (a. F.) und beschreibt einen realen Willen einer aus medizinischer Sicht einwilligungsunfähigen bzw. nicht geschäftsfähigen Person.[812] Das Verhalten der Person muss auf einem Willen beruhen.[813] Das Rechtskonstrukt ist in bestimmten Situationen verbindlich und wurde insbesondere für die Zustimmung zu ärztlichen Eingriffen, zur freiheitsentziehenden Unterbringung und freiheitsentziehenden Maßnahmen entwickelt.[814] Nach der Auffassung des BVerfG ist der natürliche Wille verfassungsrechtlich schützenswert und rechtlich beachtlich.[815] Die krankheitsbedingte

---

807 BGH NJW 1996, 918 (919).
808 BGH NJW 1996, 918 (919).
809 BGH NJW-RR 2012, 773 Rn. 14.
810 BGH NJW-RR 2012, 773 Rn. 14.
811 *Golbs*, S. 117; *Spickhoff/Knauer/Brose*, § 223 StGB Rn. 79.
812 § 1906 Abs. 3 S. 1 BGB (a. F.): „Widerspricht eine ärztliche Maßnahme nach Absatz 1 Nummer 2 dem natürlichen Willen des Betreuten (ärztliche Zwangsmaßnahme), so kann der Betreuer in sie nur einwilligen, wenn [...]"; ab 2017 § 1906a Abs. 1 BGB; *Hau/Poseck/Müller-Engels*, § 1832 Rn. 3.
813 MüKo BGB/*Schneider*, § 1906a Rn. 14.
814 BVerfG NJW 2011, 2113 Rn. 39 f.
815 BVerfG NJW 2011, 2113 Rn. 42.

Einsichtsunfähigkeit eines Untergebrachten ändert nichts daran, dass eine gegen seinen natürlichen Willen erfolgende Behandlung, die seine körperliche Integrität berührt, einen Eingriff in den Schutzbereich des Art. 2 Abs. 2 S. 1 GG darstellt.[816] Dieses Grundrecht schützt die körperliche Integrität des Grundrechtsträgers und damit auch das Selbstbestimmungsrecht.[817] Die Eingriffsqualität entfällt auch dann nicht, wenn der Betroffene der abgelehnten medizinischen Behandlung keinen physischen Widerstand entgegensetzt.[818] Das bloße Aufgeben eines bestimmten Protestformats kann nicht als Zustimmung gewertet werden.[819]

Bis Ende 2022 war in § 1901 Abs. 3 BGB (a. F.) geregelt, dass der Betreuer den Wünschen des Betreuten nicht nachkommen muss, soweit diese seinem Wohl zuwiderlaufen.[820] Nach § 1901 Abs. 2 BGB (a. F.) gehörte zum Wohl des Betreuten auch die Möglichkeit, im Rahmen seiner Fähigkeiten sein Leben nach seinen eigenen Wünschen und Vorstellungen zu gestalten.[821] Nach dem zum 1. Januar 2023 neu geregelten § 1821 Abs. 3 BGB, hat der Betreuer den Wünschen des Betreuten dann nicht zu entsprechen, wenn die Person des Betreuten hierdurch erheblich gefährdet würde und der Betreute diese Gefahr aufgrund seiner Krankheit oder Behinderung nicht erkennen oder nicht nach dieser Einsicht handeln kann oder dies dem Betreuer nicht zuzumuten ist.[822] Im Zweifel ist die Selbstbestimmung des Betreuten zu achten, denn das Betreuungsrecht hat nicht den Sinn, kranke Menschen in besonderem Maße zu disziplinieren.[823] Nach dem Gesetzeswortlaut wird eine „erhebliche" Gefahr der Person des Betreuten verlangt.[824] Die Gefahr muss demnach konkret drohen und so gewichtig sein, dass es nicht mehr zu rechtfertigen ist, den Wünschen zu entsprechen.[825]

---

[816] BVerfG NJW 2011, 2113 Rn. 42.
[817] BVerfG NJW 2011, 2113 Rn. 39.
[818] BVerfG NJW 2011, 2113 Rn. 41.
[819] BVerfG NJW 2011, 2113 Rn. 41.
[820] *Gsell/Krüger/Schmidt-Recla*, § 1821 Rn. 6; siehe § 1901 Abs. 3 BGB (a. F.).
[821] Siehe § 1901 Abs. 2 S. 2 BGB (a. F.).
[822] Siehe § 1821 Abs. 3 BGB.
[823] MüKo BGB/*Schneider*, § 1821 Rn. 29.
[824] Siehe § 1821 Abs. 3 Nr. 1 BGB.
[825] MüKo BGB/*Schneider*, § 1821 Rn. 29.

4. Mögliche Fallkonstellationen

a) Fall 1 „positiv wahrgenommener Wille“ mit entgegengesetzter Patientenverfügung

Der Betroffene hat bereits eine Patientenverfügung aufgesetzt, die regelt, dass er im Falle einer Demenzerkrankung keine lebensverlängernden Maßnahmen wünscht. Durch die fortschreitende Demenzerkrankung wird er einwilligungsunfähig. Er erkrankt an einer Lungenentzündung und müsste mit Antibiotika behandelt werden. Er zeigt einen Lebenswillen bzw. Lebensfreude.[826] Diese Fallkonstellation wird in den verschiedenen Lösungsansätzen unter 5. erörtert.

b) Fall 2 „negativ wahrgenommener Wille“ mit entgegengesetzter Patientenverfügung

Hier liegt eine Patientenverfügung des Patienten vor, die regelt, dass er im Falle einer Demenzerkrankung lebenserhaltende Maßnahmen wünscht. Er erkrankt an Demenz und wird einwilligungsunfähig. Er scheint die lebenserhaltenden Maßnahmen abzulehnen, etwa indem er körperlichen Widerstand leistet.[827] Diese Fallkonstellation wird in den verschiedenen Lösungsansätzen unter 5. erörtert.

5. Lösungsansätze

a) Bindungskraft der Patientenverfügung

Der prominenteste Befürworter der Bindungskraft der Verfügung war der US-amerikanische Rechtsphilosoph Ronald Dworkin. Er war der Ansicht, dass die Festlegungen des ehemals einwilligungsfähigen Patienten immer Vorrang genießen, auch wenn der nun Einwilligungsunfähige scheinbar das schönste Leben führe und glücklich sei, denn nur so könne das Selbstbestimmungsrecht respektiert werden.[828] Es dürften nicht nur die Zukunftsaussichten, sondern es müsse auch die Vergangenheit Berücksichtigung finden, sodass das Leben als Ganzes betrachtet werde.[829]

---

[826] *Jox/Ach/Schöne-Seifert*, Dtsch Arztebl 2014, A 394 (394).
[827] *Jox/Ach/Schöne-Seifert*, Dtsch Arztebl 2014, A 394 (394).
[828] *Dworkin*, (317 f.).
[829] *Dworkin*, (275).

Nach Dworkin sind die Interessen des Menschen entweder wertebezogen oder erlebnisbezogen.[830] Letztere spiegelten das unmittelbare Erleben als angenehm wider und würden auch als Erlebnisvorlieben definiert.[831] Die wertebezogenen Interessen seien den erlebnisbezogenen Interessen übergeordnet.[832] Denn diese stellten die kritischen Urteile des Menschen dar und gründeten auf einer intellektuellen Erklärung.[833] Der demenzkranke Patient könne zwar noch Erlebnisinteressen, jedoch aufgrund seines fehlenden Bewusstseins keine kritischen Interessen mehr bilden.[834] Früher, als der Patient noch zurechnungsfähig gewesen sei, habe er ein Bewusstsein innegehabt.[835] Dieser Umstand dürfe nicht ignoriert werden, sodass die vergangenen wertebezogenen Interessen durchzusetzen seien.[836] Eine andere Bewertung würde dazu führen, dass das Selbstbestimmungsrecht verletzt werden würde.[837] Für Dworkin würde es einen unzumutbaren moralischen Paternalismus bedeuten, wenn sich ein Arzt über die im zurechnungsfähigen Zustand erklärten Interessen des Patienten hinwegsetzte.[838]

Die Auffassung von Dworkin erfährt dahingehend Kritik, dass in der vorrangigen Berücksichtigung autonomer Entscheidungen die gegenwärtigen Interessen, beispielsweise an der verbleibenden Lebensqualität des Betroffenen, verletzt werden.[839] Aus diesem Grund ist nach dem britischen Philosophen Derek Parfit die Unterordnung gegenwärtiger Interessen ethisch nicht haltbar.[840]

Dem ist zuzustimmen. Die Theorie von der Bindungskraft der Patientenverfügung überzeugt nicht. Auf der einen Seite würde das Leben des zufriedenen Betroffenen verkürzt werden und zum anderen müsste der vom Lebensmut Verlassene krampfhaft am Leben erhalten werden. Auch die

830 *Dworkin*, (277 f.).
831 *Dworkin*, (278 f.).
832 *Dworkin*, (323).
833 Dworkin, (278 f.; 282).
834 *Dworkin*, (323).
835 *Dworkin*, (323).
836 *Dworkin*, (323).
837 *Dworkin*, (318).
838 *Dworkin*, (322).
839 Vgl. *Parfit*, (117).
840 Vgl. *Parfit*, (117).

Tatsache, dass der Betroffene zum Zeitpunkt der Erstellung der Verfügung das Ausmaß der Krankheit und die einzelnen Facetten nicht im Blick hatte bzw. einschätzen konnte, führt dazu, dass eine strenge Bindung sehr harte Auswirkungen hätte. Die neuen äußeren und inneren Umstände im Sinne des Patientenwohls nicht zu berücksichtigen ist geradezu fahrlässig. Der Patient würde Gefangener seiner eigenen früheren Festsetzungen werden.

b) Widerruf der Patientenverfügung durch den natürlichen Willen

Nach einer in der Literatur verbreiteten Ansicht soll die Patientenverfügung mittels natürlichem Willen des Betroffenen widerrufen werden können.[841] Danach würde für den Widerruf als actus contrarius zur Erstellung der Patientenverfügung nicht gleichermaßen die Einwilligungsfähigkeit verlangt. Im Fall 1 würde die Lebensfreude des Betroffenen als natürlicher Wille die Verfügung widerrufen. Die Lösung im Fall 1 ist im Sinne des Patientenwohls und in Anbetracht des Grundsatzes *„in dubio pro vita"* zufriedenstellend.

Die Festlegungen in einer Verfügung rechtfertigen den medizinischen Eingriff. Fällt diese durch Widerruf weg, dann kann auch ein medizinischer Eingriff des Arztes nicht (mehr) gerechtfertigt werden. Da ohne Einwilligung und Rechtfertigung jede medizinische Maßnahme einen Eingriff in die körperliche Unversehrtheit bzw. eine Körperverletzung darstellt und strafrechtlich sanktioniert werden kann, ist fraglich, wie sichergestellt werden soll, dass der Arzt nicht strafrechtlich belangt werden kann. Schließlich kann der Betroffene aufgrund seiner Einwilligungsunfähigkeit nicht mehr wirksam einwilligen. Es könnte der mutmaßliche Wille nach § 1827 Abs. 2 BGB als Rechtfertigungstatbestand herangezogen werden.

Nach der Anwendung der Widerrufstheorie müsste in Fall 2 der lebensverneinende natürliche Wille dazu führen, dass die Behandlung aufgrund dieses natürlichen „Sterbewillens" abgebrochen werden müsste.

Die Widerrufstheorie geht auf den ersten Blick auf die aktuelle Lebenssituation bzw. auf die Behandlungswünsche des einwilligungsunfähigen Patienten ein. Allerdings wird auch hier keine Gesamtwürdigung vorgenommen.

---

[841] *Beermann*, FPR 2010, 252 (254); *Kutzer*, ZRP 2005, 277 (278); *Magnus*, NStZ 2013, 1 (5 f.); *Spickhoff*, NJW 2000, 2297 (2301); Vgl. *Steenbreker*, Identität und Freiheit. Studien zur Zeitlichkeit der Person im Strafrecht, 2020.

c) Theorie der Personenverschiedenheit

Nach der Theorie der Personenverschiedenheit wird davon ausgegangen, dass die nicht demente Person und der später Erkrankte nicht dieselbe Person sind und damit die Patientenverfügung keine Bindungskraft entfalten kann.[842] So handelt es sich um eine Fremdbestimmung der demenzerkrankten Person.[843] Die von der ursprünglich anderen Person verfasste Patientenverfügung entfaltet keine Bindungswirkung.[844] Die Kollision der verschiedenen Interessen soll mittels einer notstandsanalogen Abwägung aufgelöst werden, wobei die Interessen der „späteren" Person höher zu bewerten seien als die der „früheren" Person.[845]

Nach dem britischen Philosophen Parfit können Menschen im Laufe ihres Lebens unterschiedliche Personen werden.[846] Damit die personale Identität fortbesteht, muss ein hinreichendes Maß an direkter „psychologischer Verbundenheit" in Form von gemeinsamen psychologischen Inhalten wie Überzeugungen, Wünschen oder Intentionen vorliegen.[847] Es ist möglich, dass sich der Demente mit voranschreitender Krankheit grundsätzlich stark verändert und damit die bisherige Person aufhört zu existieren, sodass er zu einer neuen Person wird.[848]

Wendet man die Theorie der Personenverschiedenheit auf den Fall 1 an, dann muss der natürliche Lebenswille des Demenzkranken primär berücksichtigt werden. Die ehemals in der Patientenverfügung getroffenen Festlegungen treten in den Hintergrund. Fraglich ist jedoch, warum dennoch die Interessen der früheren Person in eine Abwägung bei einer Entscheidung über die spätere Person einfließen sollen.

Würde man die Theorie im Fall 2 streng anwenden, dann müsste dem natürlichen Willen auch dann gefolgt werden, wenn dieser zum Tod des Betroffenen führen würde. Problematisch ist, dass unklar ist, ab wann eine Personenverschiedenheit vorliegt. Nach der Enquete-Kommission ist das dann

---

842 Vgl. *Albers*, (97, 111); *Merkel*, JZ 1999, 502 (507).
843 Vgl. *Albers*, (97, 111); *Merkel*, JZ 1999, 502 (507).
844 *Lanzrath*, MedR 2017, 102 (103).
845 *Merkel*, JZ 1999, 502 (507).
846 *Parfit*, (203 ff.).
847 *Parfit*, (117).
848 *Parfit*, (202).

der Fall, wenn eine normativ zu beurteilende vollständige Diskontinuität der Persönlichkeit vorliegt.[849]

Die Theorie der Personenverschiedenheit ist jedoch mit geltendem Recht nicht in Einklang zu bringen. Schließlich regelt die Patientenverfügung den Fall, dass der Patient nicht mehr einwilligungsfähig ist. Bei der Patientenverfügung gibt es gerade keine Reichweitenbeschränkung, sodass z. B. auch nach § 1827 Abs. 3 BGB die Verbindlichkeit unabhängig von Art und Stadium einer Erkrankung ist.[850]

d) Meta-Direktive als Lösung – Klausel für den Konfliktfall

Nach Vertretern der Theorie der Meta-Direktive soll der Willenskonflikt dadurch gelöst werden, dass der Ersteller der Patientenverfügung vorab eine Klausel einbindet, die festlegt, welche Interessen im Konfliktfall Vorrang genießen sollen.[851] Nach der teilweise vertretenen Konnexitätslösung wird vertreten, dass die Umsetzung der Patientenverfügung gegen den natürlichen Willen des Betroffenen nur dann in Betracht kommt, wenn der Ersteller den späteren natürlichen Willen explizit in der Patientenverfügung für unbeachtlich erklärt hat.[852] Auch der Gesetzgeber hat das Problem der Willenskollision erkannt und hat geregelt, dass von dem behandelnden Arzt oder Betreuer geprüft wird, ob die Patientenverfügung der aktuellen Lebens- und Behandlungssituation entspricht.[853] Ein vorheriger Ausschluss des natürlichen Willens ist – isoliert betrachtet – zwar im Sinne des Selbstbestimmungsrechts des Erstellers möglich, jedoch spricht die Gesetzesbegründung dahingehend dagegen, dass grundsätzlich die Patientenverfügung mit der Lebens- und Behandlungssituation abgeglichen werden muss.[854] Darüber hinaus wurde deutlich gemacht, dass bei Personen mit Demenz sorgfältig geprüft werden muss, ob der Betroffene bei seinen Festlegungen die gegenwärtigen Lebensumstände berücksichtigt hat oder ob sich die Umstände nachträglich so wesentlich geändert haben, dass die frühere eigenverantwortlich getroffene

---

[849] Enquete-Kommission, BT-Drs. 15/3700, 67.
[850] Siehe § 1827 Abs. 3 BGB.
[851] *Lanzrath*, MedR 2017, 102 (104).
[852] *Steenbreker*, NJW 2012, 3207 (3210 f.); *Nationaler Ethikrat*, (34).
[853] BT-Drs. 16/8442, 14 f.
[854] BT-Drs. 16/8442, 14 f.

Entscheidung die jetzige Lebenssituation nicht einschließt.[855] Dem ist zuzustimmen, anderenfalls besteht das Risiko, dass der Ersteller der Verfügung Sklave der eigenen früheren Entscheidungen wird.

Soweit in den Fällen 1 und 2 keine Klausel zum Vorrang des natürlichen Willens o. ä. vorliegt, ist dieser Lösungsansatz nicht hilfreich. Außerdem werden in der Praxis wohl hauptsächlich Patientenverfügungen ohne ausdrückliche Vorrangregelung vorliegen.

e) Der Veto-Ansatz

aa) Theorie und Auswirkung

Nach dem Veto-Ansatz suspendiert der behandlungsbejahende natürliche Wille die Patientenverfügung und ermöglicht eine Behandlung.[856] Im Fall des behandlungsablehnenden natürlichen Willens kann dieser eine Patientenverfügung aber nur dann suspendieren, sofern dies nicht zu einer Lebensgefahr oder schweren Gesundheitsgefahr führt.[857] Die Suspendierung gilt nur so lange, wie ein natürlicher Wille festgestellt werden kann.[858] Durch die nur vorübergehende Suspendierung der Patientenverfügung für den Zeitraum eines entgegenstehenden natürlichen Willens wird diese nicht aufgehoben und lebt bei Wegfall des lebensbejahenden natürlichen Willens wieder auf.[859] Der natürliche Wille ist verfassungsrechtlich schützenswert und rechtlich beachtlich.[860] Eine Zwangsbehandlung ist eine gegen den natürlichen Willen durchgeführte medizinische Behandlung.[861] Des Weiteren steht dem Eingriffscharakter einer Zwangsbehandlung nicht entgegen, dass sie zum Zweck der Heilung vorgenommen wird.[862] Für das Vorliegen eines Eingriffs in das Grundrecht auf körperliche Unversehrtheit ist eine schädigende Zielrichtung keine Voraussetzung.[863] Die Eingriffsqualität entfällt auch dann nicht, wenn der Betroffene der abgelehnten Behandlung keinen

---

[855] BT-Drs. 16/8442, 14 f.
[856] *Lanzrath*, MedR 2017, 102 (106).
[857] *Lanzrath*, MedR 2017, 102 (106).
[858] *Lanzrath*, MedR 2017, 102 (106).
[859] *Lanzrath*, MedR 2017, 102 (106).
[860] BVerfG NJW 2011, 2113 Rn. 42.
[861] BVerfG NJW 2011, 2113 Rn. 39.
[862] BVerfG NJW 2011, 2113 Rn. 40.
[863] BVerfG NJW 2011, 2113 Rn. 40.

physischen Widerstand entgegensetzt.[864] Der BGH hat die Auffassung des BVerfG auf Zwangsbehandlungen im Rahmen einer betreuungsgerichtlichen Unterbringung übertragen.[865]

Auf den ersten Fall bezogen würde die medizinische Behandlung so lange durchgeführt werden, bis das Veto in Form des natürlichen Willens verschwindet.[866] Im Fall 2 müsste der natürliche Sterbewille zum Schutz des Lebens überwunden und die Patientenverfügung umgesetzt werden.[867]

Für den Fall des behandlungsablehnenden natürlichen Willens wird teilweise damit argumentiert, dass nur die Behandlung, nicht aber deren Unterlassung rechtfertigungsbedürftig sei.[868] In Bezug auf die Ablehnung einer Behandlung könnten damit auch geringere Anforderungen an den Willen des Betroffenen gestellt werden.[869] Dem ist nicht zuzustimmen. Zwar erfüllt ein medizinischer Eingriff den Tatbestand der Körperverletzung, allerdings ist eine unterlassene medizinisch indizierte Heilbehandlung ebenfalls strafbar.[870] Hier ist eine Strafbarkeit entweder bei Vorliegen einer Garantenstellung des Arztes wegen §§ 223, 13 StGB oder gar §§ (211), 212, 13 StGB oder jedenfalls – wenn keine Garantenstellung besteht – nach § 323c StGB zu prüfen.[871]

bb) Strafrechtliche Rechtfertigung

Die Befürworter des Veto-Ansatzes vertreten die Ansicht, dass der natürliche Wille als eigenständiges Rechtsinstitut als strafrechtlicher Rechtfertigungsgrund, subsidiär zur rechtfertigenden Einwilligung, angesehen werden sollte.[872] Teilweise wird vertreten, dass die Anwendung des Notstands nach § 34 StGB in Betracht kommen könnte.[873] Dann müsste bei der Interessenabwägung das durch die Notstandshandlung geschützte Interesse

---

[864] BVerfG NJW 2011, 2113 Rn. 41.
[865] BGH NJW 2012, 2967 Rn. 25 f.
[866] *Lanzrath*, MedR 2017, 102 (105).
[867] *Lanzrath*, MedR 2017, 102 (105).
[868] *Hufen*, NJW 2001, 849 (853); *Höfling*, JuS 2000, 111 (116).
[869] *Hufen*, NJW 2001, 849 (853); *Höfling*, JuS 2000, 111 (116).
[870] *Lanzrath*, MedR 2017, 102 (106).
[871] *Lanzrath*, MedR 2017, 102 (106).
[872] *Lanzrath*, MedR 2017, 102 (107).
[873] *Lanzrath*, MedR 2017, 102 (107).

das beeinträchtigte Interesse wesentlich überwiegen.[874] Einerseits würde das in der Patientenverfügung zum Ausdruck gebrachte Interesse mit dem aktuell geäußerten natürlichen Willen gegeneinander abgewogen werden müssen.[875] Für den Fall des Schutzes des Lebens würde dem natürlichen Willen Vorrang eingeräumt werden.[876]

f) Lösungsansatz aus medizinischer Praxis

Die Bundesärztekammer hat sich in ihrer Bekanntmachung mit Hinweisen und Empfehlungen bezüglich Patientenverfügungen mit Blick auf Demenz auseinandergesetzt.[877] Danach sind, wie alle Patienten, auch Patienten mit einer Demenzerkrankung im Rahmen der Behandlung durch den Arzt umfassend zu informieren und aufzuklären.[878] Ob der Patient einwilligungsunfähig ist, kann erst nach diesen ärztlichen Gesprächen beantwortet werden. Bei einwilligungsunfähigen Patienten kann das patientengerechte Aufklärungsgespräch dazu beitragen, diese stärker an der Entscheidung zu beteiligen.[879] Des Weiteren muss bei einwilligungsunfähigen Demenzerkrankten für den Patientenwillen festgestellt werden, was der Patient für die aktuelle Behandlungssituation will bzw. gewollt hätte.[880] Dazu müssen alle früheren Willensbekundungen wie Patientenverfügung, Behandlungswunsch oder sonstige Äußerungen sowie seine aktuellen Willensbekundungen (natürliche Wille) einbezogen werden.[881] Wenn die aktuellen und früheren Willensbekundungen nicht übereinstimmen, ist zu prüfen, ob der Patient seinen früher erklärten Willen geändert hat bzw. mutmaßlich geändert hätte.[882] Mündliche Aussagen des Patienten, aber auch ein bestimmtes Verhalten, können Hinweise darauf sein, dass eine Willensänderung erfolgt ist.[883] Bei der Prüfung einer Willensänderung ist von allen Beteiligten ein hohes Maß an Sensibilität und Reflexivität gefordert.

---

874 *Lanzrath*, MedR 2017, 102 (107).
875 *Lanzrath*, MedR 2017, 102 (107).
876 *Lanzrath*, MedR 2017, 102 (107).
877 *BAK*, Dtsch Arztebl 2018, A 952.
878 *BAK*, Dtsch Arztebl 2018, A 952 (953); Siehe § 630d BGB und § 630e BGB.
879 *BAK*, Dtsch Arztebl 2018, A 952 (953).
880 *BAK*, Dtsch Arztebl 2018, A 952 (954).
881 *BAK*, Dtsch Arztebl 2018, A 952 (954).
882 *BAK*, Dtsch Arztebl 2018, A 952 (954).
883 *BAK*, Dtsch Arztebl 2018, A 952 (954).

Des Weiteren muss stets beachtet werden, dass auch einwilligungsunfähigen Demenzpatienten nicht vorschnell die Fähigkeit abgesprochen werden darf, ihren Willen zu ändern und dies zum Ausdruck zu bringen.[884] Außerdem muss bedacht werden, dass es sich bei dem mutmaßlichen Willen bzw. der mutmaßlichen Willensänderung immer um eine Interpretation Dritter handelt.[885] Es besteht die Gefahr, dass ein Verhalten des Patienten entsprechend den Interessen und Präferenzen der interpretierenden Personen ausgelegt wird, beispielsweise nach dem Wunsch der Ärzte, des Pflegepersonals oder der Angehörigen, den Patienten zu behandeln.[886]

Aktuelle Willensbekundungen eines demenzkranken Patienten sind häufig Ausdruck momentaner Befindlichkeiten.[887] Diese sind grundsätzlich zu berücksichtigen. Grundlage von Behandlungsentscheidungen müssen aber der Wille und das längerfristige subjektive, d. h. aus Sicht des Patienten bestimmte Wohl sein.[888] Wenn der festgestellte Patientenwille für und der natürliche Wille gegen eine medizinische Behandlung sprechen, stellt eine Behandlung des Patienten gegen seinen natürlichen Willen eine Zwangsbehandlung dar.[889] Für die Durchführung von Zwangsbehandlungen gelten besonders strenge rechtliche und ethische Anforderungen dahingehend, dass sie nur im Rahmen eines stationären Aufenthaltes in einem Krankenhaus und nur als letztes Mittel eingesetzt werden dürfen, um den Patienten vor einem drohenden erheblichen gesundheitlichen Schaden zu bewahren.[890] Des Weiteren muss der für den Patienten zu erwartende Nutzen der Behandlung die zu erwartenden Beeinträchtigungen deutlich überwiegen.[891] Außerdem bedarf es der Feststellung des mutmaßlichen Willens des Patienten anhand konkreter Anhaltspunkte, dass dieser der Behandlung zugestimmt hätte.[892]

Es sind dafür alle verfügbaren Informationen über den Patienten zu berücksichtigen, insbesondere frühere mündliche oder schriftliche

---

[884] *BAK*, Dtsch Arztebl 2018, A 952 (954).
[885] *BAK*, Dtsch Arztebl 2018, A 952 (954).
[886] *BAK*, Dtsch Arztebl 2018, A 952 (954).
[887] *BAK*, Dtsch Arztebl 2018, A 952 (954).
[888] *Jox/Ach/Schöne-Seifert*, Dtsch Arztebl 2014, A 394 (396).
[889] *BAK*, Dtsch Arztebl 2018, A 952 (954).
[890] *BAK*, Dtsch Arztebl 2018, A 952 (954).
[891] *BAK*, Dtsch Arztebl 2018, A 952 (954).
[892] *BAK*, Dtsch Arztebl 2018, A 952 (954).

Äußerungen, ethische oder religiöse Überzeugungen und sonstige persönliche Wertvorstellungen.[893] Wenn nichts über die Präferenzen des Patienten bekannt ist, dürfen Vertreter und Arzt davon ausgehen, dass der Patient den ärztlich indizierten Maßnahmen zustimmen würde.[894]

Die Bundesärztekammer beschreibt ähnlich dem Beispielfall 1 einen demenzkranken Patienten, bei dem zu entscheiden ist, ob als medizinische Maßnahme eine dauerhafte künstliche Ernährung und Flüssigkeitszufuhr mittels PEG-Sonde durchgeführt werden kann und ob diese seinem Willen entspricht.[895] Zuerst muss der Arzt unter Berücksichtigung der Leitlinien der DGEM[896] prüfen, ob die Sonde indiziert ist. Dies ist nur dann der Fall, wenn der Patient unter dem Mangel an Ernährung und Flüssigkeitszufuhr trotz erfolgter Maßnahmen zur Symptomkontrolle (z. B. Mundpflege) erkennbar leidet.[897] Falls ein Betreuer vorhanden ist, hat dieser den Patientenwillen im Hinblick auf die konkrete Situation und die geplante Maßnahme festzustellen und dies mit dem Arzt zu besprechen.[898] Es muss geprüft werden, ob die in der Patientenverfügung dokumentierte Ablehnung der künstlichen Ernährung und Flüssigkeitszufuhr auch für den Fall gilt, dass sie mit dem Ziel der Leidenslinderung angezeigt wären.[899] Wenn das der Fall ist, muss weiter geprüft werden, ob es andere Willensbekundungen gibt, die darauf schließen lassen, dass der Patient seinen Willen geändert hat und nicht mehr an seiner Patientenverfügung festhalten möchte.[900] Die Bundesärztekammer ist der Ansicht, dass Anzeichen von Lebensfreude in Alltagssituationen für sich genommen keine solche Willensänderung darstellen.[901] Liegt schon keine Indikation zur künstlichen Ernährung und Flüssigkeitszufuhr vor, verbietet sich deren Durchführung, unabhängig vom Patientenwillen.[902] Wenn der Patient nahe Angehörige oder Vertrauenspersonen hat, sollten

---

893 BGH NJW 1995, 204 (205); *BAK*, Dtsch Arztebl 2018, A 2434 (2437).
894 *BAK*, Dtsch Arztebl 2018, A 2434 (2437).
895 *BAK*, Dtsch Arztebl 2018, A 2434 (2437).
896 Leitlinie der Deutschen Gesellschaft für Ernährungsmedizin (DGEM).
897 *BAK*, Dtsch Arztebl 2018, A 952 (954).
898 Vgl. *BAK*, Dtsch Arztebl 2018, A 952 (955); *BAK*, Dtsch Arztebl 2018, A 2434 (2437).
899 *BAK*, Dtsch Arztebl 2018, A 952 (955); *BAK*, Dtsch Arztebl 2018, A 2434 (2437).
900 *BAK*, Dtsch Arztebl 2018, A 952 (955); *BAK*, Dtsch Arztebl 2018, A 2434 (2437).
901 *BAK*, Dtsch Arztebl 2018, A 952 (955); *BAK*, Dtsch Arztebl 2018, A 2434 (2437).
902 *BAK*, Dtsch Arztebl 2018, A 952 (955); *BAK*, Dtsch Arztebl 2018, A 2434 (2437).

diese zur Feststellung des Patientenwillens angehört werden.[903] Falls keine entsprechenden Personen vorhanden sind, schwierige oder kontroverse Entscheidungssituationen vorliegen, dann kann eine ethische Fallbesprechung, beispielsweise im Rahmen einer ambulanten Ethikberatung, hilfreich sein.[904] Kann kein Konsens über den Willen des Patienten gefunden werden, ist das Betreuungsgericht anzurufen.[905]

Im Fall 2 lehnt der Patient die Nahrungsaufnahme ab. Um einen weiteren Gewichtsverlust und die damit verbundene Verschlechterung des Allgemeinzustandes zu verhindern, soll eine PEG-Sonde zur künstlichen Ernährung gelegt werden.[906] Die Bundesärztekammer rät dazu, zunächst zu prüfen, ob die Verweigerung der Nahrungsaufnahme auf andere, möglicherweise behandelbare Gründe wie beispielsweise eine Entzündung im Mund, schlecht sitzende Zahnprothese o. ä. zurückzuführen ist.[907] Können solche Gründe ausgeschlossen werden, ist zu prüfen, ob eine künstliche Ernährung über eine PEG-Sonde indiziert ist und insbesondere, welchen zu erwartenden Nutzen und welche zu erwartenden Belastungen mit der künstlichen Ernährung verbunden wären.[908] Stellt der behandelnde Arzt nach der Abwägung des möglichen Nutzens und des möglichen Schadens fest, dass diese Maßnahme indiziert ist, ist mit dem Sohn als dem Patientenvertreter zu klären, ob sie dem Willen des Patienten entspricht.[909] Hierbei sind alle verschiedenen Willensbekundungen zu berücksichtigen.[910] Da bereits körperliche Beschwerden ausgeschlossen wurden, kann das Zukneifen des Mundes dahingehend verstanden werden, dass der Patient aktuell nicht essen möchte.[911] Nach Auffassung der Bundesärztekammer kann aus diesem Verhalten allein jedoch nicht schon auf die Einstellung des Patienten zur künstlichen

---

903 *BAK*, Dtsch Arztebl 2018, A 952 (955); *BAK*, Dtsch Arztebl 2018, A 2434 (2437); BT-Drs. 16/8442, 16.
904 *BAK*, Dtsch Arztebl 2018, A 952 (955); *BAK*, Dtsch Arztebl 2018, A 2434 (2437).
905 *BAK*, Dtsch Arztebl 2018, A 952 (955); *BAK*, Dtsch Arztebl 2018, A 2434 (2437).
906 *BAK*, Dtsch Arztebl 2018, A 952 (955); *BAK*, Dtsch Arztebl 2018, A 2434 (2437).
907 *BAK*, Dtsch Arztebl 2018, A 952 (955); *BAK*, Dtsch Arztebl 2018, A 2434 (2437).
908 *BAK*, Dtsch Arztebl 2018, A 952 (955); *BAK*, Dtsch Arztebl 2018, A 2434 (2437).
909 *BAK*, Dtsch Arztebl 2018, A 952 (955); *BAK*, Dtsch Arztebl 2018, A 2434 (2437).
910 *BAK*, Dtsch Arztebl 2018, A 952 (955); *BAK*, Dtsch Arztebl 2018, A 2434 (2437).
911 *BAK*, Dtsch Arztebl 2018, A 952 (955); *BAK*, Dtsch Arztebl 2018, A 2434 (2437).

Ernährung geschlossen werden.[912] Insofern muss weiter geprüft werden, ob es eine Patientenverfügung, sonstige schriftliche oder mündliche Aussagen oder Hinweise auf persönliche Wertvorstellungen des Patienten gibt, aus denen auf den Willen des Patienten bezogen auf diese konkrete Behandlungssituation und die hierfür indizierte künstliche Ernährung mittels einer PEG-Sonde geschlossen werden kann.[913] Besteht zwischen dem behandelnden Arzt und Patientenvertreter darüber Einigkeit, dass die medizinisch indizierte künstliche Ernährung dem Willen des Patienten widerspricht, so ist diese zu unterlassen.[914] Auch in diesem Fall sind bei der Feststellung des Patientenwillens nahe Angehörige und sonstige Vertrauenspersonen des Patienten zu befragen und anzuhören.[915] Für den Fall, dass keine nahestehenden Personen zur Verfügung stehen oder wenn schwierige bzw. kontroverse Entscheidungssituationen vorliegen, kann eine ethische Fallbesprechung hilfreich sein.[916] Letztendlich ist das Betreuungsgericht anzurufen.[917]

g) Eigene Lösung

Oft liegen zwischen der Errichtung und dem Gebrauch der Verfügung mehrere Jahre. In so einem langen Zeitraum können sich die Wünsche und Lebenseinstellungen der Ersteller ändern. Des Weiteren kann es auch bei einer Demenzerkrankung zu Persönlichkeitsveränderungen kommen, sodass sich Wünsche und Interessen ändern können.[918] Eine besondere Herausforderung tritt hinzu, wenn der Betroffene entscheidungsunfähig geworden ist. Dann stellt sich die Frage, wie mit der der Verfügung widersprechenden Willensäußerung umzugehen ist.

aa) Die ethischen und rechtlichen Herausforderungen

Auf der einen Seite scheint es menschenunwürdig, wenn man dem natürlichen Willen, der Lebensfreude zum Ausdruck bringt, keine Beachtung

912 *BAK*, Dtsch Arztebl 2018, A 952 (955); *BAK*, Dtsch Arztebl 2018, A 2434 (2437).

913 *BAK*, Dtsch Arztebl 2018, A 952 (955); *BAK*, Dtsch Arztebl 2018, A 2434 (2437).

914 *BAK*, Dtsch Arztebl 2018, A 952 (955); *BAK*, Dtsch Arztebl 2018, A 2434 (2437).

915 *BAK*, Dtsch Arztebl 2018, A 952 (955); *BAK*, Dtsch Arztebl 2018, A 2434 (2437); BT-Drs. 16/8442, 16.

916 *BAK*, Dtsch Arztebl 2018, A 952 (955); *BAK*, Dtsch Arztebl 2018, A 2434 (2437).

917 *BAK*, Dtsch Arztebl 2018, A 952 (955); *BAK*, Dtsch Arztebl 2018, A 2434 (2437).

918 *BAK*, Dtsch Arztebl 2018, A 952 (955); BT-Drs. 15/3700, 12, Nationaler Ethikrat, (21 f.).

zukommen lässt und entsprechend der wirksamen Patientenverfügung die lebensverlängernden Maßnahmen beendet. Auf der anderen Seite würde die Patientenverfügung als Instrument des Selbstbestimmungsrechts des Patienten entwertet werden.

Auch der umgekehrte Fall, wenn der Patient keinen Lebenswillen mehr zeigt und er zwanghaft am Leben erhalten werden würde, nur weil die Patientenverfügung dies verlangt, scheint der Menschenwürde nicht zu entsprechen.

Nach der teilweise vertretenen Meinung ist für einen Widerruf der Patientenverfügung erforderlich, dass der Erklärende entscheidungsfähig ist, da der Widerruf als *actus contrarius* zur Patientenverfügung gilt.[919] Danach kann die Verfügung ab dem Zeitpunkt der Entscheidungsunfähigkeit nicht mehr vom Verfasser außer Kraft gesetzt werden.[920] Der entscheidungsunfähige Patient kann dann der Gefangene seiner damaligen Feststellungen sein.

bb) Beachtlichkeit des natürlichen Willens

Dieser „Zustand“, dass der Betroffene ab dem Zeitpunkt der Einwilligungsunfähigkeit nicht mehr dazu in der Lage ist, von seinen ehemals getroffenen Festsetzungen in der Patientenverfügung Abstand zu nehmen, widerspricht dem Selbstbestimmungsrecht und insbesondere auch der Menschenwürde. Die Schutzpflicht des Staates erfasst auch den natürlichen Willen, den die einwilligungsunfähige Person durch ihr tatsächliches Verhalten zum Ausdruck bringt.[921] „Ohne Rücksicht auf seine Eigenschaften, seine Leistungen und seinen sozialen Status“ ist die Menschenwürde jedem Menschen eigen und aus ihr ergibt sich der soziale Wert und Achtungsanspruch des Menschen, der ihm um seiner selbst willen, kraft seines Personseins zukommt.[922] Auch Hufen ist der Ansicht, dass das Recht auf Selbstbestimmung als elementares Recht voraussetzungslos ist.[923] Die gegenteilige Einschätzung

---

919 MüKo BGB/*Schneider*, § 1827 Rn. 38; *Gsell/Krüger/Diener*, § 1827 Rn. 80; *Steenbreker*, NJW 2012, 3207 (3209).

920 MüKo BGB/*Schneider*, § 1827 Rn. 38; *Gsell/Krüger/Diener*, § 1827 Rn. 80; *Steenbreker*, NJW 2012, 3207 (3209).

921 Vgl. BGH NJW 2016, 3297, Rn. 35; BVerfG NJW 2011, 2113 Rn. 42.

922 BVerfG NJW 1988, 519 (521); *Spickhoff/Scholz*, § 7 MBO Rn. 2.

923 *Hufen* in Protokoll Nr. 128 der öffentlichen Anhörung des Deutschen Bundestags vom 4. März 2009 zur BT-Drs. 16/8442 vom 06.03.2008, 92.

würde dazu führen, dass sich Dritte über den Willen des Patienten hinwegsetzen könnten. Gegen eine Fremdbestimmtheit durch Dritte hat sich mehrfach der BGH ausgesprochen.[924] Auch ein Urteil über den Wert des Lebens des Patienten steht keinem Dritten zu.[925] Grundsätzlich ist der Wille Dritter bei der Ermittlung des Willens unbeachtlich.[926]

Auch im einwilligungsunfähigen Zustand muss der Patient die Möglichkeit haben, entsprechend des körperlichen und seelischen Befindens, „selbst" zu entscheiden, ob er leben oder sterben möchte. Das Fehlen der geistigen Fähigkeit lässt das Recht auf Selbstbestimmung nicht entfallen.[927] Zwar ist der Einwilligungsunfähige nicht mehr in der Lage, seinen Zustand als Ganzes zu begreifen. Dennoch nimmt er die Umgebung und Eindrücke wahr. Nach dem Grundsatz von Küng, dass es grundsätzlich kein lebensunwertes Leben gibt, ist es demnach nicht möglich, dass ein Mensch ohne geistige Fähigkeit zum „Nicht-Menschen" wird.[928] Im Zeitpunkt der Einwilligungsunfähigkeit endet gerade nicht das Menschsein. Diese Auffassung wird ebenfalls von Klie und Student vertreten. Danach ist auch ein Mensch, wer sich nicht begreift.[929] Es ist auch unethisch, dem einwilligungsunfähigen Patienten jegliche Empfindung und Willensäußerung abzuerkennen.

Deshalb wird hier die Meinung vertreten, dass auch der entscheidungsunfähige Patient in Anbetracht seiner Selbstbestimmung mit der Artikulierung seines Willens die Patientenverfügung in den Hintergrund treten lassen kann bzw. außer Kraft setzt. Der Wille des Patienten muss eine gewisse Konstanz aufweisen und nicht nur auf ein Momentempfinden zurückzuführen sein. Grundsätzlich ist auch der Gesamteindruck des Verhaltens des Patienten zu betrachten.

cc) Grundproblem unzureichender Wissensstand des Betroffenen

Das grundsätzliche Problem beim Erstellen von Patientenverfügungen besteht darin, dass der Ersteller als medizinischer Laie ohne umfangreiche

---

924 BGH NJW 1995, 204 (205).
925 BGH NJW 1995, 204 (205).
926 BGH NJW 2017, 1737 Rn. 43.
927 *Lipp/Röthel/Spalckhaver*, § 17 Rn. 95.
928 *Jens/Küng*, (214).
929 *Klie/Student*, (133).

Beratung die Krankheit Demenz, das damit verbundene Leben und mögliche Behandlungen in verschiedenen klassischen Situationen, wie der Antibiotikaverabreichung im Fall einer im hohen Alter oft auftretenden Lungenentzündung, nicht beurteilen kann.

Dass die Krankheit mehr als nur „Vergessen" ist und man dabei dennoch Freude am Leben haben kann, wird dabei oft übersehen. Viele ahnen nicht bzw. können sich nicht vorstellen, dass es den „lebensfroh" wirkenden schwer dementen Patienten gibt.[930] Auch als Demenzkranker kann man Lust und Unlust, vitales Verlangen oder Freude an verschiedensten Dingen wie Spaziergängen, sozialen Erlebnissen oder gutem Essen erleben.[931]

Eine wirksame Entscheidung durch den Patienten ist nur möglich, wenn dieser alle entscheidungsrelevanten Informationen erhalten, verstanden und gewürdigt hat.[932] Besonders bei schwierigen und folgenreichen Entscheidungen ist ein komplexer Austausch mit anderen Personen erforderlich.[933] Der soziale Prozess des Miteinanders ist die Voraussetzung für fundierte Entscheidungen im Rahmen der Selbstbestimmung.[934] Neben den Angehörigen ist zudem auch der behandelnde Arzt, der den medizinischen Hintergrund und verschiedene Situationen kennt, von elementarer Bedeutung. Innerhalb des Beziehungsraums zwischen Patient und Arzt kann der Entscheidende seine Präferenzen häufig überhaupt erst entwickeln, anschließend kritisch prüfen und letztendlich entscheiden.[935] Die Selbstbestimmung wird vor allem in Bereichen, die von Asymmetrie gekennzeichnet sind, wie beispielsweise hinsichtlich der Informationen und des Machtgefüges in der Medizin, nicht durch eine einfache Meinungs- oder Willensbildung realisiert.[936] Der Patient muss erst durch einen höchst anspruchsvollen Beziehungs- und Kommunikationsprozess dazu befähigt werden, zu entscheiden, ob er in eine medizinische Maßnahme einwilligt oder nicht.[937] Insofern kann argumentiert werden, dass ohne Beratung und durch das fehlende Durchlaufen

---

930 *Uerpmann*, (76).
931 *Jens/Küng*, (208); *Niebuhr*, (43 ff.).
932 *in der Schmitten et al.*, Z Palliativmed 2016, 177 (178).
933 *in der Schmitten et al.*, Z Palliativmed 2016, 177 (178).
934 *in der Schmitten et al.*, Z Palliativmed 2016, 177 (178).
935 *in der Schmitten et al.*, Z Palliativmed 2016, 177 (179).
936 *in der Schmitten et al.*, Z Palliativmed 2016, 177 (179).
937 *in der Schmitten et al.*, Z Palliativmed 2016, 177 (179).

des Beziehungs- und Kommunikationsprozesses, der Patient nicht in der Lage war, eine fundierte Entscheidung zu treffen.

Auch die in der Praxis wohl am häufigsten verwendeten Muster, die ohne Beratung genutzt werden, helfen bei der Entscheidungsfindung des Patienten nicht unbedingt weiter. Bei den meisten Patientenverfügungen handelt es sich um Formulare, bei denen der Patient mittels Ankreuzen die Behandlungswünsche für die entsprechende Situation auswählen kann.[938] Andere Verfügungen bieten die Möglichkeit, über die Auswahl von Textbausteinen eine eigene, individuelle Patientenverfügung zusammenzustellen.[939] Eine häufige Formulierung ist beispielsweise: „Wenn ich einmal dement bin, will ich keine lebenserhaltenden Maßnahmen erhalten".[940] Dabei bleibt unbeachtet, dass allgemeine Formulierungen aufgrund der Missachtung des Bestimmtheitsgebots des BGH unwirksam sind.[941]

Beispielsweise kann im Laufe der Zeit der demente Patient an einer Lungenentzündung erkranken, die eine Behandlung mit Antibiotika indizieren würde.[942] Der Verfügungsersteller hat sich wegen seiner Stellung als medizinischer Laie weder über diesen konkreten noch über ähnliche Fälle Gedanken gemacht. Solche häufigen Fälle, finden damit ohne ausführliche Beratung von medizinischen Fachkräften keinen Weg in die Patientenverfügung.

dd) Der natürliche Wille als Problem des „Zutreffens" der Lebens- und Behandlungssituation

Für den Fall, dass die Patientenverfügung dem vom BGH etablierten zweigliedrigen Bestimmtheitsgrundsatz genügt, muss weiter geprüft werden, ob diese auf die aktuelle Lebens- und Behandlungssituation zutrifft.[943]

Wenn der Patient am Leben aktiv teilnimmt und die Verfügung sich gegen benötigte lebensverlängernde medizinische Maßnahmen ausspricht, kann das, wie im umgekehrten Fall, gerade nicht für Kongruenz sprechen.

---

[938] *Jürgens/Loer*, § 1827 Rn. 26; *BAK*, Dtsch Arztebl 2018, A 2434 (2438).
[939] *BAK*, Dtsch Arztebl 2018, A 2434 (2438).
[940] BT-Drs. 16/8442, 15.
[941] BGH MedR 2017, 36 Rn. 47; BGH NJW 2017, 1737 Rn. 19; siehe § 1827 Abs. 1 BGB.
[942] BT-Drs. 16/8442, 15.
[943] BGH NJW 2019, 600 Rn. 19 f.

Insofern bedarf es einer Prüfung des ungeschriebenen Vorbehalts, ob der aktuelle natürliche Wille des Patienten dem in der Patientenverfügung geäußerten Willen widerspricht. Der mit der Patientenverfügung nicht kongruent artikulierte Wille bewirkt dann, dass die aktuelle Lebenssituation nicht zutrifft und die Verfügung nicht angewendet wird.[944] Sowohl nach der Ansicht des BGH als auch nach § 1827 BGB muss geprüft werden, ob die in der Patientenverfügung getroffene Entscheidung noch dem Willen des Betroffenen entspricht und das aktuelle Verhalten des nicht mehr entscheidungsfähigen Betroffenen muss auf konkrete Anhaltspunkte untersucht werden, dass er unter den gegebenen Umständen den zuvor schriftlich geäußerten Willen nicht mehr gelten lassen will.[945]

Außerdem muss auch geprüft werden, ob der Patient bei seinen Festlegungen diese Lebenssituation mitbedacht hat.[946] Auch hier besteht die Gefahr, dass der Patient mit falschen Ansatzpunkten seine Lebenssituation bedacht haben könnte und damit eine negative Selbstbewertung einhergeht. Der oft gewünschte Behandlungsverzicht wird häufig dahingehend erklärt, dass aufgrund von sozialen Einflüssen bestimmte Krankheitszustände als nicht mehr lebenswert angesehen werden.[947] Dieser Gedanke wird weiter durch die zahlreichen Formulare verstärkt, die Behandlungsverzichte in derartigen Zuständen als Wahlmöglichkeiten vorsehen.[948] Für die Gesellschaft sind schwerwiegende Krankheitszustände, die einen hohen Aufwand für Pflege, Betreuung und medizinische Versorgung erfordern, unerwünscht und „vermeidbar“ und ein Leben stellt sich als nicht mehr lebenswert dar.[949] Auch weil der Ersteller anderen nicht „zur Last“ fallen möchte, wird lieber auf derartige Behandlungen verzichtet. Dabei wird verkannt, dass demente Patienten sich an verschiedensten Dingen erfreuen können und Lebensqualität erfahren. Besonders deutlich wird der Gedanke bei der Beschreibung der Situation von Inge Jens, deren Mann Walter an Demenz erkrankt war und im Jahr 2013 gestorben ist. Sie gab an:

---

944 So auch BT-Drs. 15/3700, 63; BT-Drs. 16/8442, 14 f.
945 BGH NJW 2016, 3297, Rn. 35.
946 BGH NJW 2016, 3297, Rn. 35; vgl. BT-Drs. 16/8442, 14 f.
947 BT-Drs. 15/3700, 55.
948 BT-Drs. 15/3700, 55.
949 BT-Drs. 15/3700, 55.

> Ich weiß genau und es steht Wort für Wort in unserer Patientenverfügung formuliert, dass mein Mann so, wie er jetzt leben muss – unfähig zu schreiben, zu sprechen, überhaupt noch zu verstehen – niemals hat leben wollen. Trotzdem wäre ich im Augenblick nicht fähig, ihm zum Tode zu verhelfen. Diese Patientenverfügung haben wir geschrieben, bevor es so weit war mit der Demenz. [...] Er hatte seinen Lebenswillen durch die Demenz nicht verloren. Genauso sicher, wie wir uns damals waren, dass wir beide nicht leben wollten, weiß ich heute, dass mein Mann nicht sterben möchte.[950]

Die Aussage verdeutlicht, dass die Ersteller ihrer Patientenverfügung die Krankheit Demenz nur als „unfähig zu schreiben, zu sprechen, überhaupt noch zu verstehen“ interpretieren. Das Erleben kann somit ganz anders sein als zuvor vermutet. Fraglich ist dann auch, wenn die Vorstellung von der Realität abweicht, inwieweit die Festsetzungen überhaupt dem Willen bereits damals entsprochen haben. Der Betroffene ist einwilligungsfähig, wenn er Art, Bedeutung, Tragweite und auch die Risiken der Maßnahme zu erfassen und seinen Willen hiernach zu bestimmen vermag.[951] Wenn für den Betroffenen die Krankheit und das Leben mit der Krankheit außerhalb seiner Vorstellung liegen und er diese gar nicht erfassen kann, dann ist er auch nicht einwilligungsfähig und kann keine wirksame Festsetzung erstellen. Der Patient muss erst durch einen Beziehungs- und Kommunikationsprozess dazu befähigt werden, zu entscheiden, ob er in eine medizinische Maßnahme einwilligt oder nicht.[952]

ee) *Maßgeblichkeit des aktuellen natürlichen Willens bei medizinischen Entscheidungen*

Der aktuelle natürliche Wille des Einwilligungsunfähigen ist somit grundsätzlich für die Beurteilung für anstehende medizinische Maßnahmen maßgebend.[953] Dabei versteht sich, dass nicht ein Momentempfinden richtungsweisend ist, sondern der Wille durchgängig über einen längeren Zeitraum artikuliert werden muss. Neben dem artikulierten natürlichen Willen ist der Patient als Ganzes zu betrachten. Der behandelnde Arzt und

[950] *Jens/Küng*, (200).
[951] *Hau/Poseck/Müller-Engels*, § 1827 Rn. 24.
[952] *in der Schmitten et al.*, Z Palliativmed 2016, 177 (179).
[953] Wird auch vertreten in: BT-Drs. 15/3700 63.

der Patientenvertreter müssen den Betroffenen einer Gesamtschau unterziehen und bewerten. Nicht abzusprechen ist, dass bei der Ermittlung des aktuellen Willens stets das Risiko besteht, dass die Ermittelnden den Willen in ihrem Interesse interpretieren. Wenn die einzelnen Situationen ganzheitlich dokumentiert werden, verringert sich das Risiko, dass eine Interpretation nach anderen Interessen stattfindet, je mehr Anzeichen dafür oder dagegen aufgeführt werden.

ff) Ausnahme der Regel – Bindungskraft der Patientenverfügung

Wenn bei der Erstellung der Patientenverfügung eine umfassende (ärztliche) Beratung im Hinblick auf Bedeutung, Tragweite und mögliche Konsequenzen der Entscheidung in Form eines Beziehungs- und Kommunikationsprozesses stattgefunden hat und der Patient alle entscheidungsrelevanten Informationen erhalten, verstanden und gewürdigt hat, dann ist der in der Patientenverfügung festgehaltene Wille bindend und geht dem natürlichen Willen vor.

gg) Fallanwendung (ohne umfassende (ärztliche) Beratung)

(1) Fall 1 „positiv wahrgenommener Wille“ mit entgegengesetzter Patientenverfügung

Im Fall 1 liegt eine Patientenverfügung vor, unterstellt, dass sie dem vom BGH entwickelten zweigliedrigen Bestimmtheitsgrundsatz entspricht. Hiernach dürften Antibiotika nicht verabreicht werden, wenn die Verfügung auf die Lebens- und Behandlungssituation zutrifft.

Es kann argumentiert werden, dass die aktuelle Lebenssituation dahingehend nicht zutrifft, weil der Patient aktiv am Leben teilnimmt und auch selbständig Nahrung aufnimmt. Dem Ausdruck von Hunger und Durst und dessen Begegnung mit eigener Nahrungsaufnahme kann eine lebensbejahende Ausstrahlung beigemessen werden. Essen ist Leben.[954] Des Weiteren sind neben der eigenständigen Nahrungsaufnahme weitere Anzeichen des natürlichen (Lebens-)Willens zu bewerten. Dies ist dahingehend wichtig, da auch ein Patient mit Magensonde seinen (Lebens-)Willen zwar nicht mehr durch selbständiges Essen, sondern über andere Ausdrücke artikulieren kann. Der Patient ist in seinem Verhalten und in seiner Erscheinung insgesamt also

---

[954] *Dahse/Hoffmann*, (1).

als Ganzes zu betrachten. Die aktive Teilnahme am Leben und auch die eigene Nahrungsaufnahme lassen hier den Schluss zu, dass sein aktueller natürlicher Wille nicht kongruent mit dem damals Erklärten in der Patientenverfügung ist. Dem Patienten muss sein Selbstbestimmungsrecht stets zugestanden werden. Im Rahmen seines artikulierten Willens muss er mit Antibiotika, entgegen seiner damaligen Festlegungen, behandelt werden. Dieser Ansatz lässt sich im Fall des lebensbejahenden Patienten auch mit dem Grundsatz „*in dubio pro vita*" nachvollziehen.

Wer sich über den Lebenswillen hinwegsetzt und eine entgegengesetzte Patientenverfügung ausführt, unterliegt nach der hier vertretenen Auffassung den Sanktionen der §§ 211, 212 StGB bzw. § 222 StGB.

(2) Fall 2 „negativ wahrgenommener Wille" mit entgegengesetzter Patientenverfügung

Im Fall 2 lehnt der Patient, entgegen seiner in der Patientenverfügung getroffenen Festlegungen, lebenserhaltende Maßnahmen ab. Es wird unterstellt, dass auch seine Patientenverfügung wirksam ist und dem zweigliedrigen Bestimmtheitsgrundsatz entspricht. Die Fallkonstellation ist dahingehend schwieriger zu beurteilen, da der Patient anscheinend einen Sterbewunsch artikuliert und der Grundsatz „*in dubio pro vita*" nicht weiterhilft. Zunächst ist zu überprüfen, ob die Nahrungsverweigerung auf andere behandelbare Gründe zurückzuführen ist, wie zum Beispiel eine Entzündung im Mund, eine schlecht sitzende Zahnprothese, Bauchschmerzen oder Ähnliches oder im Fall einer PEG-Sonde, ob das Herausziehen des Schlauchs andere Ursachen hat.[955] Bei einer Magensonde ist es nicht selten der Fall, dass die eingeführte Nahrung nicht vertragen wird oder diese bei falscher Verabreichung zu schnell in den Magen gelangt und Bauchschmerzen verursacht.[956] Wenn alle behandelbaren körperlichen Gründe ausgeschlossen werden können, ist das Zukneifen des Mundes dahingehend zu verstehen, dass der Patient aktuell nicht essen möchte.[957] Beim Herausziehen der Nahrungsschläuche

---

955 *BAK*, Dtsch Arztebl 2018, A 952 (955); *BAK*, Dtsch Arztebl 2018, A 2434 (2437).
956 *Merck & Co., Inc.*, Mögliche Probleme bei der Sondenernährung.
957 *BAK*, Dtsch Arztebl 2018, A 952 (955); *BAK*, Dtsch Arztebl 2018, A 2434 (2437).

wird oft argumentiert, dass der Demenzkranke gar nicht mehr wisse, wofür die Maßnahme sei und sich daher nicht aktiv gegen eine Nahrungsaufnahme entscheiden könne. Diesbezüglich wird hier vertreten, dass stets die gesamte Person gewürdigt werden muss. In der Gesamtschau ist zu überprüfen, ob noch weitere Verhaltensweisen des Patienten vorliegen, die gegen einen Lebenswillen sprechen. Diese verschiedenen Willensäußerungen müssen auch über einen gewissen Zeitraum erfolgen und dürfen nicht nur eine Momentaufnahme sein. Grundsätzlich ist in Bezug auf die aktive Nahrungsverweigerung darauf hinzuweisen, dass Essen und Trinken einen besonderen Stellenwert einnehmen, da diese existenziell zum Leben eines jeden Menschen gehören.[958] Im Sterbeprozess haben die Patienten wenig oder keinen Appetit mehr.[959] Die Anorexie (Appetitlosigkeit mit reduzierter Kalorienaufnahme) ist das zweithäufigste Symptom bei Palliativpatienten und wird aber häufig von ihnen nicht als belastend wahrgenommen.[960] Bei Nahrungsverweigerung empfiehlt der Palliativdienst, dass zunächst innegehalten und festgestellt werden sollte, in welcher Krankheitsphase sich der Patient befindet und welche Ziele eine Intensivierung der Ernährung hat und ob diese mit den zur Verfügung stehenden Maßnahmen erreicht werden können.[961] Auch nach der Auffassung der Bundesärztekammer muss geprüft werden, ob es schriftliche oder mündliche Aussagen oder Hinweise auf persönliche Wertvorstellungen des Patienten gibt, aus denen auf den Willen des Patienten, bezogen auf diese konkrete Behandlungssituation und eine ggf. künstliche Ernährung, geschlossen werden kann.[962] Zeigt die Gesamtwürdigung der Umstände und ggf. frühere Äußerungen gegenüber der Vertrauensperson, die den Patienten kennt, dass die medizinisch indizierte künstliche Ernährung dem Willen des Patienten widerspricht, so ist diese zu unterlassen und eine palliative Behandlung anzusetzen.[963] Zu denken ist auch an die Beschreibung von Inge Jens, die verdeutlicht hat, wie der aktuelle Wille trotz gegenteiliger Patientenverfügung sein kann. In diesem Fall würde eine

[958] *Dahse/Hoffmann*, (1).
[959] *Dahse/Hoffmann*, (1).
[960] *Dahse/Hoffmann*, (1).
[961] *Dahse/Hoffmann*, (1).
[962] *BAK*, Dtsch Arztebl 2018, A 952 (955); *BAK*, Dtsch Arztebl 2018, A 2434 (2437).
[963] *BAK*, Dtsch Arztebl 2018, A 952 (955); *BAK*, Dtsch Arztebl 2018, A 2434 (2437).

Verbindlichkeit der Patientenverfügung dazu führen, dass an die Stelle der Selbstbestimmung die Fremdbestimmung gesetzt und letztlich eine Pflicht zum Weiterleben statuiert werden würde.[964]

Wird sich über den Sterbewunsch des Patienten hinwegsetzt und eine entgegengesetzte Patientenverfügung ausführt, wird nach der hier vertretenen Auffassung der Tatbestand der Körperverletzung infolge aufgedrängter Weiterbehandlung verwirklicht.

(3) Zweifelsfall

In den Zweifelsfällen, in denen nach Ausschöpfung aller verfügbaren Erkenntnisse ein auf die Durchführung, die Nichteinleitung oder den Abbruch einer ärztlichen Maßnahme gerichteter Wille nicht festgestellt werden kann, ist aufgrund der hohen Bedeutung des Rechtsguts auf Leben diesem Vorrang einzuräumen.[965] Es gilt dann der Grundsatz „*in dubio pro vita*".[966] Stellt sich nach angemessener Zeit auch keine Aussicht auf Besserung des Zustandes ein, dann sollte aus rechtlicher Sicht ein Behandlungsabbruch mit anschließender palliativer Behandlung straflos sein. Für den Fall, dass sich das Leben aufgrund seiner biologischen Grenzen dem Ende nähert und es unmöglich wird, kurative Therapieziele zu erreichen, ist es legitim, die Maßnahmen entsprechend dem neuen Therapieziel, beispielsweise das Leiden zu lindern, anzupassen.[967] Durch diese Änderung entwertet man nicht das Leben als Grundprinzip ethischen Denkens, sondern passt den Therapieanspruch an die physiologischen Begrenztheiten dieses Lebens an.[968] Aus dem Grundprinzip Leben ergibt sich der Anspruch auf das Angebot einer palliativen Therapie.[969] Für den Fall, dass die medizinische Maßnahme nur noch zu einer sinnlosen Verzögerung alsbaldigen Sterbens führen würde, entfällt die Rechtspflicht des Arztes zur Lebensverlängerung.[970]

---

964 *Nationaler Ethikrat*, (19).

965 BT-Drs. 16/8442, 16; *Jurgeleit/Kieß*, § 1827 Rn. 54.

966 *Gsell/Krüger/Diener*, § 1827 Rn. 111.

967 *Bleyer/Pawlik*, Bay Arztebl 12/2013, 664 (666).

968 *Bleyer/Pawlik*, Bay Arztebl 12/2013, 664 (666).

969 *Bleyer/Pawlik*, Bay Arztebl 12/2013, 664 (666).

970 *Laufs/Kern/Rehborn/Ulsenheimer*, § 159 Rn. 34.

Gleiches gilt, wenn die ärztlichen Maßnahmen nur unter Inkaufnahme schwerer irreparabler Gesundheitsschäden lebensrettend wirken würden.[971] Wenn das Therapieziel der Heilung jener konkreten Krankheit nicht erreichbar ist, dann erlischt der ärztliche Handlungsauftrag nicht, sondern er besteht fort, indem ein anderes, erreichbares, gegebenenfalls palliatives Therapieziel formuliert wird.[972] Bei der Prüfung, ob die medizinische Maßnahme indiziert ist, muss der behandelnde Arzt eine Nutzen-Risiko-Abwägung vornehmen.[973]

6. Untersuchtes Meinungsbild in der Praxis

Die Medizinerin Dr. Anna Lena Uerpmann untersuchte im Rahmen ihrer Dissertation das Meinungsbild verschiedener Personen zur Bindungskraft von auf Demenz abgestimmten Patientenverfügungen bei „lebensfroh" wirkenden, schwer demenzkranken Patienten (PDPI-Konflikt)[974].[975] Neben demenzunerfahrenen Personen wurden auch professionelle Pflegepersonen, Ärzte, sowie pflegende Angehörige befragt.[976] Die demenzunerfahrenen Befragten dienten als Vergleichsgruppe.[977] Außerdem wurden die Haltung gegenüber Patientenverfügungen im Allgemeinen, bisherige Erfahrungen, eigener Besitz und soziodemografische Faktoren wie Alter, Geschlecht und Bildungsabschluss untersucht.[978] Die Personengruppen wurden danach befragt, wie sie selbst im PDPI-Konflikt in dem Original-Fallbeispiel (Meyer-1) und drei weiteren abgewandelten Fällen entscheiden würden.[979] Dabei wurde auch untersucht, ob anders entschieden wird, wenn die Patientenverfügung ausdrücklich die Regelung des PDPI-Konflikts vorwegnimmt (sog. Meta-Direktive). Des Weiteren konnten die Befragten zu

971 BGH NJW 1984, 2639 (2642).
972 *Bleyer/Pawlik*, Bay Arztebl 12/2013, 664 (665).
973 *BAK*, Indikationsstellung.
974 PDPI-Konflikt = past directive versus present interest conflict, Person-Diversion-Patienten-Interaktion-Konflikt.
975 *Uerpmann*, (1 ff.).
976 *Uerpmann*, (40 ff.).
977 *Uerpmann*, (40 ff.).
978 *Uerpmann*, (40 ff.).
979 *Uerpmann*, (40 ff.).

vier „Standardargumenten“, die in jeweils der konträren Position in der entgegengesetzten Variante formuliert waren, abstimmen.[980] Dabei sollte die Relevanz der ethischen Debatte für die Praxis und die pragmatische Lösung einer Meta-Direktive untersucht werden.[981]

Das Original-Fallbeispiel befasste sich mit dem 78 Jahre alten Herrn Meyer, der sich im Spätstadium von Alzheimer-Demenz befand und keine weiteren Krankheiten hatte. Er lebte in einem auf Alzheimer-Demenz spezialisierten Pflegeheim, war stark verwirrt und sprachlich eingeschränkt. Seine Angehörigen erkannte er nicht mehr und oft schien er nicht zu wissen, wo er sei. Dennoch wirkte er lebensfroh. Beispielsweise arbeitete er gern mit Knetgummi und erfreute sich an der Beschäftigung mit dem Hund des Pflegeheims. Vor ca. vier Jahren wurde seine Erkrankung festgestellt. Daraufhin befasste er sich ausführlich mit der Erkrankung und ließ sich von seinem Hausarzt beraten. Danach verfasste er seine Patientenverfügung, die er zweimal jährlich bestätigte. Innerhalb der letzten zwei Jahre war das aufgrund der vorangeschrittenen Krankheit nicht mehr möglich. In seiner Patientenverfügung hatte er festgelegt, dass, falls er infolge seiner Alzheimer-Erkrankung nicht mehr urteilsfähig und derart beeinträchtigt sein sollte, dass er seine Angehörigen nicht mehr sicher erkenne, wolle er nicht durch erforderlich werdende medizinische Maßnahmen am Leben erhalten werden. Dies würde seinen Vorstellungen von einem würdigen Lebensende widersprechen. Dabei lehnte er neben anderen Maßnahmen auch eine antibiotische Therapie von einer mit hoher Wahrscheinlichkeit zum Tode führenden Infektion wie beispielsweise einer Lungenentzündung ab. Herr Meyer erkrankte an einer Lungenentzündung. Diese würde unbehandelt mit hoher Wahrscheinlichkeit in absehbarer Zeit zum Tode führen. Mit einer Behandlung mit Antibiotika könnte Herr Meyer nach ärztlicher Einschätzung mit guten Chancen ohne größere Belastungen und Risiken von der Infektion geheilt werden.[982]

---

980 *Uerpmann*, (29 f.).
981 *Uerpmann*, (44 f.).
982 *Uerpmann*, (IV).

Tabelle 1: Übersicht der prozentualen Verteilung der Zustimmung der „Behandler" zu den Fallbeispielen[983]

Fallbeispiele	**Anteil an „Behandlern" in %**
Meyer-1 Behandlung des „lebensfrohen", schwer dementen Herrn Meyer mit Antibiotika trotz anderslautender Demenzverfügung.	25,2
Meyer-2 Behandlung des schwer dementen, nicht „lebensfroh" wirkenden Herrn Meyer trotz anderslautender Demenzverfügung.	17,0
Meyer-3 Behandlung des schwer dementen, „lebensfroh" wirkenden Herrn Meyer, obwohl dieser für den Fall scheinbarer Lebensfreude eine Ablehnung antibiotischer Behandlung mittels Demenzverfügung verfügt hat (Meta-Direktive).	16,3
Meyer-4 Behandlung des „lebensfrohen", schwer dementen Herrn Meyer mittels PEG (Magensonde) zur Ernährung trotz anderslautender Demenzverfügung.	8,7

In dem Original-Fallbeispiel Meyer-1 stimmten 25,2 % aller Studienteilnehmer für die Behandlung mit Antibiotika und damit gegen die Anwendung seiner Patientenverfügung.[984] Es zeigten sich bis auf Meyer-4 weitestgehend keine signifikanten oder relevanten Unterschiede hinsichtlich der Befragtengruppen, Alter, Bildungsabschluss oder Geschlecht.[985] Mit 5,1 % würden Ärzte und das Pflegepersonal signifikant geringer mit einer PEG-Sonde behandeln als Laien mit einem Anteil von 12,0 %.[986] In den Fällen 1 bis 4 würden weniger Befragte sich für eine Behandlung aussprechen.[987]

Die Befragten, für welche Patientenverfügungen bindend sein sollten, würden sich in allen Fällen seltener für eine Behandlung entscheiden.[988]

---

983 *Uerpmann*, (56).
984 *Uerpmann*, (74).
985 *Uerpmann*, (56).
986 *Uerpmann*, (57).
987 *Uerpmann*, (58).
988 *Uerpmann*, (57).

Diejenigen, die sich dafür aussprachen, dass Patientenverfügungen als hilfreiches Instrument bei der Entscheidungsfindung sein sollten, zeigten keine signifikanten Zusammenhänge in Meyer-1 bis Meyer-3.[989]

Tabelle 2: Zustimmungsrate der „Behandler"/„Nicht-DV-Befolger" und der „Behandler"/„Nicht-Patientenverfügungsbefolger" zu den jeweiligen Standardargumenten anhand Meyer-1[990]

Standardargument für „Behandler" /// Standardargument für „Nicht-Behandler"	**Anteil an „Behandlern" in %**	**Anteil an „Nicht-Behandlern" in %**
(1) Das Antizipationsrisiko einer Demenz-Verfügung ist kein Grund gegen deren Bindungskraft. /// Das Antizipationsrisiko einer Demenz-Verfügung ist kein Grund gegen deren Bindungskraft.	84,9	95,8
(2) Eine Willensänderung ist bei fortgeschrittener Demenz nicht mehr möglich. /// Eine Willensänderung ist bei fortgeschrittener Demenz nicht mehr möglich.	82,2	82,7
(3) Der schwer demente Patient, für den die Verfügung gelten soll, ist trotz krankheitsbedingter Wesensveränderungen dieselbe Person wie der (noch entscheidungsfähige) Verfasser der Demenz-Verfügung. Daher kommt dieser Verfügung weiterhin Entscheidungs-Autorität zu. /// Der schwer demente Patient, für den die Verfügung gelten soll, ist trotz krankheitsbedingter Wesensveränderungen dieselbe Person wie der (noch entscheidungsfähige) Verfasser der Demenz-Verfügung. Daher kommt dieser Verfügung weiterhin Entscheidungs-Autorität zu.	33,0	96,4
(4) Lebenswürdevorstellungen haben Vorrang vor Augenblicksfreuden. /// Lebenswürdevorstellungen haben Vorrang vor Augenblicksfreuden.	67,0	97,1

[989] *Uerpmann*, (56).
[990] *Uerpmann*, (75 f.).

Nur bei der Variante Meyer-4 würden sich signifikant häufiger Befragte gegen eine Ernährung mittels PEG-Sonde des schwer dementen Herrn Meyer aussprechen.[991]

Des Weiteren stellte Uerpmann fest, dass die „Nicht-Behandler"/„Patientenverfügungsbefolger" eine homogen verteilte hohe Zustimmung zu den ihrer Position entsprechenden Standardargumenten zeigten.[992] Die „Behandler"/„Nicht-Patientenverfügungsbefolger" verteilten sich dagegen weniger gleichmäßig auf die verschiedenen Zustimmungsgrade bei den ihrer Position entsprechenden Argumenten.[993] Das Maß der Zustimmung zu den Standardargumenten fiel in der „Behandler"-Gruppe deutlich geringer aus als in der „Nicht-Behandler"-Gruppe.[994] Ältere Befragte der Gruppe „Nicht-Behandler" stimmten den Argumenten 2 und 3 signifikant häufiger zu.[995]

Ärzte und Demenzunerfahrene lehnten die These „Lebensfreudeäußerungen seien als Zeichen einer Willensänderung anzusehen" mit 31% bzw. 23,4% häufiger ab als demenzerfahrene Pflegende und Angehörige (9,8% bzw. 9,1%).[996] Die These, dass die personale Identität bei schwerer Demenz nicht mehr gegeben sei, fand unter den Ärzten und demenzunerfahrenen Befragten mit 90,5% bzw. 70,2% im Vergleich zu demenzerfahrenen Angehörigen und Pflegenden (58,2% bzw. 51,2%) deutlich weniger Zustimmung.[997]

Bei der These „Augenblicksfreuden sind maßgeblich für Behandlungsentscheidung bei schwer Dementen" stimmten Angehörige (81,8%) und demenzunerfahrene Befragte (66,0%) häufiger zu als die professionellen Gruppen der Ärzte (54,8%) und Pflegepersonen (61,0%).[998] Die Angehörigen hatten im Vergleich der Gruppen untereinander die bei weitem höchste Zustimmung zu diesem Argument.[999]

---

[991] *Uerpmann*, (58).
[992] *Uerpmann*, (60).
[993] *Uerpmann*, (59).
[994] *Uerpmann*, (60).
[995] *Uerpmann*, (60 f.).
[996] *Uerpmann*, (62).
[997] *Uerpmann*, (62).
[998] *Uerpmann*, (62).
[999] *Uerpmann*, (62).

Die Umfrage hat gezeigt, dass die große Mehrheit (98,7%) aller 735 Befragten sich grundsätzlich für die Anerkennung und Einhaltung von Patientenverfügungen ausspricht.[1000] Viele Befragte betrachten sie als essenziell und notwendig. Das Vertrauen in die Wirksamkeit und die Bedeutung von Patientenverfügungen ist bei den meisten Befragten sehr hoch.[1001]

Gesunde Menschen sind sich nicht bewusst und können sich kaum vorstellen, dass es tatsächlich schwer demente Patienten gibt, die trotz ihrer Erkrankung lebensfroh erscheinen. Darüber kann zwar aufgeklärt werden aber es bleibt weiterhin zweifelhaft, ob sich die Verfügungsersteller diesen Zustand letztendlich auch vorstellen können.[1002] 95,8% der Befürworter der Bindungskraft glauben, dass es in der Verantwortung des Verfügenden liegt, angemessen auf diesen Zweifel zu reagieren.[1003] Andererseits halten 84,9% der Personen, die eine Bindung der Patientenverfügung ablehnen, das besagte Risiko für so erheblich, dass es ihrer Meinung nach eine Nichtbeachtung der Patientenverfügung rechtfertigt.[1004]

Die Untersuchungen haben auch gezeigt, dass, trotz der starken Zustimmung zur Bindungskraft und zur hilfreichen Funktion von Patientenverfügungen, bis zu einem Viertel der Befragten angegeben haben, dass sie sich gegen die Vorausverfügung eines schwer dementen Patienten entscheiden würden.[1005]

Übergeordnete Wertvorstellungen, wie das Konzept eines „würdigen Lebensendes“ und das unmittelbare Erleben jedes Augenblicks haben gleichermaßen eine große Bedeutung.[1006] Die uneinheitlichen Antworten zu den Standardargumenten unterstreichen dieses Spannungsverhältnis.[1007]

Die unterschiedlichen Meyer-Fälle verdeutlichen, dass eine Veränderung der Rahmenbedingungen offenbar die Bereitschaft zur Behandlung beeinflusst. Wenn der Patient nicht lebensfroh wirkt oder eine invasivere medizinische

---

[1000] *Uerpmann*, (82 f.).
[1001] *Uerpmann*, (82 f.).
[1002] *Uerpmann*, (76).
[1003] *Uerpmann*, (76).
[1004] *Uerpmann*, (76).
[1005] *Uerpmann*, (82 f.).
[1006] *Uerpmann*, (87).
[1007] *Uerpmann*, (87).

Maßnahme (PEG-Sonde) durchzuführen wäre, hätten sich weniger Befragte für eine Behandlung entschieden.[1008]

Eine Patientenverfügung, die den PDPI-Konflikt vorwegnimmt (Meta-Direktive) hat ca. ein Drittel der Behandler umgestimmt, sodass nicht mehr 185 der Befragten, sondern nur noch 120 eine Behandlung mit Antibiotika befürworten würden.[1009] Für Personen, denen eine strikte Befolgung ihrer Patientenverfügung wichtig ist, würde die Meta-Direktive die Chance darauf deutlich erhöhen.[1010]

Letztendlich verdeutlicht Meyer-4, dass egal wie die Rahmenbedingungen sind, es immer eine Gruppe von „Behandlern" gibt. Es müssen daher noch weitere Aspekte für die Behandlungsentscheidung relevant sein.[1011]

7. Fazit

Neben der rechtlichen Lösung der Problematik von Patientenverfügungen und einwilligungsunfähigen Patienten ist es in der Praxis wichtiger, solche Konfliktfälle vorzubereiten bzw. letztlich zu vermeiden. Auch wenn eine Klausel (Meta-Direktive) in die Verfügung aufgenommen werden würde, die entscheidet, ob dem natürlichen Willen Vorrang gegenüber der Patientenverfügung zu gewähren ist, besteht letztendlich immer das Problem, dass der zukünftige Patient die Thematik Demenz oder anderen Krankheiten, die zur Einwilligungsunfähigkeit führen können, nicht erfassen kann. Letztlich kann keiner genau beurteilen, wie es sich mit einer schweren Demenz lebt. Bereits vor der Erstellung der Patientenverfügung sollte sich der Ersteller die Frage nach einer Vertrauensperson stellen, die für ihn spricht und für ihn entscheidet, wenn er einwilligungsunfähig werden sollte.[1012] Des Weiteren sollten die Vorstellungen und Wünsche des Erstellers für seine medizinische und pflegerische Behandlung und Betreuung thematisiert werden. Im Zweifelsfall zwischen festgelegtem und natürlichem Willen

[1008] *Uerpmann*, (84).
[1009] *Uerpmann*, (80).
[1010] *Uerpmann*, (84).
[1011] *Uerpmann*, (82).
[1012] *BAK*, Dtsch Arztebl 2018, A 952 (955).

kann die Vertrauensperson besser beurteilen, wie der Ersteller sich voraussichtlich entscheiden würde, wenn er seine Situation kognitiv erfassen und verstehen könnte. Sowohl die Erstellung der Patientenverfügung als auch die Vorsorgevollmacht sollten mit einem behandelnden Arzt besprochen werden.[1013] Nur mit einer umfassenden Beratung ist der Ersteller überhaupt in der Lage, Entscheidungen über seine möglichen Behandlungswünsche zu treffen. Eine gemeinsame Vorausplanung der Behandlung[1014] mit dem Patienten kann hilfreich sein.[1015] Der behandelnde Arzt kann zwar dem Patienten die oftmals schwierige und als belastend empfundene Entscheidung über das Ob und Wie der medizinischen Maßnahmen nicht abnehmen, wohl aber Informationen für die Entscheidung des Patienten beitragen und damit seine Entscheidungsgrundlage verbessern.[1016] Beispielsweise kann er über die bei einer Demenzerkrankung typischerweise auftretenden Situationen und die dann infrage kommenden Behandlungsmaßnahmen informieren, wie Fragen der Ernährung, der Anlage einer PEG-Sonde, der assistierten Beatmung und der Dialyse.[1017] Der Patient als medizinischer Laie ist erst in der Lage, die Gesamtsituation ansatzweise zu begreifen und entsprechend zu entscheiden, welches Vorgehen seinen Vorstellungen und Wünschen entspricht, wenn eine ärztliche Beratung erfolgt ist.[1018] Infolge dieser umfangreichen Beratung kann der Patient seinen Vertrauenspersonen seine Willensbekundung für konkrete Situationen und die daraus folgenden erwünschten oder nicht erwünschten Handlungsoptionen beschreiben.[1019]

Eine Problematik, die eine umfassende Beratung innehat, ist die entsprechend benötigte Zeit und deren Abrechenbarkeit für Ärzte. Dieser Komplex ist auf der politischen Ebene zu lösen.

[1013] *BAK*, Dtsch Arztebl 2018, A 952 (955); *Nationaler Ethikrat*, (23).
[1014] (ACP)—Advance Care Planning.
[1015] *BAK*, Dtsch Arztebl 2018, A 2434 (2437 f.); *in der Schmitten et al.*, Z Palliativmed 2016, 177 (177 f.).
[1016] *BAK*, Dtsch Arztebl 2018, A 952 (955).
[1017] *BAK*, Dtsch Arztebl 2018, A 952 (955).
[1018] *BAK*, Dtsch Arztebl 2018, A 952 (955).
[1019] *BAK*, Dtsch Arztebl 2018, A 952 (955).

II. Minderjährige

1. „Volljährigkeit" als Wirksamkeitserfordernis der Patientenverfügung

Ein Wirksamkeitserfordernis der Patientenverfügung ist die Volljährigkeit des Erstellers.[1020] Nach § 2 BGB ist jemand volljährig, wenn er das 18. Lebensjahr vollendet hat. Ist er zum Zeitpunkt der Erstellung noch nicht volljährig, entfaltet sie keine Wirksamkeit, auch wenn alle anderen Voraussetzungen vorliegen.[1021] Auch der Umstand, dass der Minderjährige bereits einwilligungsfähig ist und selbst in eine aktuelle Behandlung einwilligen oder diese ablehnen könnte, ist dabei unerheblich.[1022] Die Verfügung wird auch nicht im Zeitpunkt der Volljährigkeit wirksam.[1023] Minderjährige werden zwar durch die sorgeberechtigten Personen vertreten, dennoch können auch sie stellvertretend keine Patientenverfügung errichten.[1024] Die Festsetzungen in den Verfügungen von Minderjährigen finden nur Berücksichtigung bei der Ermittlung eines mutmaßlichen Willens.[1025]

2. Historische Entwicklung

In der Literatur und Rechtsprechung wurde bereits vor dem Gesetzgebungsverfahren des Dritten Gesetzes zur Änderung des Betreuungsrechts darüber diskutiert, ob die Einwilligungsfähigkeit Minderjähriger bei ärztlichen Maßnahmen, zumindest in Bezug auf höchstpersönliche bzw. nicht übertragbare Rechtsgüter von der natürlichen Einsichts- und Urteilsfähigkeit abhängt.[1026] Auch bei Minderjährigen liegen diese Fähigkeiten dann vor, wenn sie die Bedeutung und Tragweite des vorzunehmenden Eingriffs in seinem Für und Wider hinreichend zu beurteilen vermögen.[1027] Wenn der Minderjährige selbst entscheidungsfähig ist, muss der Wille seines gesetzlichen Vertreters außer Acht gelassen werden.[1028]

[1020] Siehe § 1827 Abs. 1 S. 1 BGB.
[1021] *Gsell/Krüger/Diener*, § 1827 Rn. 33.
[1022] *Beermann*, FPR 2010, 252 (253 f.).
[1023] *Beermann*, FPR 2010, 252 (253 f.); ablehnend: MüKo BGB/*Schneider*, § 1827 Rn. 11.
[1024] *Gsell/Krüger/Diener*, § 1827 Rn. 33; Siehe §§ 1626 Abs. 1, 1629, 1631 BGB.
[1025] *Gsell/Krüger/Diener*, § 1827 Rn. 33.
[1026] *Kern*, NJW 1994, 753 (755); *Lesch*, NJW 1989, 2309 (2310).
[1027] *Kern*, NJW 1994, 753 (755); *Lesch*, NJW 1989, 2309 (2310).
[1028] *Kern*, NJW 1994, 753 (755); *Lesch*, NJW 1989, 2309 (2310).

Dem Gesetzgebungsverfahren des Dritten Gesetzes zur Änderung des Betreuungsrechts lagen verschiedene Entwürfe zu Grunde und nur der Stünker-Entwurf enthielt die Volljährigkeit als Wirksamkeitsvoraussetzung für das Erstellen einer Patientenverfügung.[1029] Im Bosbach- und Zöllner-Entwurf reichte es aus, wenn eine einwilligungsfähige Person ihre Wünsche zur Behandlung in schriftlicher Form für den Fall ihrer Einwilligungsunfähigkeit geäußert hat (Patientenverfügung).[1030] In dem Stünker-Entwurf ist keine Begründung enthalten, warum der Ersteller für eine wirksame Patientenverfügung volljährig sein muss.[1031] Nach dem Entwurf kommt es nicht auf die Geschäftsfähigkeit, sondern auf die Einwilligungsfähigkeit an.[1032] In den Debatten um die Entwürfe wurde sich mit dem Thema der Volljährigkeit als Wirksamkeitsvoraussetzung nicht weiter beschäftigt.[1033] Letztendlich wurde der Stünker-Entwurf die Grundlage für das Dritte Gesetz zur Änderung des Betreuungsrechts.[1034]

3. Verfassungsrechtliche Rechtmäßigkeit

a) Selbstbestimmungsrecht von Minderjährigen

Bereits im Jahr 1995 entschied der BGH in seinem wegweisenden Urteil, dass die Entscheidung des Patienten für oder gegen eine medizinische Behandlung als Ausdruck seiner allgemeinen Entscheidungsfreiheit und des Rechts auf körperliche Unversehrtheit nach Art. 2 Abs. 2 S. 1 GG grundsätzlich anzuerkennen ist.[1035] Das Selbstbestimmungsrecht des einzelnen Menschen ist verfassungsrechtlich garantiert, in Art. 1 Abs. 1 i. V. m. Art. 2 GG verankert und auch Ausfluss der Menschenwürde.[1036] Die Garantie der Menschenwürde erkennt einen Menschen als autonom entscheidende Rechtsperson an und manifestiert damit, dass ein Patient gegen seinen Willen keine medizinische Behandlung dulden müsste, die nicht seinen eigenen Lebensvorstellungen

---

[1029] BT-Drs. 16/11360; BT-Drs. 16/8442, 13.
[1030] BT-Drs. 16/11360.
[1031] BT-Drs. 16/8442, 12.
[1032] BT-Drs. 16/8442, 12.
[1033] *BMJ*, Synopse Gesetzesentwürfe MdB Stünker u. a., MdB Zöller u. a. und MdB Bosbach u. a. zur Patientenverfügung; Vgl. BT-Drs. 16/8442.
[1034] Stenographischer Bericht, 227. Sitzung, Plenarprotokoll 16/227, 25094 C ff.
[1035] BGH NJW 1995, 204 (204).
[1036] *Hufen*, ZRP 2003, 248 (250); BT-Drs. 16/8442, 8.

entspricht.[1037] Das Selbstbestimmungsrecht ist nicht an das Alter eines Menschen gebunden und steht auch Personen unter 18 Jahren zu.[1038] Das BVerfG stellte in seiner Entscheidung von 1975 fest, dass bereits Ungeborene einen ausgeprägten Grundrechtsschutz der Grundrechte aus Art. 1 und 2 GG genießen.[1039] Auch Minderjährigen steht als Grundrechtsträgern ihr medizinisches Selbstbestimmungsrecht zu.[1040] Wenn Minderjährige über eine ausreichende Einsichts- und Urteilsfähigkeit verfügen, obliegt es ihnen, über die Ausübung ihrer Grundrechte zu entscheiden.[1041] Allerdings sind zu Gunsten des in Art. 6 Abs. 1 GG verankerten elterlichen Personensorgerechts oder zum Schutze des Minderjährigen selbst Einschränkungen möglich.[1042] Das elterliche Personensorgerecht stellt ein auf Wahrung des Kindeswohls bezogenes Pflicht-Recht dar und wird durch seine verfassungsimmanenten Schranken in der Körperintegrität nach Art. 2 Abs. 2 GG und dem allgemeinen Persönlichkeitsrecht des Kindes aus Art. 2 Abs. 1 i. V. m. Art. 1 Abs. 1 GG beschränkt.[1043]

b) Staatliche Schutzpflicht für Lebens- und Gesundheitsschutz

Besonders das Recht auf Leben nimmt in der grundgesetzlichen Ordnung einen „Höchstwert" ein.[1044] Verbunden mit dem Schutz des Lebens, garantiert der Staat auch den Schutz der körperlichen Unversehrtheit.[1045] Der Grundrechtsträger kann dem freien Willen nach über eine medizinische Behandlung entscheiden, auch wenn sie aus medizinischer Sicht unvernünftig ist.[1046] Aus Art. 2 Abs. 2 S. 1 GG ist die Pflicht des Staates und seiner Organe abzuleiten, das Leben aktiv zu schützen und es vor rechtswidrigen Eingriffen von Seiten anderer zu bewahren.[1047]

[1037] *Dörr/Grote/Marauhn/Alleweldt*, Art. 1 Rn. 93.
[1038] BVerfG NJW 1975, 573 (574 f.).
[1039] BVerfG NJW 1975, 573 (574 f.).
[1040] Vgl. BGH NJW 1959, 811; *Mangoldt/Klein/Starck/Starck/Starck*, Art. 1 Rn. 210.
[1041] *Mangoldt/Klein/Starck/Starck/Starck*, Art. 1 Rn. 210.
[1042] *Mangoldt/Klein/Starck/Starck/Starck*, Art. 1 Rn. 210.
[1043] *Herdegen/Masing/Poscher/Gärditz/Jestaedt*, § 22 Rn. 75.
[1044] BVerfG NJW 1978, 2235 (2236).
[1045] *ErfK/Schmidt*, GG Art. 2 Rn. 101.
[1046] BVerfG BeckRS 2022, 10780 Rn. 111.
[1047] BVerfG NJW 1993, 1751 (1755).

Fraglich ist, ob der Staat auch den Grundrechtsträger vor sich selbst schützen muss. Die Menschenwürde garantiert, dass jeder Mensch stets als autonome Persönlichkeit anerkannt und respektiert wird.[1048] Insofern obliegt es jedem Grundrechtsträger selbst, auch im Rahmen seines verfassungsrechtlich verankerten Selbstbestimmungsrechts, sich für oder gegen eine medizinische Behandlung zu entscheiden. Das BVerfG hat in seiner Entscheidung im Jahr 2022 wiederholt festgestellt, dass zur Selbstbestimmung auch die Freiheit gehört, sich für medizinisch unvernünftige Maßnahmen zu entscheiden.[1049] Es besteht keine Pflicht des Staates, den Einzelnen „vor sich selbst in Schutz zu nehmen", wenn dieser autonom denken und handeln kann bzw. einwilligungsfähig ist.[1050] Daher haben staatliche Organe keine Vernunfthoheit über den Grundrechtsträger, die es ihnen erlauben würde, seinen Willen allein deshalb außer Kraft zu setzen, weil er von durchschnittlichen Präferenzen abweicht oder von außen betrachtet unvernünftig erscheint.[1051] Die Schutzpflicht für Leben und Gesundheit aus Art. 2 Abs. 2 S. 1 GG eröffnet weder die staatliche Vernunfthoheit, noch enthält sie einen bedingungslosen Rechtstitel zum „Schutz des Menschen vor sich selbst".[1052] Der Staat hat die Betroffenen nur in den Fällen nach Maßgabe des Art. 2 Abs. 2 S. 1 GG vor einer Selbstschädigungen zu bewahren, wenn diese zu verhaltenswirksamer Einsicht unfähig sind.[1053] An das Nichtvorliegen der Voraussetzungen für eine eigenverantwortliche Entscheidung sind aufgrund der personalen Autonomie strenge Anforderungen zu stellen.[1054] Auch Minderjährige sind bereits einwilligungsfähig und insofern besteht keine Schutzpflicht des Staates. Die Wirksamkeitsvoraussetzung beim Erstellen von Patientenverfügungen von 18 Lebensjahren, obwohl Minderjährige einwilligungsfähig sind und autonome Behandlungsentscheidungen treffen können, greift erheblich in deren verfassungsrechtlich garantiertes Selbstbestimmungsrecht ein. Eine Legitimation dieser Grundrechtsbeeinträchtigung kann auch nicht

---

1048 BVerfG NJW 2004, 739 (745).
1049 BVerfG BeckRS 2022, 10780 Rn. 111.
1050 BVerfG NJW 2011, 2113 Rn. 55.
1051 BVerfG NJW 2017, 53 Rn. 74; BVerfG NJW 2011, 2113 Rn. 55.
1052 Dreier GG I/*Barczak*, Art. 2 Abs. 1 Rn. 34; *Jarass/Pieroth/Jarass*, Art. 2 Rn. 119.
1053 Dreier GG I/*Barczak*, Art. 2 Abs. 1 Rn. 34.
1054 Dreier GG I/*Barczak*, Art. 2 Abs. 1 Rn. 34.

durch eine vermeintliche staatliche Schutzpflicht bezüglich des Lebens- und Gesundheitsschutzes abgeleitet werden.

4. Altersgrenzen und Einsichtsfähigkeit

Die Zulässigkeit und Rechtmäßigkeit jeder ärztlichen Maßnahme hängt neben der Frage der Indikation maßgeblich von der Einwilligung des aufgeklärten Patienten ab.[1055] Fraglich ist daher, ob ein einwilligungsfähiger und aufgeklärter Minderjähriger in ärztliche Maßnahmen einwilligen kann oder ob es der Einwilligung der gesetzlichen Vertreter bedarf. In seinem Grundsatzurteil aus dem Jahr 1958 stellte der BGH fest, dass es sich bei der Einwilligung zu einem Eingriff in die körperliche Integrität nicht um eine Einwilligung i. S. d. § 183 BGB handelt, die als Zustimmung zu einem Rechtsgeschäft erforderlich ist, sondern um eine Gestattung oder Ermächtigung zur Vornahme tatsächlicher Handlungen.[1056] Damit kommt es nicht auf die Geschäftsfähigkeit, sondern auf die Einwilligungsfähigkeit an.[1057] Auch Minderjährige können grundsätzlich selbst bestimmen, wenn sie nach ihrer geistigen und sittlichen Reife einsichtsfähig sind, d. h. wenn sich ihre moralische und kognitive Urteilsfähigkeit herausgebildet hat.[1058] Sie müssen im Rahmen medizinischer Handlungen die Bedeutung und Tragweite des Eingriffs verstehen.[1059] Die Einsichtsfähigkeit ist nicht starr an ein bestimmtes Alter gebunden.[1060] Jeder Minderjährige entwickelt sich individuell. Generell als einwilligungsunfähig sind noch nicht 14-Jährige anzusehen, da sie als Kinder gelten.[1061]

Daran knüpft auch die historische Festsetzung der Strafmündigkeitsgrenze im Jugendstrafrecht und im StGB.[1062] Im Jahr 1923 wurde die Altersgrenze der Strafmündigkeit von 12 Jahren im RStGB durch das JGG aufgehoben und auf 14 Jahre hochgesetzt.[1063] Während des Nationalsozialismus wurde

---

[1055] *Quaas/Zuck/Clemens/Gokel/Zuck/Gockel*, § 72 Rn. 2, 3.
[1056] BGH NJW 1959, 811 (811).
[1057] BGH NJW 1959, 811 (811).
[1058] BGH NJW 1959, 811 (811); *Eisenberg/Kölbel*, § 105 Rn. 16.
[1059] BGH NJW 1959, 811 (811).
[1060] *Sternberg-Lieben/Reichmann*, NJW 2012, 257 (259).
[1061] *Gertler/Kunkel/Putzke/Putzke*, § 1 Rn. 2; *Spickhoff/Knauer/Brose*, § 223 StGB Rn. 59.
[1062] MüKo StGB/*Laue*, § 1 Rn. 4; siehe § 3 JGG, § 19 StGB.
[1063] MüKo StGB/*Laue*, § 1 Rn. 3.

eine Absenkung auf 12 Jahre vorgenommen, „wenn der Schutz des Volkes wegen der Schwere der Verfehlung eine strafrechtliche Ahndung gefordert hat".[1064] Seit 1953 hat sich die Strafmündigkeitsgrenze von 14 Jahren bewährt.[1065]

Die Festlegung des Alters für die Strafmündigkeit basiert auf verschiedenen Faktoren. Eine wichtige Rolle spielt dabei die kognitive und psychologische Entwicklung von Kindern und Jugendlichen. Es wird angenommen, dass Kinder unter 14 Jahren noch nicht in der Lage sind, ihre Handlungen vollständig zu kontrollieren und die Konsequenzen zu verstehen.[1066] Der Grund liegt darin, dass bei Kindern unter 14 Jahren die kognitiven Fertigkeiten wie die Entwicklung des logischen Denkens, der Zurechnungsfähigkeit und die Fähigkeit, diese Kompetenzen in die Praxis umzusetzen, noch nicht vollständig ausgeprägt sind. Es kann angenommen werden, dass mit zunehmender Annäherung des Minderjährigen an die Volljährigkeit auch eher von Einwilligungsfähigkeit ausgegangen werden kann.[1067] So haben Eltern bei der Pflege und Erziehung die entwickelnde Fähigkeit und das wachsende Bedürfnis des Kindes zu selbständigem verantwortungsbewusstem Handeln zu berücksichtigen.[1068] Im Umkehrschluss bedeutet das, dass je schwerwiegender, je unübersehbarer in seinen Risiken und Folgen der Eingriff und je jünger der Minderjährige ist, desto eher fehlt die Einwilligungsfähigkeit.[1069]

Es muss geprüft werden, ob der Minderjährige über 14 Jahren seinen gesundheitlichen Zustand, die Behandlung und damit verbundene Risiken vollumfänglich erfassen kann. Dem Minderjährigen steht bei einem indizierten und schweren Eingriff, der erhebliche Folgen für die künftige Lebensgestaltung haben kann, wenn er über eine ausreichende Urteilsfähigkeit verfügt, mindestens ein Vetorecht gegen die Fremdbestimmung durch die gesetzlichen Vertreter zu.[1070] Bei einem voll einsichts- und urteilsfähigen Minderjährigen liegt Entscheidungskompetenz vor, sodass er wirksam in den Eingriff

---

[1064] MüKo StGB/*Laue*, § 1 Rn. 4.
[1065] MüKo StGB/*Laue*, § 1 Rn. 4.
[1066] *Deutscher Anwaltsverein*, Stellungnahme 20/2023 (3 f.).
[1067] MüKo BGB/*Huber*, § 1626 Rn. 29.
[1068] Siehe § 1626 Abs. 2 BGB.
[1069] *Spickhoff/Knauer/Brose*, § 223 StGB Rn. 59; *Schönke/Schröder/Sternberg-Lieben*, § 223 Rn. 38c.
[1070] BGH NJW 2007, 217 Rn. 8; *Schönke/Schröder/Sternberg-Lieben*, § 223 Rn. 38e.

einwilligen oder diesen versagen kann, ohne dass seine gesetzlichen Vertreter herangezogen werden müssen.[1071]

Außerhalb der Altersgrenzen im Strafrecht ist zu ergänzen, dass nach § 2229 BGB Minderjährige mit der Vollendung des 16. Lebensjahres testierfähig sind.[1072] Des Weiteren sind Minderjährige ab 16 Jahren bei den baden-württembergischen Kommunalwahlen[1073] und nach § 6 Abs. 1 Nr. 1 EuWG für die Wahl der Abgeordneten des Europäischen Parlaments wahlberechtigt.

Die gesetzlich gesetzte Altersgrenze von 18 Jahren für die Erstellung einer wirksamen Patientenverfügung ist nach alledem nicht nachvollziehbar. Das Betreuungsrecht kennt nach § 1814 BGB nur Volljährige als Schutzobjekt.[1074] Vielleicht hat dieser Umstand auch zu der Altersgrenze geführt.[1075]

5. Auswirkung der Altersgrenze von 18 Jahren

Durch die Altersgrenze von 18 Jahren als Wirksamkeitsvoraussetzung für die Erstellung einer Patientenverfügung wird in das in den Grundrechten garantierte Selbstbestimmungsrecht von Minderjährigen gravierend eingegriffen. Unter 18-Jährigen ist es damit verwehrt, von ihrem medizinischen Selbstbestimmungsrecht dahingehend Gebrauch zu machen, dass sie für den Fall ihrer zukünftigen Entscheidungsunfähigkeit vorsorglich Festlegungen zu Durchführung, Abbruch oder Unterlassung bestimmter medizinischer Maßnahmen treffen können. Da auch Minderjährige, wenn sie die Bedeutung und Tragweite des medizinischen Eingriffs verstehen und dementsprechend einwilligungsfähig sind, in bevorstehende Maßnahmen ohne gesetzlichen Vertreter wirksam einwilligen können, ist es nicht nachvollziehbar, warum sie das nicht auch für zukünftige Behandlungen tun können. Hat ein Minderjähriger dennoch eine Patientenverfügung erstellt, ist diese nichtig und kann nur noch im Rahmen des § 1827 Abs. 2 BGB Beachtung finden.[1076]

[1071] *Spickhoff/Knauer/Brose*, § 223 StGB Rn. 59; *Schönke/Schröder/Sternberg-Lieben*, § 223 Rn. 38d; *Kern*, NJW 1994, 753 (755).

[1072] MüKo BGB/*Sticherling*, § 2229 Rn. 11.

[1073] BVerwG NJW 2018, 3328.

[1074] *Sternberg-Lieben/Reichmann*, NJW 2012, 257 (258).

[1075] *Sternberg-Lieben/Reichmann*, NJW 2012, 257 (258).

[1076] *Gsell/Krüger/Diener*, § 1827 Rn. 33.

6. Lösungsansätze

a) Bevollmächtigung durch Minderjährige

Um dem Selbstbestimmungsrecht des Minderjährigen zur Verwirklichung zu verhelfen, empfiehlt die Literatur die Bevollmächtigung einer Vertrauensperson.[1077] Nach § 1820 Abs. 2 Nr. 1 BGB muss die Vollmacht schriftlich erteilt werden und Maßnahmen wie die Einwilligung sowie ihren Widerruf oder die Nichteinwilligung in Maßnahmen gemäß § 1829 Abs. 1 S. 1 und Abs. 2 BGB ausdrücklich umfassen. Die Bevollmächtigung könnte auch ein Behandlungsveto beinhalten.[1078]

b) Rückgriff auf den Patientenwillen

Nach einem anderen Lösungsweg muss der behandelnde Arzt mit dem Betreuer oder Bevollmächtigten dem in der unwirksamen Patientenverfügung festgehaltenen Willen des nicht volljährigen Patienten Geltung verschaffen.[1079] Eine wirksame Patientenverfügung, die auch der entsprechenden Lebens- und Behandlungssituation entspricht, legitimiert die der Verfügung entsprechende Handlung des Arztes, sodass keine Strafbarkeit wegen Totschlags durch Unterlassen nach §§ 212, 13 StGB o. ä. vorliegt.[1080] Fraglich ist daher, ob das Handeln auch dann straffrei wäre, wenn eine unwirksame Patientenverfügung angewendet wird und die Verfahrensvorgaben der §§ 1827 ff. BGB nicht eingehalten werden. Der BGH hat in seinem Beschluss im Jahr 2017 festgestellt, dass das Genehmigungserfordernis des Betreuungsgerichts gem. § 1904 Abs. 2 BGB (a. F.) eingreift, wenn nicht sämtliche Voraussetzungen einer wirksamen Patientenverfügung nach § 1901 a Abs. 1 BGB (a. F.) vorliegen oder die Patientenverfügung nicht auf die konkret eingetretene Lebens- und Behandlungssituation zutrifft.[1081] Des Weiteren wird ausgeführt, dass in diesem Fall der Willensbekundung des Betreuten keine unmittelbare Bindungswirkung zukommt, sodass der Betreuer nach § 1901 a Abs. 2 BGB die Behandlungswünsche oder den mutmaßlichen Willen des Betroffenen

---

[1077] *Sternberg-Lieben/Reichmann*, NJW 2012, 257 (261).
[1078] *Sternberg-Lieben/Reichmann*, NJW 2012, 257 (261).
[1079] *Sternberg-Lieben/Reichmann*, NJW 2012, 257 (262).
[1080] Vgl. BGH NJW 2019, 600; BGH NJW 2017, 1737; BGH MedR 2015, 508.
[1081] BGH NJW 2017, 1737 Rn. 15.

festzustellen und auf dieser Grundlage zu entscheiden hat.[1082] Wenn sich dann der Betreuer für den Abbruch lebenserhaltender Maßnahmen entscheidet, bedarf diese Entscheidung der Genehmigung durch das Betreuungsgericht.[1083] Diese Genehmigung ist nicht erforderlich, wenn gemäß § 1904 Abs. 4 BGB (a. F.) ein Einvernehmen zwischen Betreuer und behandelndem Arzt darüber besteht, dass die Erteilung, die Nichterteilung oder der Widerruf der Einwilligung dem nach § 1901a BGB (a. F.) festgestellten Willen des Betreuten entspricht.[1084] Wenn kein Betreuer bestellt wurde, dann ist der Arzt bei Vorliegen einer wirksamen Patientenverfügung gemäß § 1827 Abs. 1 S. 1 BGB nicht verpflichtet, beim Betreuungsgericht die Einrichtung einer Betreuung anzuregen.[1085] Aus dem Behandlungsvertrag ergibt sich nach § 630d Abs. 1 S. 2 BGB, dass der Arzt die Einwilligung eines Berechtigten nur dann einholen muss, soweit nicht eine wirksame Patientenverfügung nach § 1827 Abs. 1 S. 1 BGB vorliegt, die den Eingriff gestattet oder untersagt.[1086] Wenn also eine unwirksame Verfügung oder andere Vorausverfügung gemäß § 1827 Abs. 2 BGB vorliegt, ist § 630d Abs. 1 S. 2 BGB nicht einschlägig.[1087] Insofern muss der behandelnde Arzt entweder die Einwilligung eines Berechtigten einholen oder beim Betreuungsgericht die Einrichtung einer Betreuung anregen.[1088] Anschließend muss der Arzt nach § 1828 BGB prüfen, welche ärztliche Maßnahme im Hinblick auf den Gesamtzustand und die Prognose des Patienten indiziert ist und diese mit dem Betreuer bzw. Bevollmächtigten erörtern, unter Berücksichtigung des Patientenwillens als Grundlage für die nach § 1827 BGB zu treffende Entscheidung.[1089] Im letzten Schritt, also der Feststellung und anschließenden Berücksichtigung des Patientenwillens, muss daher die unwirksame Patientenverfügung im Rahmen des § 1827 Abs. 2 BGB eingebunden werden. Wenn diese dann strikt berücksichtigt wird, kann dem Selbstbestimmungsrecht des Minderjährigen abgeholfen werden.

[1082] BGH NJW 2017, 1737 Rn. 15.
[1083] BGH NJW 2017, 1737 Rn. 15.
[1084] BGH NJW 2017, 1737 Rn. 15.
[1085] *Gsell/Krüger/Diener*, § 1827 Rn. 71.
[1086] *Gsell/Krüger/U. Walter*, § 630d Rn. 22.
[1087] *Gsell/Krüger/Diener*, § 1827 Rn. 72.
[1088] *Gsell/Krüger/Diener*, § 1827 Rn. 72.
[1089] Siehe § 1828 BGB.

III. Fehldeutungs- und Strafbarkeitsrisiko

Im Rahmen der Auslegung der Patientenverfügung, bei der Einschätzung, ob entsprechende Feststellungen auf die aktuelle Lebens- und Behandlungssituation des Patienten zutreffen oder im Hinblick auf die Ermittlung des aktuellen Willens, besteht stets das Risiko der Fehldeutung. Bestehen Zweifel an der Interpretation oder Auslegung, kann beim Betreuungsgericht die Überprüfung beantragt werden.[1090] Dem Gesetzgeber war besonders wichtig, dass nicht nur ärztlicherseits, sondern auch von anderen Personen eingeschritten werden kann, wenn zu befürchten ist, dass der Betreuer, der Bevollmächtigte oder der Arzt nicht im Sinne des Betroffenen entscheiden will.[1091] Die Entscheidung des Betreuungsgerichts, in Form der Genehmigung oder des Negativattestats bezüglich eines Abbruchs lebenserhaltender Maßnahmen, verschafft den beteiligten Entscheidungsträgern eine gewisse Rechtssicherheit in haftungs- und strafrechtlicher Hinsicht.[1092] Inwieweit eine Fehldeutung strafrechtliche Konsequenzen nach sich zieht, hatte das OLG München in seinem Urteil im Jahr 2002 zu klären.[1093] Die Ärzte hatten bei akuter Lebensgefahr einer Zeugin Jehovas eine Bluttransfusion verabreicht, obwohl die Patientin zuvor mittels einer Patientenverfügung Bluttransfusionen auch für den Fall der Bewusstlosigkeit abgelehnt hatte.[1094] Das OLG relativierte die Verbindlichkeit des ausdrücklichen und aktuellen Vetos eines Zeugen Jehovas gegen eine Bluttransfusion, wenn der Arzt nicht selbst Zeuge Jehovas ist oder diesen über die Krankenhausverbindungskomitees nahe steht.[1095] Eine Haftung wurde wegen fehlenden Verschuldens verneint.[1096] Im Jahr 2002 musste das Bundesverfassungsgericht auch darüber entscheiden, ob die Entscheidung des Amtsgerichts, den Ehemann als vorübergehenden Betreuer zu bestellen, verfassungsgemäß war.[1097] Obwohl der Ehemann selbst kein Zeuge Jehovas war, hatte er einer Bluttransfusion an einer bewusstlosen Patientin zugestimmt, die aufgrund religiöser Überzeugungen (Zeugen Jehovas) zuvor

---

[1090] Siehe § 1829 BGB.
[1091] BT-Drs. 16/13314, 4.
[1092] *Spickhoff/Spickhoff*, § 1827 BGB Rn. 15.
[1093] OLG München, NJW-RR 2002, 811.
[1094] OLG München, NJW-RR 2002, 811 (811).
[1095] OLG München, NJW-RR 2002, 811 (812).
[1096] OLG München, NJW-RR 2002, 811 (813).
[1097] BVerfG NJW 2002, 206.

eine solche Transfusion abgelehnt hatte.[1098] Letztlich entschied das Gericht, die Klage abzulehnen.[1099]

Der BGH hat in seinem Urteil vom 2. April 2019 – VI ZR 13/18 die Frage offengelassen, ob sich auf die Verlängerung des Lebens ein Schadensersatzanspruch aufgrund der Verletzung des Selbstbestimmungsrechts des Patienten stützen lässt, wenn lebenserhaltende Maßnahmen gegen dessen beispielsweise in einer Patientenverfügung niedergelegten Willen aufrechterhalten wurden.[1100] In dem zu entscheidenden Fall ging es um die Fortsetzung von künstlicher Ernährung.[1101]

Die Aufrechterhaltung von lebenserhaltenden Maßnahmen, beispielsweise künstlicher Ernährung, erfüllt den Tatbestand der rechtswidrigen und schuldhaften Körperverletzung, wenn diese eindeutig dem Willen des Patienten widersprechen.[1102]

Nur wenn sich Ärzte und Betreuer bei der Fehlinterpretation nicht schuldhaft verhalten, entfällt eine Strafbarkeit wegen fahrlässiger Tötung, je nach Sachlage durch Unterlassen oder wegen fahrlässiger Körperverletzung, wobei im Strafrecht ein subjektiv-individueller Maßstab anzulegen ist.[1103]

Für den Fall, dass zweifelhaft ist, ob der Patient aktuell einwilligungsfähig ist oder nicht, ist fachärztliche Hilfe durch Einschaltung von Psychiatern einzuholen, sofern keine Eilbedürftigkeit besteht.[1104] Die behandelnden Ärzte bzw. auch der Betreuer/Patientenvertreter befinden sich dann im Erlaubnistatbestandsirrtum, wenn sich im Nachhinein herausstellt, dass die fachärztliche Einschätzung nicht zutraf.[1105]

IV. Auswirkungen der vielen Muster von Patientenverfügungen auf die Bestimmtheit

Oft kommt die Patientenverfügung aufgrund fehlender Bestimmtheit nicht zur Anwendung. Denn nach dem zweigliedrigen Bestimmtheitsgrundsatz

---

[1098] BVerfG NJW 2002, 206.
[1099] BVerfG NJW 2002, 206.
[1100] BGH NJW 2019, 1741; *Spickhoff/Spickhoff*, § 1827 BGB Rn. 2.
[1101] BGH NJW 2019, 1741 (1741).
[1102] *Spickhoff/Spickhoff*, § 1827 BGB Rn. 2; BGH MedR 2017, 36 m. Anm. *Sternberg-Lieben* (43).
[1103] *Spickhoff/Spickhoff*, § 1827 BGB Rn. 16.
[1104] *Spickhoff/Spickhoff*, § 1827 BGB Rn. 16.
[1105] *Spickhoff/Spickhoff*, § 1827 BGB Rn. 16.

entfaltet eine Patientenverfügung nur dann unmittelbare Bindungswirkung, wenn sie die Behandlungssituation beschreibt, in der sie gelten soll und die ärztliche Maßnahme genau bezeichnet, welche durchgeführt, beendet oder abgebrochen werden soll, in die der Ersteller einwilligt oder die er untersagt.[1106] Es muss also eine Situations- und Handlungsbeschreibung vorliegen.[1107] Da es keine einheitliche Vorgabe für Muster für Patientenverfügungen gibt und sie von vielen unterschiedlichen Dienstleistern im Internet oder in Broschüren bereitgestellt werden, genügen einige dem Bestimmtheitserfordernis nicht.[1108]

Bedenklich ist, dass sich die verschiedenen Muster teilweise erheblich in der Form, in der Reichweite oder der Differenziertheit der Behandlungswünsche unterscheiden.[1109] Ein Großteil der Patientenverfügungen wird als Formular bereitgestellt, in dem vorgegebene Situationen und Behandlungswünsche angekreuzt werden können.[1110] Dies ist mal kumulativ und mal alternativ vorgesehen.[1111] Manche Verfügungen bestehen aus Textbausteinen, aus denen der Patient seine eigene, individuelle Patientenverfügung zusammenstellen kann.[1112] Teilweise beschränken sich die Vordrucke auf sterbensnahe Situationen wie die unmittelbare Sterbephase oder das weit fortgeschrittene Stadium einer zum Tode führenden Erkrankung.[1113] Manche beinhalten auch Festlegungen für Situationen wie eine irreversible Bewusstlosigkeit oder eine fortgeschrittene Demenzerkrankung.[1114]

Aufgrund der häufig im Anwendungsfall leer laufenden Patientenverfügung wird daher auch von einem Autonomie-Placebo gesprochen.[1115] Laut einer Studie klärten nur 11 von 98 der untersuchten Vorausverfügungen aus Senioreneinrichtungen die in der Praxis bedeutende Frage eines Wiederbelebungsversuchs bei Herzstillstand.[1116] Die Bundesärztekammer

---

1106 BGH NJW 2019, 600 Rn. 19 f.
1107 BGH NJW 2019, 600 Rn. 19 f.
1108 *BAK*, Dtsch Arztebl 2018, A 2434 (2438).
1109 *Jürgens/Loer*, § 1827 Rn. 26.
1110 *Jürgens/Loer*, § 1827 Rn. 26.
1111 *Jürgens/Loer*, § 1827 Rn. 26.
1112 *Jürgens/Loer*, § 1827 Rn. 26.
1113 *Jürgens/Loer*, § 1827 Rn. 26.
1114 *Jürgens/Loer*, § 1827 Rn. 26.
1115 *in der Schmitten et al.*, Z Palliativmed 2016, 177 (183).
1116 *in der Schmitten et al.*, Dtsch Arztebl 2014, 50 (50 f.).

rät, für im Muster möglicherweise nicht erfasste Situationen zusätzlich die eigenen Lebenseinstellungen, ethische oder religiöse Überzeugungen und sonstige persönliche Wertvorstellungen niederzulegen oder mitzuteilen, damit im konkreten Fall der Arzt und ggf. der Patientenvertreter den mutmaßlichen Willen des Patienten im Sinne von § 1827 Abs. 2 BGB besser ermitteln kann.[1117] Die Beachtung der Empfehlung ist dahingehend wichtig, da die Patientenverfügung nicht durchgesetzt werden kann, falls die Festlegungen nicht den Bestimmtheitsanforderungen genügen. Sie kann nur noch als Behandlungswunsch des Patienten Berücksichtigung finden.[1118]

Für die Ermittlung des mutmaßlichen Patientenwillens ist es ohne Belang, ob die Behandlungswünsche mündlich oder schriftlich erklärt wurden.[1119] Auch für sie verlangt der BGH ein vergleichbares Maß an Bestimmtheit wie für die Festlegungen in einer Patientenverfügung.[1120] Im Einzelfall ist dann zu beurteilen, ob hinreichende Bestimmtheit vorliegt.[1121] Hierfür sind alle relevanten Erklärungen des Betroffenen auszulegen.[1122] Allgemein gehaltene Inhalte genügen auch wie bei der Patientenverfügung nicht, um als Behandlungswunsch i. S. d. § 1827 Abs. 2 BGB Berücksichtigung zu finden.[1123]

V. Bindungswirkung der Patientenverfügung auch in Notfallsituationen

1. Alleinige Handlungspflicht des Arztes

Ein Arzt ist in einer Notfallsituation verpflichtet, auf Grundlage des von ihm interpretierten Patientenwillens zu handeln, wenn aufgrund von Zeitmangel und drohender Konsequenzen sofort entschieden und gehandelt werden muss und auf die Hinzuziehung eines Betreuers/Bevollmächtigten nicht gewartet werden kann.[1124] Der Arzt hat bei Kenntnis die Patientenverfügung oder sonst

---

[1117] *BAK*, Dtsch Arztebl 2018, A 2434 (2438).
[1118] *Gsell/Krüger/Diener*, § 1827 Rn. 105.
[1119] BGH MedR 2017, 36 Rn. 53.
[1120] BGH MedR 2017, 36 Rn. 53; BGH MedR 2015, 508 Rn. 30.
[1121] BGH MedR 2017, 36 Rn. 53; BGH MedR 2015, 508 Rn. 30.
[1122] BGH MedR 2017, 36 Rn. 53; BGH MedR 2015, 508 Rn. 30.
[1123] BGH NJW 2017, 1737 Rn. 39.
[1124] BT-Drs. 16/8442, 16.

den erklärten Willen des Patienten zu berücksichtigen.[1125] Insofern steht die Rettungspflicht des Arztes gegenüber dem Patientenwillen zurück.[1126] Nur wenn Zweifel an der Wirksamkeit der Patientenverfügung bestehen oder ein entsprechender Wille des Betroffenen im Sinne des § 1827 Abs. 2 BGB nicht ermittelt werden kann, gilt der Grundsatz „*in dubio pro vita*".[1127]

Auch die Bundesärztekammer und der Ethikrat haben die Empfehlung für Notfallsituationen ausgesprochen, dass im Zweifel die medizinisch indizierte Behandlung einzuleiten ist, da diese auf die Erhaltung des Lebens gerichtet ist.[1128]

2. Bindungswirkung der Patientenverfügung

Die Patientenverfügung muss auch dann Beachtung finden, wenn grundsätzlich Hilfeleistung geboten wäre. Der BGH hat in seiner Entscheidung im Jahr 2019 festgestellt, dass § 323c Abs. 1 StGB nicht zu einer dem erklärten Willen zuwiderlaufenden Hilfeleistung verpflichtet.[1129] In diesem Fall hatte der BGH die Handlungspflichten des Arztes in Bezug auf den Suizid einer Frau zu beurteilen.[1130] Zwar kamen Maßnahmen zur Lebensrettung der bewusstlosen Frau in Betracht, der Arzt befand sich jedoch in einer für ihn unauflöslichen Konfliktsituation zwischen der aus § 323c Abs. 1 StGB erwachsenden Hilfspflicht und der Pflicht, das Selbstbestimmungsrecht der Frau zu achten.[1131] Die Frau hatte im Hinblick auf ihren geplanten Suizid knapp eine Woche zuvor eine schriftliche Erklärung verfasst, in der sie ausdrücklich und unmissverständlich jegliche Rettungsmaßnahmen nach Eintritt ihrer Handlungsunfähigkeit untersagte.[1132] Nach der Auffassung des Senats ist die zuvor getroffene Verfügung für den Arzt verbindlich.[1133] Grundsätzlich werden in Notfallsituationen konkludente und mutmaßliche Einwilligungen in die Hilfeleistung zwar großzügig angenommen, diese verbieten sich aber dann,

---

1125 *Laufs/Kern/Rehborn/Ulsenheimer*, § 133 Rn. 41.
1126 *Laufs/Kern/Rehborn/Ulsenheimer*, § 133 Rn. 40.
1127 BT-Drs. 16/8442, 16; *Jurgeleit/Kieß*, § 1827 Rn. 54.
1128 *BAK*, Dtsch Arztebl 2018, A 2434 (2441).
1129 BGH NJW 2019, 3092 Rn. 47.
1130 BGH NJW 2019, 3092.
1131 BGH NJW 2019, 3092 Rn. 47.
1132 BGH NJW 2019, 3092 Rn. 47.
1133 BGH NJW 2019, 3092 Rn. 47.

wenn die ausdrückliche Erklärung eines voll einsichtsfähigen Betroffenen entgegensteht.[1134]

Liegt der Fall vor, dass beispielsweise ein Arzt dem Betroffenen gegen seinen Willen Hilfe „aufdrängt“, kann das seinerseits eine Straftat, insbes. nach §§ 223, 239, 240 StGB darstellen.[1135] Schließlich verwirklicht der ärztliche Heileingriff regelmäßig den Tatbestand des § 223 StGB und kann nur mit der Einwilligung, dem mutmaßlichen Willen oder zumindest einer hypothetischen Einwilligung gerechtfertigt werden.[1136] Nimmt der Rettende irrtümlich Tatsachen an und irrt auch dahingehend, dass er denkt, zur Hilfeleistung nach § 323c Abs. 1 StGB verpflichtet zu sein, kann dies den Vorsatz zur in der aufgedrängten Hilfe bestehenden Straftat ausschließen, wenn die irrtümlich angenommenen Tatsachen tatsächlich eine Einwilligung bzw. einen Vorrang des § 323c Abs. 1 StGB begründen würden.[1137] Dann liegt ein Erlaubnistatbestandsirrtum nach § 16 Abs. 1 S. 1 StGB bezüglich einer Einwilligung und einer Pflichtenkollision vor. Die Schuld wird dann ausgeschlossen, wenn der Irrtum nach § 17 StGB unvermeidbar war.[1138]

3. Notfallpraxis und Notfallbogen

In einer akuten Notfallsituation ist es nicht selten der Fall, dass entweder die Patientenverfügung nicht vorliegt oder, bei einer Vorlage, der Arzt gar nicht die Zeit hat zu prüfen, ob die Patientenverfügung auf die vorliegende medizinische Situation zutrifft, da lebensrettende Sofortmaßnahmen durchzuführen sind, bei denen jeder Zeitverlust drastische Folgen haben kann.[1139] Insofern kann es gerechtfertigt sein, bei einem unbekannten bewusstlosen Patienten, bei dem lebensrettende Sofortmaßnahmen anstehen, von einer umfassenden Auswertung der Patientenverfügung Abstand zu nehmen.[1140] Um dem Selbstbestimmungsrecht dennoch nachzukommen, kann ein Notfallbogen dazu beitragen, den Patientenwillen auch in akuten

---

[1134] *Spickhoff/Schuhr*, § 323c StGB Rn. 38.
[1135] *Spickhoff/Schuhr*, § 323c StGB Rn. 38; *Laufs/Kern/Rehborn/Ulsenheimer*, § 133 Rn. 40.
[1136] *Spickhoff/Schuhr*, § 323c StGB Rn. 38.
[1137] *Spickhoff/Schuhr*, § 323c StGB Rn. 38.
[1138] *Spickhoff/Schuhr*, § 323c StGB Rn. 52.
[1139] *Sächs. Landesärztekammer*, Notfallbogen.
[1140] *Putz*, FPR 2012, 13 (15).

Notfallsituationen zu berücksichtigen.[1141] Dabei handelt es sich um eine verbindliche Vorausplanung für den Fall der Einwilligungsunfähigkeit.[1142] Diese ist, anders als die Patientenverfügung, auf die Notfallsituation beschränkt.[1143] Bei dem Notfallbogen handelt es sich um ein (meist)[1144] einseitiges Dokument, auf welchem gut sichtbar zu erkennen ist, welche medizinischen (Not-) Maßnahmen durchgeführt werden sollen. Der Notfallbogen ist für Menschen gedacht, die sich bereits in einer pflegebedürftigen oder sonst fortgeschrittenen Krankheitssituation befinden.[1145] Der Betroffene kann sich schriftlich angesichts der aktuellen Krankheitssituation für oder gegen mögliche zukünftige Notfalltherapien entscheiden.[1146] Grundsätzlich kann jeder einen Notfallbogen nutzen. Allerdings ist er nicht für Menschen gedacht, die sich in aktuell guter bzw. stabiler Gesundheitslage befinden.[1147] Es empfiehlt sich, den Notfallbogen nur nach ärztlicher Aufklärung und Beratung auszufüllen und zu unterzeichnen.[1148]

VI. Wachkoma

Der BGH hatte sich in der Vergangenheit öfter mit Wachkomapatienten und der Anwendung deren Patientenverfügungen auseinanderzusetzen.[1149] Für den Bestimmtheitsgrundsatz für eine Patientenverfügung genügt es, wenn sie „konkret die Behandlungssituation beschreibt“ und „die ärztliche Maßnahme bezeichnet“.[1150] Im Falle des Wachkomas müsste der Ersteller verfügt haben, dass beispielsweise für den Fall, dass er keine Aussicht auf Wiedererlangung des Bewusstseins habe (1. Stufe des Bestimmtheitsgrundsatzes), hinreichend konkret zu benennende Maßnahmen (2. Stufe des Bestimmtheitsgrundsatzes)

1141 *Sächs. Landesärztekammer*, Notfallbogen.
1142 *Kraemer*, NJW 2023, 2610 (2611).
1143 *Kraemer*, NJW 2023, 2610 (2611).
1144 Es gibt bereits mehrere Muster.
1145 *Sächs. Landesärztekammer*, Notfallbogen.
1146 *Sächs. Landesärztekammer*, Notfallbogen.
1147 *Sächs. Landesärztekammer*, Notfallbogen.
1148 *Sächs. Landesärztekammer*, Notfallbogen.
1149 BGH NJW 2019, 600; BGH NJW 2017, 1737; BGH NJW 2010, 2963; BGH MedR 2015, 508 m. Anm. *Engels* (508).
1150 BGH NJW 2019, 600 Rn. 19 f.

unterlassen werden sollen.[1151] In einem vom BGH behandelten Fall hatte das Landgericht Landshut zwei Sachverständigengutachten zu der Frage in Auftrag gegeben, ob der konkrete Zustand der Betroffenen im Wachkoma ihr Bewusstsein entfallen lässt und ob in diesem Fall eine Aussicht auf Wiedererlangung des Bewusstseins besteht.[1152] Beide Gutachten kamen zu dem Ergebnis, dass bei der Betroffenen keine Aussicht auf Wiedererlangung des Bewusstseins bestand.[1153]

Allerdings ist eine Prognose zur „Aussichtslosigkeit" schwer zu stellen und das Risiko einer Fehldiagnose ist allgegenwärtig.[1154] Bei einem Teil dieser (Wachkoma-)Patienten sind neben Reflexen auch reproduzierbare Verhaltensweisen erkennbar, welche auf eine Interaktion mit der Umgebung hindeuten.[1155] Dann liegt ein minimales Bewusstsein oder „minimal conscious state" – MCS – vor.[1156] Da die Abgrenzung sehr schwierig ist, kommt es in rund 40% der Fälle zu Fehleinschätzungen.[1157] Beide Zustände voneinander abzugrenzen und auf Dauer eine Prognose abzugeben, gelingt auch mit modernen Bildgebungsverfahren zum Nachweis von Hirnaktivitätsmustern nicht zweifelsfrei, wie beispielsweise der funktionellen Magnetresonanztomografie (fMRT), der Positronenemissionstomografie (PET) oder der speziellen Elektroenzephalografie-Methoden (EEG).[1158] Ein Genesen kann oftmals auch aufgrund des medizinischen Entwicklungsstandes nicht ausgeschlossen werden. Beispielsweise ist Ende April 2019 eine Frau aus den Vereinigten Arabischen Emiraten, die infolge eines Autounfalls ein Schädel-Hirn-Trauma erlitt und ins Wachkoma fiel, nach 27 Jahren in einer Klinik im oberbayerischen Bad Aibling aufgewacht.[1159] Der Neurologe Klaus Jahn aus einer anderen Abteilung der Schön-Klinik berichtete, dass eine Rückkehr ins Bewusstsein nicht ungewöhnlich ist, dass das auch nach drei, vier, fünf oder manchmal

---

1151 Vgl. BGH NJW 2019, 600.
1152 LG Landshut BeckRS 2018, 31893 Rn. 15.
1153 LG Landshut BeckRS 2018, 31893 Rn. 52.
1154 *Haas*, Deutschlandfunk v. 14.02.2012.
1155 *Tscharke*, BR24 v. 23.05.2019.
1156 *Tscharke*, BR24 v. 23.05.2019.
1157 *Tscharke*, BR24 v. 23.05.2019.
1158 *Tscharke*, BR24 v. 23.05.2019.
1159 *Zeit Online* v. 24.04.2019.

zehn Jahren geschehen kann.[1160] Der Ersteller einer Patientenverfügung sollte sich dessen bewusst sein. Um sicherzugehen, dass die Patientenverfügung entsprechend dem Behandlungswunsch in der konkreten Situation greift, sollte geregelt werden, ab wann für ihn, unter Berücksichtigung des Risikos von Fehldiagnosen, keine lebenserhaltenden Maßnahmen oder bis zu welchem Zustand lebenserhaltende Maßnahmen und Therapien durchgeführt werden sollen.

VII. Organspende

Auf den ersten Blick scheinen sich Organspende und Patientenverfügung nicht auszuschließen. Oft werden in den Verfügungen keine lebensverlängernden Maßnahmen gewünscht, allerdings sind diese zur Organentnahme erforderlich, da nur aus einem lebenden Körper Organe entnommen werden können. Die Durchführung der Organentnahme scheint dann dem in der Patientenverfügung festgelegten Willen zu widersprechen.[1161]

1. Zulässigkeit und Verfahren der Organentnahme

Die Entnahme von Organen bzw. Gewebe ist nur mit Einwilligung des Spenders oder einer für die Erteilung der Einwilligung befugten Person zulässig.[1162]

Liegt ein Widerspruch des Betroffenen vor, dann ist nach § 3 Abs. 2 Nr. 1 TPG eine postmortale Organentnahme unzulässig. Des Weiteren muss nach § 3 Abs. 2 Nr. 2 TPG bei dem Organ- oder Gewebespender der endgültige, nicht behebbare Ausfall der Gesamtfunktion des Großhirns, des Kleinhirns und des Hirnstamms nach Verfahrensregeln, die dem Stand der Erkenntnisse der medizinischen Wissenschaft entsprechen, festgestellt worden sein.[1163]

Umstritten ist, ob das vollständige Absterben der gesamten Hirntätigkeit ein hinreichendes Kriterium für das Ende des Körpers als funktionierenden

---

[1160] *Zeit Online* v 24.04.2019.
[1161] *BAK*, Dtsch Arztebl 2013, A 572 (572).
[1162] Siehe § 3 Abs. 1 TPG; § 4 Abs. 1 TPG.
[1163] *Gsell/Krüger/Diener*, § 1827 Rn. 117.

Organismus bedeutet.[1164] Aufgrund der singulären Funktion des Gehirns und dessen Bedeutung für den Organismus setzen die Hirntodbefürworter, insbesondere in der Transplantationsmedizin, den Schwerpunkt für den Tod eines Menschen.[1165] Dem wird entgegengehalten, dass Patienten im Zustand des Hirntods biologisch noch leben, da grundlegende Körperfunktionen wie Kreislauf und Verdauung weiterhin durch medizinische Maßnahmen aufrechterhalten werden können.[1166] Des Weiteren stellt die uneinheitliche Bewertung von Körperreflexen das Hirntodkonzept weiter infrage.[1167] Während Reflexe, die über das Stammhirn gesteuert werden, wie der Husten- oder Blinzelreflex, in den Richtlinien der Bundesärztekammer als Lebenszeichen gewertet werden und den Hirntod ausschließen, werden andere Reaktionen wie Bewegungen beim „Lazarus-Syndrom" oder vegetative Symptome, die über das Rückenmark gesteuert werden, nicht als Hinweise auf fortgesetztes Leben betrachtet.[1168] Diese Unsicherheiten werfen Fragen auf, inwieweit der Hirntod als sicheres Todeskriterium gelten kann.

Um die gesetzlich geforderte Diagnose des irreversiblen Hirnfunktionsausfalls (IHA), sog. Hirntoddiagnostik, stellen zu können, muss der Patient je nach Alter und Art der Hirnschädigung über mehrere Stunden bis hin zu drei Tagen beobachtet werden.[1169] Dabei handelt es sich um ein aufwändiges Verfahren.[1170] Von der Prüfung des Vorliegens der Diagnose bis zum Abschluss der Organentnahme müssen beim potenziellen Spender intensivmedizinische Maßnahmen, beispielsweise eine Beatmungstherapie als organprotektive Intensivtherapie, durchgeführt werden.[1171]

2. Verhältnis der Patientenverfügung zur Organspende

Wenn der Patient in seiner Patientenverfügung oder Vorausverfügung gemäß § 1827 Abs. 2 BGB intensivmedizinische Maßnahmen ablehnt, aber dennoch beispielsweise mit einem Organspendeausweis in eine Organspende

---

1164 *Weilert*, MedR 2020, 814 (816).
1165 *Funck*, MedR 1992, 182 (183); *BAK*, Dtsch Arztebl 2022, S. 1 (7).
1166 *Beckmann*, NJ 2020, 298 (301).
1167 *Beckmann*, NJ 2020, 298 (301).
1168 *BAK*, Dtsch Arztebl 2022, S. 1 (7).
1169 *Gsell/Krüger/Diener*, § 1827 Rn. 117.
1170 *BAK*, Dtsch Arztebl 2013, A 572 (573).
1171 *Gsell/Krüger/Diener*, § 1827 Rn. 117.

eingewilligt hat, liegt ein Widerspruch dahingehend vor, dass für die Organentnahme diese Maßnahmen erforderlich sind, da nur einem lebenden Körper Organe entnommen werden können.[1172] Es gibt keine wegweisende Rechtsprechung, ob den Festlegungen in Patientenverfügungen oder der Einwilligung zur Organspende zu folgen ist.[1173]

Es kann davon ausgegangen werden, dass ein Betroffener beim Erstellen der Verfügung und beim Einwilligen in die Organspende sich nicht bewusst ist, dass für Zweiteres weitere medizinische Maßnahmen erforderlich sind. Daher verbietet sich ein pauschaler Lösungsansatz. Beide Erklärungen müssen bei der Feststellung des maßgeblichen Patientenwillens berücksichtigt und ausgelegt werden, wie es bei unklaren Patientenverfügungen der Fall ist.[1174] Wenn kein richtungsweisender Wille zu ermitteln ist, dann muss geprüft werden, wie lange und umfangreich die intensivmedizinische Behandlung andauern und ob diese Dauer von der Patientenverfügung oder Vorausverfügung „toleriert" werden würde.[1175] Nach der Bundesärztekammer ist der in der Verfügung ausgedrückte Wunsch nach Therapiebegrenzung mit der Bereitschaft zur Organspende und der dafür erforderlichen kurzzeitigen Aufrechterhaltung der Vitalfunktionen vereinbar.[1176] Wenn beispielsweise die Diagnostik abgeschlossen ist und es nur noch um die Durchführung der Organentnahme geht, die in kurzer Zeit (unverzüglich) durchgeführt werden kann, wird man von einem Patientenwillen zur Durchführung der Organspende ausgehen können.[1177] Der Patientenwille zur Organspendebereitschaft darf jedoch nicht auf andere Maßnahmen wie beispielsweise die Durchführung einer Reanimation nur für die Organentnahme erweitert werden. Hat der Patient in seiner Verfügung eine Reanimation abgelehnt, ist diese zum schwer zu prognostizierenden Eintritt des Hirntods zur Organentnahme vom Willen des Patienten nicht gedeckt.[1178] Zumal völlig unklar ist, ob der Hirntod als Voraussetzung für die vom Patienten gewünschte Organspende eintreten wird.[1179]

1172 *BAK*, Dtsch Arztebl 2013, A 572 (572).
1173 *Gsell/Krüger/Diener*, § 1827 Rn. 119.
1174 BGH NJW 2017, 1737 Rn. 19; *BAK*, Dtsch Arztebl 2013, A 572 (573).
1175 *BAK*, Dtsch Arztebl 2013, A 572 (573).
1176 *BAK*, Dtsch Arztebl 2013, A 572 (573).
1177 *Gsell/Krüger/Diener*, § 1827 Rn. 120.
1178 *BAK*, Dtsch Arztebl 2013, A 572 (573).
1179 *BAK*, Dtsch Arztebl 2013, A 572 (573).

3. Konkrete Formulierungen in der Patientenverfügung

Um den Konflikt zwischen der Patientenverfügung und der Organspendebereitschaft sowie die Schwierigkeiten bei der Ermittlung des Patientenwillens zu umgehen, empfiehlt es sich, eine ausdrückliche und klare Regelung des Verhältnisses der Organspendebereitschaft zur Patientenverfügung in diese aufzunehmen.[1180] Die Bundesärztekammer hat in ihrem Arbeitspapier aus dem Jahr 2013 mehrere Varianten von Textbausteinen vorgestellt.[1181]

Sie schlägt vor, dass die Patientenverfügung dahingehend ergänzt wird, dass dem Ersteller bewusst ist, „dass Organe nur nach Feststellung des Hirntods bei aufrechterhaltenem Kreislauf entnommen werden können".[1182] Ausnahmsweise gestatte er „für den Fall, dass bei mir eine Organspende medizinisch infrage kommt, die kurzfristige (Stunden bis höchstens wenige Tage umfassende) Durchführung intensivmedizinischer Maßnahmen zur Bestimmung des Hirntods nach den Richtlinien der Bundesärztekammer und zur anschließenden Entnahme der Organe."[1183]

Für den Fall, dass der Ersteller einen für ihn tolerierbaren zeitlichen Aspekt aufnehmen möchte, kann ergänzend aufgenommen werden: „Dies gilt auch für die Situation, dass der Hirntod nach Einschätzung der Ärzte in wenigen Tagen eintreten wird."[1184]

Wenn eine Organentnahme komplett abgelehnt wird, kann klarstellend ausgeführt werden: „Ich lehne eine Entnahme meiner Organe nach meinem Tod zu Transplantationszwecken ab."[1185]

4. Notwendigkeit umfassender Aufklärung

Bevor entschieden wird, ob eine Organspende in Betracht kommt und entsprechend in der Patientenverfügung vermerkt wird, sollte eine umfassende und fundierte Auseinandersetzung mit diesem Thema erfolgen. Es ist dabei essenziell, nicht nur die Perspektive des potenziellen Organempfängers zu berücksichtigen, sondern auch die spezifische Situation des Spenders eingehend zu

---

1180 *Gsell/Krüger/Diener*, § 1827 Rn. 121; *Hau/Poseck/Müller-Engels*, § 1827 Rn. 18.
1181 *BAK*, Dtsch Arztebl 2013, A 572 (572).
1182 *BAK*, Dtsch Arztebl 2013, A 572 (574).
1183 *BAK*, Dtsch Arztebl 2013, A 572 (574).
1184 *BAK*, Dtsch Arztebl 2013, A 572 (574).
1185 *BAK*, Dtsch Arztebl 2013, A 572 (574).

erörtern. Häufig wird die Organspende mit dem Eintritt des Todes gleichgesetzt, wobei irrtümlich angenommen wird, dass der Körper entweder bereits leblos ist oder im Falle des Hirntods keinerlei Schmerzempfindungen oder andere körperliche Reaktionen mehr zeigt. Tatsächlich stellt der Hirntod einen hochkomplexen Zustand dar, bei dem gewisse körperliche Reflexe weiterhin vorhanden sein können, was bei einigen Personen zu ethischen Bedenken führen kann.[1186] Vor diesem Hintergrund ist eine umfassende und sorgfältige Aufklärung durch medizinische Fachkräfte unerlässlich, um Missverständnisse auszuräumen und die Voraussetzungen für eine informierte Einwilligung zu schaffen. Es ist von entscheidender Bedeutung, dass potenzielle Organspender und ihre Angehörigen ein vollständiges Verständnis davon haben, was der Hirntod medizinisch und rechtlich bedeutet und welche spezifischen medizinischen Maßnahmen erforderlich sind, um eine Organspende durchzuführen.

VIII. Ergänzungsbedarf bei Patienten mit Herzschrittmacher/Defibrillator

Patienten, die implantierbare Devices wie einen Herzschrittmacher oder Defibrillator tragen, sollten sich in ihrer Patientenverfügung damit ebenfalls auseinandersetzen.[1187] Nach kardiologischer Auffassung stellt das Kammerflimmern einen Teil des natürlichen Sterbens dar, unabhängig davon, woran der Betroffene letztendlich verstirbt. Durch den implantierten Defibrillator wird das Herz mit elektrischen Schocks immer wieder in den normalen Rhythmus gebracht, wobei der allgemeine Gesundheitszustand unerheblich ist.[1188] Am Lebensende kann dieser Umstand kontraproduktiv sein.[1189] So ist „ein friedliches Sterben […] so lange nicht möglich, bis das Gerät deaktiviert wird oder die Batterie leer ist“.[1190]

Das Abschalten solcher Geräte wirft jedoch komplexe rechtliche Fragen auf. Insbesondere wenn der Defibrillator zugleich auch als Herzschrittmacher

[1186] *Beckmann*, MedR 2023, 863 f.

[1187] *Deutsche Herzstiftung*, Patientenverfügung.

[1188] *EB*, Dtsch Arztebl 2015, A-1007.

[1189] *EB*, Dtsch Arztebl 2015, A-1007.

[1190] *EB*, Dtsch Arztebl 2015, A-1007.

fungiert, kann die Deaktivierung den Charakter einer aktiven Handlung annehmen.[1191]

Strafrechtlich wird in der Literatur jedoch darauf hingewiesen, dass eine solche (aktive) Maßnahme – sofern sie dem erklärten Patientenwillen entspricht – grundsätzlich nicht als strafbare Handlung zu qualifizieren ist, sondern als Wiederherstellung des Rechts auf Behandlungsfreiheit verstanden wird.[1192] Auch wenn die Einstellung der Behandlung in Form einer aktiven Handlung erfolgt, bleibt das ärztliche Vorgehen straflos, da infolge des Patientenvetos keine Pflicht zur Fortsetzung der medizinischen Maßnahme mehr besteht und der Eintritt des Todes mangels pflichtwidriger Gefahrschaffung nicht tatbestandlich zugerechnet werden kann.[1193] Teilweise wird ergänzend angenommen, dass ein solches Vorgehen jedenfalls über § 34 StGB gerechtfertigt sein könne; vereinzelt wird auch auf das Selbstbestimmungsrecht des Patienten als eigenständigen Rechtfertigungsgrund abgestellt.[1194]

In der Praxis sollte die Patientenverfügung eine situationsangepasste Regelung darüber enthalten, in welchen Fällen eine Deaktivierung des Geräts bzw. seiner Schockfunktion oder ein Unterlassen des Batteriewechsels in Betracht kommt.[1195]

IX. Anpassungserfordernis bei neuen Krankheiten (Corona)

Im Rahmen der Coronapandemie kam verstärkt die Frage auf, ob die Patienten mit einer Patientenverfügung, die sich gegen eine Beatmung ausspricht, bei einer Anwendung der Triage oder bei der Verteilung der Beatmungsgeräte nachteilig behandelt werden würden. Der BGH stellte in seinem Urteil im Jahr 2017 fest, dass die Bestimmtheitsanforderungen einer Patientenverfügung nicht überdehnt werden sollen.[1196] Der medizinische Laie ist nicht in der Lage alle denkbaren Situationen in Anbetracht stetig

[1191] *EB*, Dtsch Arztebl 2015, A-1007.
[1192] *Schönke/Schröder/Eser/Sternberg-Lieben*, Vorbemerkungen zu den §§ 211 ff. Rn. 28b.
[1193] *Schönke/Schröder/Eser/Sternberg-Lieben*, Vorbemerkungen zu den §§ 211 ff. Rn. 28b.
[1194] *Schönke/Schröder/Eser/Sternberg-Lieben*, Vorbemerkungen zu den §§ 211 ff. Rn. 28b.
[1195] *Hau/Poseck/Müller-Engels*, § 1827 Rn. 19; AG Brandenburg, NJOZ 2022, 329.
[1196] BGH NJW 2017, 1737 Rn. 18.

neuer Behandlungsmethoden und medizinischen Möglichkeiten, vorauszuahnen und in seiner Patientenverfügung festzuhalten.[1197] Es soll die Nennung von einigen spezifischen Krankheitszuständen, Behandlungsstadien oder Therapiemaßnahmen dann ausreichen, wenn anhand dieser Beispielsfälle ein hinreichend konkretes Bild davon konstruiert werden kann, wie sich der Betroffene seine weitere Behandlung grundsätzlich vorgestellt hat.[1198] Dieser Ansatz muss ebenfalls für neu aufgetretene Krankheiten wie den Coronavirus SARS-CoV-2 gelten. Viele Feststellungen in Patientenverfügungen widersprechen einer Behandlung, wenn eine Therapie in dieser Situation als medizinisch aussichtslos eingeschätzt wird. Diese Regelung ist überflüssig, da die Frage zum Vorhandensein einer Patientenverfügung gar nicht gestellt werden muss, weil die medizinische Maßnahme ohnehin nicht durchgeführt wird, wenn diese nicht indiziert ist, d. h. das Behandlungsziel dadurch nicht erreicht werden kann.[1199]

Aufgrund der vielen Muster und teilweise selbsterstellten Verfügungen kann es der Fall sein, dass weitere Therapien in konkreten Behandlungssituationen aufgrund fehlender Kenntnis der Bedeutung der Begriffe und Behandlungsmethoden abgelehnt werden, wie beispielweise die invasive Beatmung unter Narkose, die Einführung eines Tubus in die Luftröhre oder die nicht-invasive Beatmung.[1200] Diese Behandlungsmethoden könnten bei einem schweren Krankheitsverlauf einer COVID-19-Infektion temporär angewendet werden und sollten deshalb nicht von vornherein in der Patientenverfügung abgelehnt werden.[1201] Letztendlich muss geprüft werden, ob die aktuelle Lebens- und Behandlungssituation den Festsetzungen in der Patientenverfügung entspricht.[1202] In diesem Rahmen muss ebenfalls beachtet werden, dass der Patient die neue Krankheit nicht vorausahnen bzw. erfassen konnte.[1203] Wenn also eine neue und völlig andere Erkrankung vorliegt, kann davon ausgegangen werden, dass die Patientenverfügung nicht

---

1197 BGH NJW 2017, 1737 Rn. 18.
1198 BGH NJW 2017, 1737 Rn. 18.
1199 *BAK*, Indikationsstellung; *Putz*, FPR 2012, 13 (15); *Laufs/Kern/Rehborn/Ulsenheimer*, § 133 Rn. 41.
1200 *Grziwotz/Grziwotz*, NZFam 2021, 189 (191).
1201 *Schenk*, Dtsch Arztebl 2020, A 1554 (1554 f.).
1202 Siehe § 1827 Abs. 1 S. 1 BGB; BT-Drs. 16/8442, 14.
1203 BGH NJW 2017, 1737 Rn. 18.

zur Anwendung kommt, da sie nicht auf die aktuelle Behandlungssituation zutrifft.

In Bezug auf die aktuelle Entwicklung der Covid-19-Pandemie kann angeraten werden, die Verfügung zu prüfen und zu aktualisieren.[1204]

X. Konflikt zwischen behandelnden Ärzten

Sowohl in den einzelnen Gesetzesnormen als auch in der Gesetzesbegründung wird grundsätzlich immer nur von dem „behandelnden Arzt" gesprochen.[1205] Auch nach § 1829 Abs. 4 BGB muss das Betreuungsgericht nicht angefragt werden, wenn ein Einvernehmen zwischen dem Patientenvertreter und dem „behandelnden Arzt" besteht.[1206] Im Krankenhaus ist nicht selten die Situation Standard, dass der Patient nicht nur von einem Arzt behandelt wird, sondern dass das Personal je nach Schichtdienst wechselt oder auch Ärzte aus verschiedenen Abteilungen zusammenwirken. Bei den zu treffenden Entscheidungen rund um die Thematik der Patientenverfügung des Patienten kann es daher auch zu Uneinigkeit kommen. Im Krankenhaus besteht je nach Abteilungsbereich innerhalb der Ärzteschaft eine Hierarchie und damit eine Weisungskette.[1207] Danach untersteht der Assistenzarzt dem Stationsarzt, der wiederum dem Oberarzt untersteht.[1208] Diesem ist der Chefarzt gegenüber weisungsbefugt.[1209] Der leitende Oberarzt ist der ständige Vertreter des Chefarztes.[1210]

Ärzte einer anderen Abteilung haben keine unmittelbare Weisungsbefugnis, unabhängig davon, ob sie übergeordnet sind.[1211] Nur wenn eine Weisungsbefugnis von dem unmittelbar hierarchisch übergeordneten Krankenhausarzt gleichen oder übergeordneten Ranges der Abteilung bestätigt wird, ist dieser auch für eine andere Abteilung zur Weisung befugt.[1212]

[1204] *Hau/Poseck/Müller-Engels*, § 1827 Rn. 17.
[1205] Vgl. § 1829 Abs. 4 BGB; BT-Drs. 16/8442.
[1206] Vgl. § 1829 Abs. 4 BGB.
[1207] *Marcus*, Weisungsbefugnis.
[1208] *Marcus*, Weisungsbefugnis.
[1209] *Marcus*, Weisungsbefugnis.
[1210] *Laufs/Kern/Rehborn/Kern/Rehborn*, § 13 Rn. 25.
[1211] *Marcus*, Weisungsbefugnis.
[1212] *Marcus*, Weisungsbefugnis.

Dem Chefarzt steht gegenüber all seinen ärztlichen Mitarbeitern aufgrund seiner medizinisch-fachlichen Verantwortlichkeit ein Weisungsrecht zu.[1213] Ihm obliegt die fachliche Aufsicht über die nachgeordneten ärztlichen und nichtärztlichen Dienste.[1214] Kommt er seinen Kontroll- bzw. Überwachungsaufgaben nur unzureichend nach, kann dieses Verhalten einen Haftungsgrund darstellen.[1215] Trotz der „oberen Kontrolle" sind die nachgeordneten Ärzte immer noch verpflichtet, eine selbstkritische Bewertung vorzunehmen und begründete Bedenken zu äußern.[1216] Im Falle eines Konflikts entscheidet daher grundsätzlich immer der höherrangige Ober- oder Chefarzt über das weitere Vorgehen. Bei Streitigkeiten die abteilungsübergreifend stattfinden, hat der höherrangige Ober-/Chefarzt zu entscheiden, dessen Abteilung der Patient zugewiesen wurde. Wenn der Ober-/Chefarzt einer Abteilung mit dem in der anderen Abteilung gleichrangigen Arzt über entsprechende Weisungsinhalte im Einvernehmen ist, dann kann auch dieser die Entscheidung treffen.[1217]

XI. Ärztliche Formverstöße nach §§ 1827 ff. BGB

Der Gesetzgeber hat bei der Gestaltung der ehemaligen §§ 1901a ff. BGB bzw. der heutigen §§ 1827 ff. BGB ein „System an Checks and Balances" eingeführt.[1218] Den Beteiligten sollen diese Vorschriften als verfahrensrechtliche Absicherungen bei der Ermittlung des Patientenwillens und der Entscheidung über einen Behandlungsabbruch Rechts- und Verhaltenssicherheit dienen.[1219] Dadurch wird nicht nur das verfassungsrechtlich garantierte Selbstbestimmungsrecht von Patienten geschützt, die nicht mehr in der Lage sind, ihren Willen selbst auszudrücken, sondern auch der verfassungsrechtlich geforderte Schutz des menschlichen Lebens garantiert, indem strenge

---

1213 *Laufs/Kern/Rehborn/Kern/Rehborn*, § 13 Rn. 23.
1214 *Geiß/Greiner/Greiner*, Lit. B. Rn. 30.
1215 *Geiß/Greiner/Greiner*, Lit. B. Rn. 25.
1216 *Laufs/Kern/Rehborn/Kern/Rehborn*, § 13 Rn. 23.
1217 *Marcus*, Weisungsbefugnis.
1218 *Sternberg-Lieben*, in: FS Roxin, 537 (552).
1219 BGH, NJW 2011, 161, Rn. 12.

Beweisanforderungen an die Feststellung eines behandlungsbezogenen Patientenwillens verfahrensrechtlich abgesichert werden.[1220]

Der Gesetzgeber hat die Entscheidung über mögliche Rechtsfolgen der Rechtsprechung überlassen, ob sich ein Arzt, der die Weiterbehandlung aufgrund einer Patientenverfügung beendet, aber die Vorschriften nach §§ 1827 ff. BGB nicht einhält, strafbar macht. Es ist weiterhin umstritten, ob der behandelnde Arzt die Patientenverfügung als unmittelbare Legitimationsgrundlage für sein Handeln heranziehen darf.[1221] Teilweise wird die Meinung vertreten, dass die Patientenverfügung selbst weder Tun noch Unterlassen ärztlichen Handelns rechtfertigte.[1222] Danach sei eine unmittelbare Umsetzung des Arztes nicht zulässig.[1223] Das Recht zur Einwilligung oder Ablehnung in eine medizinische Maßnahme obliege ausschließlich dem Bevollmächtigten oder Betreuer.[1224] Dementsprechend hat der Gesetzgeber die Verbindlichkeit von Patientenverfügungen an die Durchführung der Verfahrensvorschriften nach §§ 1827 f. BGB gebunden.[1225]

In seinem Beschluss aus dem Jahr 2010, stellte der BGH im „Kölner Fall“ fest, dass für die Feststellung des Patientenwillens als Grundlage für den rechtfertigenden Abbruch lebenserhaltender medizinischer Maßnahmen grundsätzliche Verfahrensvorschriften i. S. der heutigen §§ 1827 f. BGB vorgesehen sind.[1226] Nach § 1827 Abs. 1 S. 1 BGB ist nur der Betreuer bzw. Bevollmächtigte (§ 1827 Abs. 6 BGB) befugt, die Übereinstimmung der Festlegungen in der Patientenverfügung mit der aktuellen Lebens- und Behandlungssituation des Patienten zu prüfen und auf dieser Grundlage dem Willen des Patienten gegebenenfalls Geltung zu verschaffen.[1227] Die Entscheidung über einen Behandlungsabbruch muss daher zwingend ein Zusammenwirken von

---

[1220] BGH, NJW 2011, 161, Rn. 12.

[1221] Ablehnend: NJW 2003, 1588, 1590; BGH NJW 2011, 161 Rn. 12, 14; *Diehn/Rebhan*, NJW 2010, 326 (327 ff.); Befürwortend: BGH NJW 2016, 3297 Rn. 42; *Coeppicus*, NJW 2011, 2085 (2086); *Sternberg-Lieben*, in: FS Roxin, S. 537 (549 ff.); *Schönke/Schröder/Sternberg-Lieben*, Vorbemerkungen zu den §§ 211 ff. Rn. 28j).

[1222] *Coeppicus*, NJW 2011, 2085 (2086).

[1223] *Coeppicus*, NJW 2011, 2085 (2086).

[1224] *Coeppicus*, NJW 2011, 2085 (2086).

[1225] *Coeppicus*, NJW 2011, 2085 (2086).

[1226] BGH NJW 2011, 161 Rn. 14.

[1227] BGH NJW 2011, 161 Rn. 14.

Betreuer bzw. Bevollmächtigtem und Arzt voraussetzen.[1228] Nach § 1828 BGB prüft der behandelnde Arzt in eigener Verantwortung, welche ärztliche Maßnahme im Hinblick auf den Gesamtzustand und die Prognose des Patienten indiziert ist und erörtert den Sachverhalt mit dem Betreuer bzw. Bevollmächtigten unter Berücksichtigung des Patientenwillens als Grundlage für die zu treffende Entscheidung.[1229] Auch die Beschlussempfehlung des Rechtsausschusses des Deutschen Bundestags kann dahin verstanden werden, dass nur ein Vertreter die Abbruchsentscheidung verbindlich und rechtswirksam treffen kann, da es Aufgabe des Vertreters sei, „zu prüfen, ob die Festlegungen in der Patientenverfügung auf die konkrete Lebens- und Behandlungssituation zutreffen".[1230]

Sofern kein Betreuer bestellt oder eine Vollmacht erteilt wurde, spricht seit 2013 § 630d Abs. 1 S. 2 BGB für eine unmittelbare Legitimation des Arztes durch die Patientenverfügung.[1231] Danach ist, wenn der Patient einwilligungsunfähig geworden ist, die Einwilligung eines hierzu Berechtigten einzuholen, soweit nicht eine Patientenverfügung nach § 1827 Abs. 1 S. 1 BGB die Maßnahme gestattet oder untersagt.[1232] Für eine prozedurale Rechtfertigung besteht daher gerade kein Anlass, wenn eine einschlägige Patientenverfügung vorliegt.[1233] Der behandelnde Arzt handelt auf Basis der originären, unmittelbar gültigen Willensbekundung des Patienten.[1234] Keine andere Beurteilung kann sich für den Fall ergeben, wenn keine einschlägige Patientenverfügung vorliegt und der Arzt im Einklang mit dem (mutmaßlichen) Patientenwillen handelt.[1235] Es besteht keine Veranlassung, das verfahrensverletzende Verhalten des Arztes als strafwürdiges Tötungsverbrechen zu sanktionieren, wenn dieses durch die Übereinstimmung mit dem Patientenwillen

---

[1228] BGH NJW 2011, 161 Rn. 14.
[1229] BGH NJW 2011, 161 Rn. 14.
[1230] BT-Drs. 16/13314, 4.
[1231] *Schönke/Schröder/Sternberg-Lieben*, Vorbemerkungen zu den §§ 211 ff. Rn. 28j.
[1232] *Schönke/Schröder/Sternberg-Lieben*, Vorbemerkungen zu den §§ 211 ff. Rn. 28j.
[1233] *Schönke/Schröder/Sternberg-Lieben*, Vorbemerkungen zu den §§ 211 ff. Rn. 28j.
[1234] *Schönke/Schröder/Sternberg-Lieben*, Vorbemerkungen zu den §§ 211 ff. Rn. 28j.
[1235] *Schönke/Schröder/Sternberg-Lieben*, Vorbemerkungen zu den §§ 211 ff. Rn. 28j; *Sternberg-Lieben*, in: FS Roxin, S. 537 (552 ff.).

legitimiert wird.[1236] Für eine andere rechtliche Beurteilung ist bereits dahingehend kein Raum, da das vom Arzt verübte Unrecht sich mithin auf einen Verstoß gegen Verfahrensregularien beschränkt und seine Sanktion eine Rechtsgutsvertauschung darstellen würde.[1237] In diesem Kontext sollte beachtet werden, dass bei einer gültigen Einwilligung des Betroffenen in den Eingriff auch kein Verstoß gegen § 7 KastrG oder § 19 TPG zur strafrechtlichen Verfolgung gemäß § 223 StGB führt.[1238] Gegen eine Sanktionierung spricht auch, dass der Gesetzgeber es unterlassen hat, entsprechende Verstöße gegen Verfahrensregeln eigenständig (und milder) zu sanktionieren wie beispielsweise nach §§ 218b Abs. 1, 218c Abs. 1 StGB; § 7 KastrG; § 20 Abs. 1 TPG; § 96 Nr. 10, 11 AMG, § 97 Abs. 2 Nr. 9 AMG.[1239] Letztendlich muss auch berücksichtigt werden, dass anders als beim Eigentums- oder Vermögensschutz der §§ 242, 263 StGB bei den Strafvorschriften der §§ 212, 13 StGB in ihrem Verhältnis zu §§ 1827 f. BGB nicht von einem absichernden Anknüpfen des Strafrechts an eine primär maßgebliche außerstrafrechtliche Normenordnung gesprochen werden kann.[1240] In diesem Zusammenhang hat der BGH im Jahr 2010 in seinem Urteil festgestellt, dass die Frage einer strafrechtlichen Rechtfertigung von Tötungshandlungen nicht nur als zivilrechtsakzessorisches Problem behandelt werden kann, sondern über die im Lichte der Verfassungsordnung und mit Blick auf die Regelungen anderer Rechtsbereiche, jedoch im Grundsatz autonom nach materiell strafrechtlichen Kriterien zu entscheiden ist.[1241]

Falls der Arzt gutgläubig den (mutmaßlichen) Willen des Patienten verfehlt, bringt das Nichteinhalten der in §§ 1827 f. BGB vorgesehenen Verfahren erhebliche Strafbarkeitsrisiken mit sich.[1242] Der Arzt kann sich dann im Rahmen einer Fahrlässigkeitsstrafbarkeit aus §§ 222, 13 StGB nicht auf einen vermeidbaren Irrtum über den Patientenwillen berufen.[1243]

[1236] *Schönke/Schröder/Sternberg-Lieben*, Vorbemerkungen zu den §§ 211 ff. Rn. 28j; *Sternberg-Lieben*, in: FS Roxin, S. 537 (552 ff.).

[1237] *Schönke/Schröder/Sternberg-Lieben*, Vorbemerkungen zu den §§ 211 ff. Rn. 28j.

[1238] *Schönke/Schröder/Sternberg-Lieben*, Vorbemerkungen zu den §§ 211 ff. Rn. 28j.

[1239] *Schönke/Schröder/Sternberg-Lieben*, Vorbemerkungen zu den §§ 211 ff. Rn. 28j.

[1240] *Sternberg-Lieben*, in: FS Roxin, S. 537 (554).

[1241] BGH NJW 2010, 2963 Rn. 25.

[1242] *Schönke/Schröder/Sternberg-Lieben*, Vorbemerkungen zu den §§ 211 ff. Rn. 28j.

[1243] *Schönke/Schröder/Sternberg-Lieben*, Vorbemerkungen zu den §§ 211 ff. Rn. 28j.

XII. Strikte Bindung eines Vorsorgebevollmächtigten an die Patientenverfügung

1. Vorsorgevollmacht

a) Rechtsnatur und Begriff

Die Vorsorgevollmacht ist eine rechtsgeschäftliche, mündlich oder in besonderen Fällen auch schriftlich erteilte Vollmacht, mit der der Betroffene eine andere Person bevollmächtigt, seine Angelegenheiten für den Fall seiner späteren Handlungsunfähigkeit zu besorgen.[1244] Dabei findet keine gerichtliche Eignungsprüfung des Bevollmächtigten statt.[1245] Eine Vollmacht wird dann zur Vorsorgevollmacht, wenn durch sie spezifische Aufgaben der Personen- und der Vermögenssorge, die wegen eines alters- oder krankheitsbedingten Bedürfnisses entstehen, auf den Vollmachtnehmer übertragen werden.[1246] Der Wortlaut von § 1820 Abs. 1 S. 1 BGB hebt deutlich hervor, dass durch eine Vorsorgevollmacht die erklärende Person eine andere damit bevollmächtigt, ihre Angelegenheiten wahrzunehmen.[1247] Diese Formulierung ist an die Definition in § 1814 S. 1 BGB für die rechtliche Betreuung angelehnt.[1248] Damit wird auch von Gesetzgeberseite gezeigt, dass die bevollmächtigte Person die Stellung eines rechtlichen Fürsorgers aufgrund einer Willenserklärung erwirbt und nicht wie der Betreuer durch staatlichen Bestellungsakt.[1249] Mit einer Vorsorgevollmacht wird der Vollmachtnehmer ermächtigt, Willenserklärungen im Namen des Vollmachtgebers abzugeben bzw. entgegenzunehmen und auch Einwilligungen sowie Anordnungen zu erklären.[1250] Da die rechtliche Betreuung dem Stellvertretungsrecht nachranging ist, sperren erteilte Vollmachten diese.[1251]

Solange der Vollmachtgeber geschäftsfähig ist, bleibt er auch trotz Vollmacht rechtlich handlungsfähig, schließlich kann er die Vollmacht jederzeit widerrufen oder verändern.[1252] Letztendlich kann eine Vorsorgevollmacht

---

1244 MüKo BGB/*Schneider*, § 1820 Rn. 3.
1245 *Gsell/Krüger/Schmidt-Recla*, § 1820 Rn. 7.
1246 *Gsell/Krüger/Schmidt-Recla*, § 1820 Rn. 7.
1247 *Gsell/Krüger/Schmidt-Recla*, § 1820 Rn. 7.
1248 *Gsell/Krüger/Schmidt-Recla*, § 1820 Rn. 7.
1249 *Gsell/Krüger/Schmidt-Recla*, § 1820 Rn. 7.
1250 *Gsell/Krüger/Schmidt-Recla*, § 1820 Rn. 7.
1251 *Gsell/Krüger/Schmidt-Recla*, § 1820 Rn. 7.
1252 *Gsell/Krüger/Schmidt-Recla*, § 1820 Rn. 29.

auch wirtschaftlich vorteilhaft sein, denn somit werden die Betreuer- und Gerichtskosten gespart.[1253]

b) Anforderungen an den Inhalt der Vorsorgevollmacht

Der Vollmachtgebende kann neben Vermögensangelegenheiten auch Maßnahmen der Personensorge im engeren Sinn durch die Vorsorgevollmacht übertragen, wie beispielsweise die Einwilligungen in ärztliche Eingriffe, Untersuchungen, Heilbehandlungen oder Unterbringungen.[1254]

Allerdings genügen bei schwerwiegenden Bestimmungsbefugnissen mündlich erteilte Bevollmächtigungen nicht.[1255] Bestimmte Eingriffe bedürfen zudem der Genehmigung des Betreuungsgerichts (vgl. §§ 1829, 1831, 1832 BGB). Nach § 1820 Abs. 2 BGB muss die Vollmacht für die in Abs. 2 Nr. 1–3 genannten Maßnahmen schriftlich erteilt sein und diese ausdrücklich umfassen. Den genauen Wortlaut der Normen muss die Vollmacht nicht wiedergeben.[1256] Es ist nicht ausreichend, wenn nur der Verweis auf die gesetzliche Bestimmung gegeben ist, da ein solcher keine ausdrückliche Nennung der Maßnahmen beinhaltet und den bezweckten Schutz des Vollmachtgebers nicht gewährleistet.[1257] Vielmehr muss der Vollmachtstext dann hinreichend klar umschreiben, dass sich die Entscheidungskompetenz des Bevollmächtigten auf die im Gesetz genannten ärztlichen Maßnahmen und auch darauf bezieht, diese zu unterlassen oder vornehmen zu lassen.[1258] Zusätzlich muss aus der Vollmacht deutlich hervorgehen, dass die jeweilige Entscheidung mit der begründeten Gefahr des Todes oder eines schweren und länger dauernden gesundheitlichen Schadens verbunden sein kann.[1259] Die strengen Vorschriften dienen dem Zweck, dass dem Vollmachtgeber durch den Vollmachtstext verdeutlicht werden soll, dass er dem Bevollmächtigten die Entscheidungsbefugnis auch für Situationen überträgt, in denen die Gefahr des Todes oder schwerer und länger dauernder Gesundheitsschäden besteht, die dann gegebenenfalls auch Fragen der passiven Sterbehilfe

---

[1253] *Gsell/Krüger/Schmidt-Recla*, § 1820 Rn. 7.
[1254] *Gsell/Krüger/Schmidt-Recla*, § 1820 Rn. 37.
[1255] *Gsell/Krüger/Schmidt-Recla*, § 1820 Rn. 37.
[1256] BGH, NJW 2016, 3297 Rn. 17.
[1257] BGH, NJW 2016, 3297 Rn. 17.
[1258] BGH, NJW 2016, 3297 Rn. 17.
[1259] BGH, NJW 2016, 3297 Rn. 18.

umfasst.[1260] Ein weiteres Ziel ist, dass Dritte zweifelsfrei anhand des Vollmachtstexts nachvollziehen können, dass es dem Willen des Betroffenen entspricht, dem Bevollmächtigten die Entscheidung in Angelegenheiten der Gesundheitsfürsorge auch in den von § 1829 Abs. 1 BGB erfassten Situationen zu überantworten.[1261]

Aus den erhöhten Anforderungen an die Vollmacht folgt keine ungerechtfertigte „Benachteiligung" des Bevollmächtigten gegenüber einem Betreuer, da der Bevollmächtigte weder eine rechtliche Beratung zu seinen übernommenen Aufgaben erhalten hat, noch eine gerichtliche Überprüfung hinsichtlich der Eignung des Bevollmächtigten erfolgt.[1262] Der Betreuerbestellung geht eine umfassende gerichtliche Prüfung voraus, sodass es keines weiteren Schutzes vor einer unüberlegten Übertragung der entsprechenden Rechtsmacht auf den Betreuer als den Dritten bedarf.[1263]

Nach dem BGH finden jedoch im Falle von Entscheidungen zugunsten der Lebensverlängerung, ohne dass die Gefahr von Gesundheitsschäden besteht, die hohen Anforderungen keine Anwendung.[1264] So sei es ausreichend, wenn die Vorsorgevollmacht allgemein gefasst ist und die Vertretung in Fragen der medizinischen Versorgung und Behandlung beinhaltet.[1265] Dies ist beispielsweise bei der bloßen Fortführung einer lebenserhaltenden künstlichen Ernährung der Fall, nicht aber bei deren Abbruch.[1266]

c) Mögliche Geschäftsunfähigkeit bei Erteilung der Vorsorgevollmacht

Nach der alten Rechtsprechung konnte trotz Vollmachtserteilung ein Betreuer bestellt werden, wenn nicht zweifelsfrei sicher war, dass diese wirksam erteilt wurde.[1267] Seit 2016 sind diese Feststellungen überholt, sodass das Gericht die Frage nach der Geschäftsunfähigkeit i. S. von § 104 Nr. 2 BGB des Vollmachtgebers zum Zeitpunkt der Vollmachtserteilung nur bei Vorliegen ernsthafter Zweifel zunächst von Amts wegen im Rahmen des

---

[1260] BGH, NJW 2016, 3297 Rn. 20.
[1261] BGH, NJW 2016, 3297 Rn. 20.
[1262] BGH, NJW 2016, 3297 Rn. 24.
[1263] BGH, NJW 2016, 3297 Rn. 24.
[1264] BGH, NJW 2016, 3297 Rn. 15.
[1265] BGH, NJW 2016, 3297 Rn. 14.
[1266] BGH, NJW 2016, 3297 Rn. 15.
[1267] BGH NJW 2011, 285, Rn. 11.

§ 26 FamFG aufzuklären hat.[1268] Dabei bedarf es nicht zwingend einer förmlichen Beweisaufnahme durch Einholung eines Sachverständigengutachtens nach § 280 Abs. 1 FamFG.[1269]

Wenn das Gericht die Unwirksamkeit einer Vorsorgevollmacht nicht positiv feststellen kann, dann bleibt es bei der wirksamen Bevollmächtigung.[1270] Verbleiben nach den vom Gericht angestellten Ermittlungen Zweifel an einer wirksamen Bevollmächtigung, ist eine Bestellung einer Betreuung nur dann erforderlich, wenn die Akzeptanz der Vollmacht im Rechtsverkehr eingeschränkt ist.[1271] Das ist dann der Fall, wenn Dritte die Vollmacht unter Berufung auf diese Bedenken zurückgewiesen haben oder weil Entsprechendes konkret zu besorgen ist.[1272] Der BGH verdeutlicht mit seiner Rechtsprechung, dass nicht jeder aufgekommene Zweifel an der Geschäftsfähigkeit des Vollmachtgebers zur Zeit der Vollmachtserteilung die Vorsorgevollmacht entwerten kann.[1273]

2. Weitere Vollmachtsformen

Neben der Vorsorgevollmacht haben sich auch die Einzel- und die Generalvollmacht etabliert. Dabei kommt eine Einzelvollmacht meist für spezielle Aufgaben wie beispielsweise eine Bankvollmacht zur Anwendung.[1274]

Wenn infolge späterer Handlungsunfähigkeit mehrere oder viele Aufgaben, sowohl aus dem Bereich der Personen- als auch der Vermögenssorge, auf eine bestimmte Person übertragen werden müssen, wird eine Vorsorgevollmacht, die ein Aufgabenbündel für den Fürsorgefall regelt, aufgesetzt.[1275]

Beabsichtigt der Vollmachtgeber eine Regelung, wonach alle ihn betreffenden Angelegenheiten vollständig einer anderen Person auferlegt werden sollen, dann wird die Alleinvertretungsbefugnis in allen persönlichen und vermögensrechtlichen Angelegenheiten in einer Generalvollmacht übertragen.[1276]

[1268] BGH NJW 2016, 1514, Rn. 19.
[1269] BGH NJW 2016, 1514, Rn. 19.
[1270] BGH NJW 2016, 1514, Rn. 12.
[1271] BGH NJW 2016, 1514, Rn. 12.
[1272] BGH NJW 2016, 1514, Rn. 12.
[1273] *Müller-Engels*, DNotZ 2021, S. 84 (89).
[1274] *Gsell/Krüger/Schmidt-Recla*, § 1820 Rn. 9.
[1275] *Gsell/Krüger/Schmidt-Recla*, § 1820 Rn. 9.
[1276] *Gsell/Krüger/Schmidt-Recla*, § 1820 Rn. 9.

3. Patientenverfügung i. V. m. General- bzw. Vorsorgevollmacht

Weder die Errichtung einer Patientenverfügung noch einer General- oder Vorsorgevollmacht bedarf einer notariellen Form.

Wird die Verfügung und die entsprechende Vollmacht dennoch notariell aufgesetzt, dann kann die Beurkundung bzw. Beglaubigung gemeinsam in einer Urkunde („Paketlösung“) oder in getrennten Urkunden erfolgen.[1277] Bei der Paketlösung ist die Patientenverfügung zugleich ein Teil des der Vollmachtserteilung zugrundeliegenden Grundgeschäfts.[1278] Soweit der Notar den Inhalt der Patientenverfügung zu verantworten hat, ist er gehalten, in der Urkunde auf das Erfordernis der Umsetzung der Patientenverfügung durch den Patientenvertreter hinzuweisen.[1279]

Bei der isolierten Patientenverfügung sollte in dieser ein Patientenvertreter benannt werden.[1280] Seine Aufgabe besteht darin, die Patientenverfügung umzusetzen.[1281] Durch die Benennung eines Patientenvertreters kann sichergestellt werden, dass es auch dann, wenn kein Betreuer oder Bevollmächtigter benannt wurde, möglichst zügig zur Durchsetzung der Patientenverfügung kommt, sodass Schwebezustände vermieden werden, in denen das Risiko besteht, dass der Betroffene eine Behandlung entgegen seinem in der Verfügung erklärten Willen hinnehmen muss.[1282]

4. Einbindung des Bevollmächtigten

Der Bevollmächtigte hat nach § 1827 Abs. 1, 6 BGB zu überprüfen, ob die Festlegungen in der Patientenverfügung auf die konkret eingetretene Lebens- und Behandlungssituation zutreffen, ob in der Patientenverfügung bereits eine antizipierte Entscheidung hinsichtlich der infrage kommenden Maßnahmen getroffen worden ist und ob diese noch dem aktuellen Willen des Betroffenen entsprechen.[1283]

Wenn der Bevollmächtigte feststellt, dass sich die Umstände so geändert haben, dass mindestens einer der drei genannten Prüfvorgaben nicht

---

[1277] *Hindemit*, RNotZ 2022,1 (11).
[1278] *Hindemit*, RNotZ 2022,1 (11).
[1279] *Hindemit*, RNotZ 2022,1 (11).
[1280] *Hindemit*, RNotZ 2022,1 (11).
[1281] *Hindemit*, RNotZ 2022,1 (11).
[1282] *Hindemit*, RNotZ 2022,1 (11).
[1283] BT-Drs. 16/8442, 14; siehe § 1827 Abs. 1 S. 1 BGB.

zutreffend ist, so liegt aus seiner Sicht keine einschlägige Patientenverfügung für diese konkrete Sachlage vor.[1284] Dann muss er die weitere Durchsetzung der Anordnungen der Patientenverfügung unterlassen bzw. stattdessen das Vorliegen von Behandlungswünschen prüfen oder den mutmaßlichen Willen ermitteln.[1285]

Bewertet der Bevollmächtigte die Lage dahingehend, dass die in der Patientenverfügung getroffenen Festlegungen zutreffend sind, so hat er den niedergelegten Willen des Betroffenen durchzusetzen bzw. Ausdruck und Geltung zu verleihen.[1286] Er hat folglich darauf hinzuwirken, dass dem in der Verfügung geäußerten Willen nachzukommen ist.[1287]

Wenn der Betroffene sich in seiner Patientenverfügung für lebenserhaltende Maßnahmen entschlossen hat, dann muss der Bevollmächtigte dem behandelnden Arzt diese Entscheidung anhand der Patientenverfügung mitteilen.[1288] Dieser ist an die Erklärung bzw. Verfügung gebunden und prüft nur noch, welche ärztliche Maßnahme im Hinblick auf den Gesamtzustand und die Prognose des Patienten indiziert ist, § 1828 Abs. 1 S. 1 BGB.

Für den Fall, dass die Patientenverfügung die Einwilligung in eine medizinisch indizierte Behandlungsmaßnahme verweigert, ist der behandelnde Arzt in die Überprüfung der Patientenverfügung neben den Bevollmächtigten mit einzubeziehen.[1289] Aus dem Wortlaut des § 1829 Abs. 4 BGB ergibt sich, dass eine betreuungsgerichtliche Kontrolle der Entscheidung des Bevollmächtigten nur dann nicht erforderlich ist, wenn zwischen ihm und dem behandelnden Arzt Einvernehmen darüber besteht, dass der Behandlungsabbruch dem in der Patientenverfügung festgestellten Patientenwillen entspricht. Den behandelnden Arzt trifft hinsichtlich der Aktualität und der Anwendbarkeit der Patientenverfügung auf die konkrete Behandlungssituation eine eigenständige Prüfungspflicht, wenn diese Entscheidung den Tod oder eine schwere Gesundheitsschädigung des Patienten zur Folge haben kann.[1290]

[1284] *Hindemit*, RNotZ 2022,1 (11).
[1285] *Hindemit*, RNotZ 2022,1 (11).
[1286] BGH NJW 2016, 3297 Rn. 27; BT-Drs. 16/8442, S. 15.
[1287] BGH NJW 2016, 3297 Rn. 27; BT-Drs. 16/8442, S. 15.
[1288] BGH NJW 2016, 3297 Rn. 27; BT-Drs. 16/8442, S. 15.
[1289] Vgl. § 1829 Abs. 4 BGB.
[1290] Vgl. § 1829 Abs. 1 S. 1, Abs. 4 BGB.

Der behandelnde Arzt muss den in der Patientenverfügung festgelegten Willen umsetzen, wenn er bei seiner Prüfung zu demselben Ergebnis gelangt wie der Bevollmächtigte. Eine weitere Überprüfung durch das Betreuungsgericht erfolgt im Fall des Einvernehmens zwischen dem Arzt und den Bevollmächtigten nicht.[1291]

Wenn der Arzt zu einem anderen Ergebnis als der Bevollmächtigte kommt, dann sind zur Abwendung einer Gefahr für das Leben des Betroffenen vorerst alle Maßnahmen zu ergreifen, die erforderlich sind.[1292] Des Weiteren ist die Entscheidung des Betreuungsgerichts anzuregen.[1293] Das Gericht wird dann eine verbindliche Entscheidung über die Geltung der Patientenverfügung treffen und dementsprechend ist dann der Behandlungsverlauf anzupassen.[1294]

In der Praxis kommt es nicht selten vor, dass der Betroffene mehrere Personen gleichberechtigt bevollmächtigt hat. Dann muss, damit Einvernehmen im Sinne des § 1829 Abs. 4 BGB besteht, ein umfassendes Einverständnis zwischen sämtlichen Bevollmächtigten und dem behandelnden Arzt bestehen.[1295]

Nahestehenden Angehörigen und sonstigen Vertrauenspersonen soll nach § 1828 Abs. 2 BGB die Gelegenheit zur Äußerung gegeben werden, sofern dies ohne erhebliche Verzögerung möglich ist. Ein Verstoß gegen die bloße Soll-Vorschrift hat keinen Einfluss auf die Wirksamkeit oder Rechtmäßigkeit der Entscheidung des Bevollmächtigten, da eine eigene Prüfung der nahen Angehörigen nicht stattfindet und diese auch nicht an der Durchsetzung der Patientenverfügung beteiligt sind.[1296]

5. Kontrollbetreuung

In der Praxis handelt es sich bei dem Vorsorgebevollmächtigten regelmäßig um eine Vertrauensperson des Bevollmächtigenden. Allerdings kann es sein, dass die bevollmächtigte Person nicht in der Lage ist, diese verantwortungsvolle Aufgabe zu übernehmen, so dass in diesem Fall wiederum eine (Kontroll-)Überwachung erforderlich ist.[1297] Dabei sind die Aspekte der

---

[1291] *Hindemit*, RNotZ 2022,1 (12).
[1292] *Hindemit*, RNotZ 2022,1 (12).
[1293] *Hindemit*, RNotZ 2022,1 (12).
[1294] *Hindemit*, RNotZ 2022,1 (12).
[1295] *Hindemit*, RNotZ 2022,1 (12).
[1296] *Hindemit*, RNotZ 2022,1 (12).
[1297] *Seibl*, NJW 2016, 3277 (3279).

persönlichen Ebene auf der einen Seite und die Qualifikationsebene auf der anderen Seite stets getrennt zu betrachten.[1298] Anders als der Betreuer steht der Bevollmächtigte nicht unter der Aufsicht des Betreuungsgerichts, sodass vielmehr der Bevollmächtigende den Bevollmächtigten kontrolliert.[1299] Nach § 1815 Abs. 3 BGB ist Voraussetzung für die Kontrollbetreuung, dass der Bevollmächtigende aufgrund einer Krankheit oder Behinderung nicht mehr in der Lage ist, seine Rechte gegenüber dem Bevollmächtigten auszuüben, und aufgrund konkreter Anhaltspunkte davon auszugehen ist, dass der Bevollmächtigte die Angelegenheiten des Vollmachtgebers nicht entsprechend der Vereinbarung oder dem erklärten oder mutmaßlichen Willen des Vollmachtgebers besorgt (§ 1815 Abs. 3 Nr. 1 und 2 BGB).[1300] Da die Kontrollbetreuung tief in das Selbstbestimmungsrecht des Bevollmächtigenden eingreift, stellt die Rechtsprechung hohe Anforderungen an die Bestellung eines Kontrollbetreuers.[1301] Denn die Erteilung von Vorsorgevollmachten zur Vermeidung der Bestellung eines Betreuers ist Ausdruck des durch Art. 2 Abs. 1 in Verbindung mit Art. 1 Abs. 1 GG garantierten Selbstbestimmungsrechts.[1302] Eine Kontrollbetreuung kann nicht damit begründet werden, dass der Vollmachtgeber seinen Bevollmächtigten nicht mehr überwachen kann, denn gerade für diesen Fall wurde die Vorsorgevollmacht aufgesetzt.[1303] Es müssen weitere Umstände hinzutreten, die die Errichtung einer Kontrollbetreuung erforderlich machen.[1304] Erforderlich ist, dass hinreichende tatsächliche Anhaltspunkte den Verdacht untermauern, dass mit der Vollmacht dem Betreuungsbedarf nicht ausreichend nachgekommen wird.[1305] Wenn beispielsweise nach den üblichen Maßstäben aus der Sicht eines vernünftigen Vollmachtgebers unter Berücksichtigung des in den Bevollmächtigten gesetzten Vertrauens eine ständige Kontrolle schon deshalb geboten ist, weil die zu besorgenden Geschäfte von besonderer Schwierigkeit und/oder besonderem

---

[1298] *Seibl*, NJW 2016, 3277 (3279).

[1299] *Gsell/Krüger/Schmidt-Recla*, § 1815 Rn. 101.

[1300] MüKo BGB/*Schneider*, § 1816 Rn. 40.

[1301] BVerfG BeckRS 2008, 40026.

[1302] BVerfG BeckRS 2008, 40026.

[1303] BGH NJW 2016, 3297 Rn. 30; BGH NJW 2011, 2137 Rn. 10.

[1304] BGH NJW 2016, 3297 Rn. 30; BGH NJW 2012, 2885 Rn. 9; BGH NJW 2011, 2137 Rn. 10.

[1305] BGH NJW 2012, 2885 Rn. 9; BGH NJW 2011, 2137 Rn. 10.

Umfang sind oder wenn gegen die Redlichkeit oder die Tauglichkeit des Bevollmächtigten Bedenken bestehen.[1306] Es ist nicht erforderlich, dass ein Missbrauch der Vollmacht vorliegt oder ein entsprechender Verdacht besteht.[1307] Vielmehr wird von der Rechtsprechung als ausreichend erachtet, wenn konkrete Anhaltspunkte dafür vorliegen, dass der Bevollmächtigte nicht mehr entsprechend der Vereinbarung und dem Interesse des Vollmachtgebers handelt.[1308] Der Bevollmächtigte muss sich stets an den ihm erteilten Auftrag und die damit verbundenen Weisungen halten.[1309]

Das Gericht kann dem Kontrollbetreuer auch den Aufgabenkreis des Vollmachtwiderrufs übertragen.[1310] Dieser weitreichende Eingriff in das Selbstbestimmungsrecht des Bevollmächtigenden setzt jedoch tragfähige Feststellungen voraus, dass das Festhalten an der erteilten Vorsorgevollmacht eine künftige Verletzung des Wohls des Betroffenen mit hinreichender Wahrscheinlichkeit und in erheblicher Schwere befürchten lässt.[1311] Stellt das Gericht behebbare Mängel bei der Vollmachtausübung fest, dann erfordert der Verhältnismäßigkeitsgrundsatz regelmäßig zunächst den Versuch, durch einen zu bestellenden Kontrollbetreuer auf den Bevollmächtigten positiv einzuwirken.[1312] Die Ermächtigung zum Vollmachtswiderruf als ultima ratio ist erst dann verhältnismäßig, wenn diese Maßnahmen fehlschlagen oder es aufgrund feststehender Tatsachen mit hinreichender Sicherheit als ungeeignet erscheint, drohende Schäden auf diese Weise abzuwenden.[1313]

6. Verbindlichkeit der Patientenverfügung im Innen- und Außenverhältnis

Teilweise besteht Uneinigkeit darüber, ob die Patientenverfügung sowohl im Innen- als auch im Außenverhältnis verbindlich ist.[1314] Dabei wird einerseits vertreten, dass die Entscheidung des Bevollmächtigten eine konstitutive Wirkung

---

1306 BGH NJW 2016, 3297 Rn. 31; BGH NJW 2012, 2885 Rn. 10.
1307 BGH NJW 2012, 2885 Rn. 10.
1308 BGH NJW 2012, 2885 Rn. 10.
1309 BGH NJW 2011, 2137 Rn. 10.
1310 BGH NJW 2016, 3297 Rn. 32.
1311 BGH NJW 2016, 3297 Rn. 32.
1312 BGH NJW 2016, 3297 Rn. 32.
1313 BGH NJW 2016, 3297 Rn. 32.
1314 *Diehn/Rebhan*, NJW 2010, 326 (327); *Ihrig*, DNotZ 2011, 583 (585).

entfaltet und seine Prüfung, ob die Patientenverfügung zur Anwendung kommt, keine Außenwirkung habe, da es an einer wirksamen, rechtfertigenden Einwilligung in die ärztliche Behandlungsmaßnahme fehle.[1315] Begründet wird die Ansicht, dass nach § 1828 Abs. 1 BGB die Behandlungsentscheidung ein Zusammenwirken zwischen dem Bevollmächtigten und dem behandelnden Arzt voraussetze.[1316] Dabei trägt der Arzt nicht das Risiko, dass mangels Bestimmtheit die Patientenverfügung nicht angewendet wird oder der Bevollmächtigte sich über das Vorliegen der aktuellen Situation irrt.[1317] Der Bevollmächtigte nimmt eine Qualifikation der Festlegungen in der Patientenverfügung mit konstitutiver Wirkung vor.[1318] Durch die bindende Weisung mittels der Patientenverfügung übernimmt der Bevollmächtigte die Verantwortung für den Willen des Betroffenen und damit auch über die Entscheidungsgrundlage für das ärztliche Handeln.[1319] Gegen diese Ansicht spricht, dass sowohl der Bevollmächtigte als auch alle anderen Adressaten im Rahmen des § 1827 Abs. 1 BGB eben keine Behandlungsentscheidung treffen können, da diese bereits der Errichtende bei der Abfassung seiner Patientenverfügung konstitutiv vorgenommen hat.[1320] Den Bevollmächtigten als Mittler an der Umsetzung der Patientenverfügung zu beteiligen, um die Selbstbestimmung des Betroffenen zur Geltung zu bringen sei unter dem Gesichtspunkt der effektiven Grundrechtsausübung nach Art. 2 Abs. 2 S. 1 GG weder erforderlich noch verhältnismäßig.[1321]

Nach § 630d Abs. 1 S. 2 BGB ist, falls der Betroffene einwilligungsunfähig ist, die Einwilligung eines hierzu Berechtigten einzuholen, soweit nicht eine Patientenverfügung nach § 1827 Abs. 1 S. 1 die Maßnahme gestattet oder untersagt. Sobald eine Patientenverfügung vorliegt, muss daher weder ein Betreuer bestellt werden, noch bedarf es des Bevollmächtigten als Mittelsmann.[1322] Daraus folgt, dass der behandelnde Arzt keine Pflicht aus dem ärztlichen Behandlungsvertrag verletzt, wenn er die Anordnung einer

---

1315 *Diehn/Rebhan*, NJW 2010, 326 (327); *Ihrig*, DNotZ 2011, 583 (585).
1316 *Diehn/Rebhan*, NJW 2010, 326 (327).
1317 *Diehn/Rebhan*, NJW 2010, 326 (327).
1318 *Diehn/Rebhan*, NJW 2010, 326 (327).
1319 *Diehn/Rebhan*, NJW 2010, 326 (327).
1320 *Hindemit*, RNotZ 2022,1 (13).
1321 *Hindemit*, RNotZ 2022,1 (13).
1322 MüKoBGB/*Wagner*, § 630d Rn. 36.

Betreuung nicht anregt.[1323] Daran ändert auch nichts, dass nach § 1828 Abs. 1 S. 2 BGB der Betreuer gemeinsam mit dem behandelnden Arzt die geplante ärztliche Maßnahme unter Berücksichtigung der Patientenverfügung mit Blick auf die gegenwärtige Lebens- und Behandlungssituation einer Prüfung unterzieht.[1324]

Während des Gesetzgebungsverfahrens wurde dieser Widerspruch zwischen § 630d Abs. 1 S. 2 BGB und dem heutigen § 1828 Abs. 1 S. 2 BGB von dem Bundesrat erkannt und thematisiert.[1325] Danach sollte § 630d Abs. 1 BGB um eine Klarstellung ergänzt werden, dass die Vorschriften der heutigen §§ 1827, 1828 BGB unberührt bleiben und dadurch sichergestellt werden, dass das vom Gesetzgeber in den §§ 1827, 1828 BGB geregelte ausdifferenzierte Verfahren zur Feststellung der Einschlägigkeit einer Patientenverfügung eingehalten wird.[1326] Der Bundestag lehnte die vorgeschlagene Ergänzung mit der Begründung ab, dass die Änderung missverständlich den unzutreffenden Eindruck erwecken kann, dass im Falle einer vorliegenden Patientenverfügung es zwingend eines Bevollmächtigten oder der Bestellung eines Betreuers bedarf.[1327] Diese Intention verfolgte der Gesetzgeber seinerzeit mit dem 3. BtÄndG nicht.[1328] Wenn der behandelnde Arzt keine Zweifel bezüglich des Vorliegens einer wirksamen Patientenverfügung hat und diese auf die aktuelle Lebens- und Behandlungssituation des Betroffenen zutrifft, dann hat er auf ihrer Grundlage zu entscheiden.[1329]

Daraus folgt, dass der Gesetzgeber bei der Schaffung der heutigen §§ 1827, 1828 BGB eine unmittelbare Verbindlichkeit der Patientenverfügung beabsichtigt hat.[1330] Die Vorschriften sollten nur das Verfahren für den Fall regeln, dass ein Patientenvertreter vorhanden ist. Es wurde gerade nicht darauf abgezielt, dass ein Patientenvertreter zwingend bestellt werden muss.[1331]

[1323] *Hindemit*, RNotZ 2022,1 (13).
[1324] *Hindemit*, RNotZ 2022,1 (13).
[1325] BR-Drs. 312/12, 10 f.
[1326] BR-Drs. 312/12, 11 f.
[1327] BT-Drs. 17/10488, 55.
[1328] BT-Drs. 17/10488, 55.
[1329] BT-Drs. 17/10488, 55.
[1330] *Hindemit*, RNotZ 2022,1 (14).
[1331] *Hindemit*, RNotZ 2022,1 (14).

Nach dem Gesetzgeber sollte das 3. BtÄndG, die Stärkung des grundrechtlich verankerten Selbstbestimmungsrechts des Patienten fördern.[1332] So soll ein einwilligungsfähiger Volljähriger im Bereich der medizinischen Versorgung sein Selbstbestimmungsrecht durch eine erst in der Zukunft wirkende verbindliche Verfügung ausüben können.[1333] Insofern wäre es gerade nicht förderlich, wenn die Anordnungen der Patientenverfügung erst mit entsprechender Erklärung eines Patientenvertreters vom behandelnden Arzt umgesetzt werden können. Dem behandelnden Arzt steht es auch frei, bei Zweifeln im Rahmen der Verfügung eine Betreuung beim Betreuungsgericht anzuregen.[1334] Damit werde das vom Gesetzgeber verfolgte Ziel der Schaffung klarer Verantwortungsbereiche nicht untergraben.[1335] Nach der Betreuerbestellung sind die dafür gesetzlichen Verfahren einzuhalten.[1336] Wird jedoch auf die Betreuung verzichtet, weil eine wirksame Patientenverfügung vorliegt, die Anwendung finden kann, dann trägt der Arzt auch die Verantwortung für die Entscheidung.[1337]

Letztendlich ist die Patientenverfügung im Außenverhältnis allen Adressaten gegenüber wirksam und bedarf keiner zwingenden Mitwirkung eines Patientenvertreters, der die Verbindlichkeit durch eine eigene Erklärung erst konstitutiv begründet.[1338]

Sowohl die Bundesärztekammer als auch die Zentrale Ethikkommission sind der Ansicht, dass eine eindeutige Patientenverfügung den behandelnden Arzt direkt bindet.[1339] Wenn also der Arzt keine berechtigten Zweifel daran hat, dass die Verfügung auf die aktuelle Lebens- und Behandlungssituation zutrifft, dann muss er auf ihrer Grundlage entscheiden und entsprechende Maßnahmen ergreifen.[1340] Sobald ein Bevollmächtigter vorhanden oder ein Betreuer bestellt wurde, hat dieser zu prüfen, ob die Patientenverfügung

---

[1332] *Hindemit*, RNotZ 2022,1 (14).
[1333] BT-Drs. 17/10488, 54.
[1334] *Hindemit*, RNotZ 2022,1 (14).
[1335] *Hindemit*, RNotZ 2022,1 (14).
[1336] *Hindemit*, RNotZ 2022,1 (14).
[1337] *Hindemit*, RNotZ 2022,1 (14).
[1338] *Hindemit*, RNotZ 2022,1 (14).
[1339] *BAK*, Dtsch Arztebl 2018, A 2434 (2437).
[1340] *BAK*, Dtsch Arztebl 2018, A 2434 (2437).

wirksam und auch einschlägig ist.[1341] Ist das der Fall, dann muss er ihr Ausdruck und Geltung verschaffen.[1342]

7. Reichweite des Vorrangs der Privatvorsorge

Der Subsidiaritätsgrundsatz basiert darauf, dass jede volljährige Person besser entscheiden kann, wer in Defizitsituationen für sie handeln soll, als nahestehende Personen oder staatliche Institutionen.[1343] Infolgedessen hat sich im Rahmen der privatautonomen Vorsorge die Vollmachtserteilung etabliert.[1344] Wirksame Vollmachten sperren die rechtliche Betreuung, denn diese ist gegenüber dem privaten Stellvertretungsrecht nachrangig, gemäß § 1814 Abs. 3 S. 2 Nr. 1 BGB.[1345] Es ist dabei unerheblich, ob der Vollmachtgeber noch nicht oder schon rechtlich betreut wurde bzw. wird oder ob bereits ein Betreuungsverfahren anhängig ist oder nicht.[1346] Eine rechtliche Betreuung nach § 1871 BGB ist von Amts wegen durch das Betreuungsgericht aufzuheben, wenn die Betreuungsbedürftigkeit nicht mehr vorliegt, und während des gesamten Betreuungsverfahrens ist nach § 26 FamFG zu prüfen, ob überhaupt eine Betreuungsbedürftigkeit besteht.[1347] Soweit die erteilte Vorsorgevollmacht reicht, besteht kein Raum für einen Betreuungsbedarf.[1348] Im Ergebnis kann eine rechtliche Betreuung neben einer Vollmacht angeordnet werden, wenn nicht alle Angelegenheiten von der Vollmacht erfasst sind, in denen Betreuungsbedarf besteht.[1349]

Eine Vollmacht kann jedoch die rechtliche Betreuung nicht verhindern, wenn fehlende subjektive Eignung des Vollmachtnehmers oder Interessenkonflikte vorliegen.[1350] Dies kann der Fall sein, wenn erhebliche Zweifel an der Redlichkeit des Vollmachtnehmers bestehen, er objektiv nicht im Stande ist, die Vollmacht dementsprechend auszuüben, mit dem Umfang

[1341] *BAK*, Dtsch Arztebl 2018, A 2434 (2437).
[1342] *BAK*, Dtsch Arztebl 2018, A 2434 (2437).
[1343] *Gsell/Krüger/Schmidt-Recla*, § 1820 Rn. 6.
[1344] *Gsell/Krüger/Schmidt-Recla*, § 1820 Rn. 6.
[1345] *Gsell/Krüger/Schmidt-Recla*, § 1814 Rn. 179.
[1346] *Gsell/Krüger/Schmidt-Recla*, § 1814 Rn. 179.
[1347] *Gsell/Krüger/Schmidt-Recla*, § 1814 Rn. 179.
[1348] *Gsell/Krüger/Schmidt-Recla*, § 1814 Rn. 179.
[1349] *Gsell/Krüger/Schmidt-Recla*, § 1814 Rn. 179.
[1350] *Gsell/Krüger/Schmidt-Recla*, § 1814 Rn. 183.

und der Schwierigkeit der vorzunehmenden Geschäfte überfordert ist oder eigene Interessen ihn daran hindern, wirtschaftlich gebotene Verfügungen vorzunehmen.[1351]

Um den typischen Interessenkonflikten vorzubeugen, regelt § 1816 Abs. 6 BGB, welche Personen nicht zum Betreuer der betroffenen Person bestellt werden können.[1352] Dabei sind wirksame Vollmachten mit sämtlichen Personen, die zu der betroffenen Person in einem Abhängigkeitsverhältnis oder einer anderen engen Beziehung (z. B. Träger von Einrichtungen und Dienstleistern) stehen, zwar grundsätzlich wirksam, gehen aber der rechtlichen Betreuung nicht vor, sodass der Subsidiaritätsgrundsatz nicht gilt.[1353]

Eine Vorsorgevollmacht hat gegenüber einem bestellten Betreuer den Vorteil, dass der Bevollmächtigende einen Bevollmächtigten seines Vertrauens bestimmen kann und dieses Vorgehen dem Sinn der Patientenautonomie entspricht.[1354]

1351 *Gsell/Krüger/Schmidt-Recla*, § 1814 Rn. 183.
1352 *Gsell/Krüger/Schmidt-Recla*, § 1814 Rn. 183.
1353 *Gsell/Krüger/Schmidt-Recla*, § 1814 Rn. 183.
1354 *Seibl*, NJW 2016, 3277 (3278).

J. Empfehlung

I. Schaffung von eindeutigen Standards im Umgang mit Patientenverfügungen

1. Einheitliche Formulare für die Patientenverfügung

Die Schaffung eindeutiger Standards für Patientenverfügungsformulare ist entscheidend, um die Autonomie des Patienten am Lebensende zu gewährleisten und dem beteiligten medizinischen Personal sowie den Patientenvertretern Rechtsklarheit zu bieten. Durch Formulare mit einem einheitlichen Standard können Probleme im Rahmen der Interpretation und bei der Anwendung zukünftig minimiert werden.

Dabei ist es wichtig, dass diese Formulare in einer einfachen und klaren Sprache verfasst sind, um sicherzustellen, dass Patienten ihre Wünsche und Präferenzen verständlich formulieren können. Zudem sollten die Formulare genügend Flexibilität bieten, um individuelle Wünsche und spezielle Bedürfnisse des Patienten zu berücksichtigen. Dies könnte durch optionale Zusatzfelder oder Anmerkungsbereiche erreicht werden.

Zur Entwicklung einheitlicher Formulare könnten interdisziplinäre Arbeitsgruppen bestehend aus Juristen, Medizinern, Ethikern und Patientenvertretern eingesetzt werden. Diese Gruppen könnten sicherstellen, dass die Formulare sowohl rechtlich als auch medizinisch fundiert sind und die Bedürfnisse der Patienten optimal widerspiegeln. Um sicherzustellen, dass die Formulare tatsächlich den Bedürfnissen der Patienten entsprechen, könnte eine Rückmeldung von Patienten selbst in den Entwicklungsprozess einbezogen werden. So könnten mögliche Lücken oder Unklarheiten bereits im Vorfeld identifiziert und behoben werden.

2. Konsequente Anwendung des zweigliedrigen Bestimmtheitsgrundsatzes des BGH

Alle Formulare müssen dem zweigliedrigen Bestimmtheitsgrundsatz des BGH entsprechen, damit die Patientenverfügung wirksam ist und nicht nur im Rahmen des § 1827 Abs. 2 BGB zur Anwendung kommt. Nach dem BGH genügt eine Patientenverfügung dem Bestimmtheitsgrundsatz, wenn sie konkret die Behandlungssituation beschreibt, in der sie gelten soll und die ärztliche Maßnahme bezeichnet, in die der Patient (nicht) einwilligt.[1355]

3. Vereinheitlichung der Terminologie

Begrifflichkeiten von Maßnahmen und Krankheiten werden in den verschiedenen Verfügungen heterogen verwendet. Das führt dazu, dass die Begriffe zu unterschiedlichen Auslegungsvarianten führen und im schlechtesten Fall nicht dem Willen des Patienten entsprechen oder die Verfügung nicht zur Anwendung kommt. Die Einführung einheitlicher Begriffe und klar definierter Konzepte ist essenziell, um Missverständnisse zu vermeiden und eine korrekte Umsetzung der Patientenwünsche zu sichern.

Ein einheitliches Glossar mit definierten medizinischen und rechtlichen Begriffen könnte den Formularen beigefügt werden, um Missverständnisse zu vermeiden und eine einheitliche Interpretation sicherzustellen.

4. Klarheit über medizinische Sachverhalte

Die Patientenverfügung muss die verschiedenen medizinischen Situationen präzise beschreiben, denn ohne die konkrete Beschreibung ist es dem Arzt bzw. Patientenvertreter fast unmöglich, seinem Prüfauftrag aus § 1827 Abs. 1 S. 1 BGB nachzukommen, ob die Festlegungen auf die aktuelle Lebens- und Behandlungssituation zutreffen.[1356] Dafür ist die interdisziplinäre Zusammenarbeit von Juristen und Medizinern notwendig, um Formulierungshilfen zu schaffen, die medizinische Situationen exakt und allgemeinverständlich abbilden.

Um die Klarheit über medizinische Sachverhalte zu erhöhen, könnten in den Formularen Fallbeispiele eingebunden werden, die typische Situationen beschreiben und die entsprechenden Entscheidungen veranschaulichen.

[1355] BGH NJW 2019, 600 Rn. 19 f.

[1356] *Gsell/Krüger/Diener*, § 1827 Rn. 51.

5. Regelung zur Beachtlichkeit des natürlichen Willens

Gerade bei psychischen Krankheiten wie bei Demenz kann es vorkommen, dass der spätere natürliche Wille mit dem Willen des Betroffenen, der in den Festlegungen zum Ausdruck gekommen ist, nicht im Einklang steht. Für diesen Fall sollte sich der Verfügungsersteller mit dieser Thematik auseinandersetzen und in der Verfügung klar regeln, ob seinem späteren natürlichen Willen Beachtung zukommen soll oder nicht (Meta-Direktive).

Anstelle einer eindeutigen Ja/Nein-Aussage könnte ein Abschnitt ergänzt werden, in dem der Patient keine feste Entscheidung für oder gegen die Beachtung seines natürlichen Willens trifft. Stattdessen sollen der behandelnde Arzt und ggf. die nahen Angehörigen in der konkret beschriebenen Situation eine umfassende Beurteilung des Patienten vornehmen und auf Grundlage der längerfristig geäußerten Willensbekundungen entscheiden.[1357] Dabei ist nicht ein einmaliges Empfinden maßgeblich, sondern der über einen längeren Zeitraum artikulierte Wille. Der Patient sollte in seiner Gesamtheit betrachtet werden, wobei der natürliche Wille nur ein Teil der Entscheidungsgrundlage ist.

Außerdem sollten Patienten Zugang zu ergänzenden Beratungsdiensten haben, die speziell darauf ausgerichtet sind, die Komplexität der Frage des natürlichen Willens zu erläutern und zu klären, wie dieser in ihrer Verfügung berücksichtigt werden soll.

6. Beachtung und Umgang von individuell körperlichen Voraussetzungen

Die Patientenverfügung sollte sich mit individuell körperlichen Voraussetzungen wie implantierbaren Devices (Herzschrittmacher oder Defibrillator) auseinandersetzen.[1358] Der implantierte Defibrillator sorgt durch elektrische Schocks dafür, dass das Herz regelmäßig in seinen normalen Rhythmus zurückgeführt wird, unabhängig vom gesundheitlichen Zustand des Patienten.[1359] Ein Abschalten durch das medizinische Personal kann somit der aktiven Sterbehilfe unterfallen. Es bedarf daher einer Regelung, unter

[1357] Vgl. Jens/Küng, (200).
[1358] *Deutsche Herzstiftung*, Patientenverfügung.
[1359] *EB*, Dtsch Arztebl 2015, A-1007.

welchen Umständen das entsprechende Gerät bzw. dessen Schockfunktion abgestellt werden und wann ein Batteriewechsel unterlassen werden soll.[1360]

7. Regelung von Organspende und Wachkoma

Sollte der Verfügungsersteller mit einem Organspendeausweis seine Spendenbereitschaft erklärt haben, bedarf es einer ausdrücklichen und klaren Regelung des Verhältnisses von der Organspendebereitschaft und der Patientenverfügung.[1361] Denn auch hier kann es möglich sein, dass entgegen dem in der Patientenverfügung geäußerten Willen, keine lebenserhaltenden Maßnahmen zu wünschen, diese für die Organentnahme jedoch durchgeführt werden müssten.[1362]

Das Patientenverfügungsformular sollte ebenfalls Regelungen für den Fall des Wachkomas enthalten. Die jüngste Forschung hat gezeigt, dass es verschiedene Bewusstseinsstatus gibt und ein Aufwachen auch nach vielen Jahren nicht ausgeschlossen ist.[1363] Es sollte daher geregelt werden, ob überhaupt und wenn ja, ob für immer oder ab wann für den Betroffenen, unter Berücksichtigung des Risikos von Fehldiagnosen, keine lebenserhaltenden Maßnahmen oder bis zu welchem Zustand lebenserhaltende Maßnahmen und Therapien durchgeführt werden sollen.

8. Kontinuierliches Review

Die Corona-Pandemie hat gezeigt, dass sich durch neue Krankheiten auch die Wünsche späterer Patienten verändern können. Neue Krankheiten stellen auch das Gesundheitssystem vor neue Herausforderungen. Zwar muss nach der Rechtsprechung des BGH der Betroffene seine eigene Biografie bzw. Krankheitsgeschichte nicht vorausahnen und auch die zukünftigen medizinischen Fortschritte nicht berücksichtigen[1364], dennoch ist zu empfehlen, dass die Verfügung regelmäßig auf ihre Aktualität in Bezug auf neue Krankheiten oder Behandlungsmethoden aber auch hauptsächlich auf den evtl. geänderten Willen des Erstellers, überprüft wird.

[1360] AG Brandenburg, NJOZ 2022, 329; *Hau/Poseck/Müller-Engels*, § 1827 Rn. 19.
[1361] *Gsell/Krüger/Diener*, § 1827 Rn. 121; *Hau/Poseck/Müller-Engels*, § 1827 Rn. 18.
[1362] Vgl. *BAK*, Dtsch Arztebl 2013, A 572 (573).
[1363] Vgl. Zeit Online v. 24.04.2019.
[1364] BGH NJW 2017, 1737 Rn. 18.

Eine automatische Erinnerungsfunktion für Patienten könnte eingeführt werden, die regelmäßig daran erinnert, ihre Verfügung auf Aktualität zu überprüfen, insbesondere in Anbetracht neuer medizinischer Entwicklungen oder persönlicher Veränderungen.

9. Rechtliche Absicherung und vorweggenommene Prüfung der Wirksamkeit

Aufgrund der vielen verschiedenen Anbieter von Formularen und der entsprechenden Unsicherheit bezüglich der Wirksamkeit der Patientenverfügung wäre die Einführung einer notariellen Beglaubigung oder eines Prüfvermerks einer Behörde, dass die Verfügung den Anforderungen des BGH entspricht, sehr hilfreich. Die Prüfpflicht würde insofern von den Ärzten vor- bzw. ausgelagert. Damit wäre von ihnen nicht mehr die Wirksamkeit zu prüfen, sondern nur, ob die getroffenen Festlegungen der aktuellen Lebens- und Behandlungssituation des Betroffenen entsprechen. Die vor- bzw. ausgelagerte Prüfung würde den Umgang mit Patientenverfügungen erleichtern und deren Authentizität sowie Gültigkeit zusätzlich unterstrichen.

10. Erweiterte Aufklärung und Sensibilisierung der Öffentlichkeit

Neben der Schaffung einheitlicher Formulare ist es auch entscheidend, eine erweiterte Aufklärung und Sensibilisierung der Öffentlichkeit für die Bedeutung und den richtigen Umgang mit Patientenverfügungen zu fördern. Durch gezielte Informationskampagnen und Schulungen könnten Patienten und deren Angehörige besser auf die Erstellung und Anwendung von Patientenverfügungen vorbereitet bzw. erinnert werden.

II. Unterstützung der Patientenverfügung durch Notfallbögen

Die Patientenverfügung ist ein umfangreiches und komplexes mehrseitiges Dokument, das vor allem in akuten Notfallsituationen hinderlich sein kann, wenn schnelle und entscheidende medizinische Entscheidungen zu treffen sind. An dieser Stelle bieten Notfallbögen eine praxisorientierte Lösung, sind als Kurzfassung der Patientenverfügung schnell zu erfassen und geben konkrete Handlungsanweisungen. Innerhalb kürzester Zeit werden Informationen vermittelt, sodass das medizinische Notpersonal wie der Rettungsdienst unproblematisch entscheiden und handeln kann. Der Notfallbogen schafft auch juristische Klarheit in einer Situation, in der die Zeit für umfassende Rechtsprüfungen fehlt.

Die Patientenautonomie wird durch die Einbeziehung von Notfallbögen in das Patientenvorsorgesystem gestärkt. Es müssen auch für Notfallbögen gesetzgeberische Vorgaben geschaffen werden. Letztendlich kann durch eine konsequente Aufklärung und Anwendung der Notfallbögen die Lücke für die Berücksichtigung des Patientenwillens in akuten Notfällen geschlossen werden.

III. Medizinische und rechtliche Schulung und Beratung von Ärzten

Damit der Patient im Rahmen seiner Patientenverfügung von seinem Selbstbestimmungsrecht vollumfänglich Gebrauch machen kann, muss dieser alle entscheidungsrelevanten Informationen erhalten, verstehen und anschließend würdigen.[1365] Besonders bei schwierigen und folgenreichen Entscheidungen bedarf es eines komplexen Austausches mit anderen Personen.[1366] Neben dem persönlichen Umfeld ist der behandelnde Arzt, der nicht nur den Patienten kennt, sondern auch die möglichen zukünftigen Situationen und damit einhergehende Behandlungsoptionen einschätzen kann, als Hauptansprechpartner und zugleich als Vertrauensperson für die Entscheidungsfindung essenziell.[1367] Um dieser tragenden Rolle gerecht zu werden, sollte der Arzt nicht nur medizinisch, sondern auch in einem gewissen Umfang rechtlich beraten können, um selbst die Anforderungen an rechtsgültige Patientenverfügungen zu verstehen.

Diese Vorbereitung kann durch spezifische Schulungsmodule erfolgen, die sich auf ethische, rechtliche und kommunikative Aspekte der Patientenverfügung konzentrieren. Ärzte sollten in der Lage sein, die Nuancen und Komplexität der rechtlichen Rahmenbedingungen zu verstehen und sich bewusst sein, wie sich diese auf die Beratung von Patienten auswirken.

[1365] *in der Schmitten et al.*, Z Palliativmed 2016, 177 (178).
[1366] *in der Schmitten et al.*, Z Palliativmed 2016, 177 (178).
[1367] *in der Schmitten et al.*, Z Palliativmed 2016, 177 (179).

Außerdem sollten sie in der Lage sein, einfühlsam auf die Bedürfnisse und Wünsche der Patienten einzugehen sowie komplexe medizinische und rechtliche Konzepte verständlich zu vermitteln.

Des Weiteren sollten die behandelnden Ärzte das Konzept „Behandlung im Voraus planen"[1368] (BVP) unterstützend zu der Beratung bezüglich der Patientenverfügung anwenden und durchführen. Im Gegensatz zur Patientenverfügung handelt es sich bei BVP um einen kontinuierlichen Prozess, in dem der Betroffene seine medizinischen Behandlungspräferenzen und Wertvorstellungen im Voraus entwickelt und dokumentiert, auch wenn er nicht unmittelbar vor einer gesundheitlichen Krise steht.[1369] Über einen längeren qualifizierten Gesprächsprozess werden die individuellen Wünsche herausgearbeitet. Diese können entweder in die Festsetzungen der Patientenverfügung eingearbeitet oder als ergänzende Vorausverfügung dokumentiert werden. In diesem Rahmen wird auch der Notfallbogen erarbeitet und aufgesetzt.[1370] Des Weiteren unterstützt BVP auch bei der Auswahl einer geeigneten Vertrauensperson als Patientenstellvertreter im Falle des Verlusts der Einwilligungsfähigkeit.[1371]

IV. Erweiterung der Erstattungsfähigkeit der Kosten für eine gesundheitliche Versorgungsplanung und Erhöhung der Gebühren

Wenn eine umfangreiche Beratung rund um die Thematik der Patientenverfügung seitens der Ärzte angeboten und durchgeführt werden soll, muss diese auch entsprechend abrechenbar sein. Insofern ist es wichtig, dass alle Leistungen, die mit dem Beratungsgespräch einhergehen und auch die Gespräche selbst, bei den Krankenkassen abrechenbar sind. Entsprechend der Bedeutung und Tragweite der Leistung sollten die Gebühren hoch angesetzt sein. Nach § 132g Abs. 3 SGB V können zugelassene Pflegeeinrichtungen und Einrichtungen der Eingliederungshilfe für behinderte Menschen ihren

[1368] (ACP)—Advance Care Planning.
[1369] *in der Schmitten et al.*, Z Palliativmed 2016, 177 (180).
[1370] *in der Schmitten et al.*, Z Palliativmed 2016, 177 (186).
[1371] *in der Schmitten et al.*, Z Palliativmed 2016, 177 (186).

Bewohnern eine gesundheitliche Vorsorgeplanung für die letzte Lebensphase anbieten und bei den Krankenkassen in Rechnung stellen.[1372] Die gesundheitliche Vorsorgeplanung umfasst dabei eine individuelle Beratung mittels einer Fallbesprechung.[1373] Nach dem Gesetzgeber soll diese „dazu anleiten, Vorstellungen über die medizinischen Abläufe, das Ausmaß, die Intensität und die Grenzen medizinischer Interventionen sowie palliativ-medizinischer und palliativ-pflegerischer Maßnahmen in der letzten Lebensphase zu entwickeln".[1374] Dabei ist zwingend der behandelnde Hausarzt des Bewohners mit einzubeziehen.[1375] Für die Beteiligung an der Beratung kann der Arzt entsprechend der Gebührenordnungsposition (GOP) 37.400 eine Vergütung in Höhe von 100 Punkten, also 10,99 € abrechnen.[1376] Hier muss geprüft werden, ob die Höhe der Vergütung der Beratung gerecht wird oder ob nicht eine Erhöhung erforderlich ist. Natürlich hat der Arzt den Patienten immer bestmöglich zu betreuen. Allerdings muss auch beachtet werden, dass der Arzt aufgrund des in Deutschland etablierten Gesundheitssystems zum wirtschaftlichen Denken gezwungen wird. So würde eine höhere Vergütungsposition automatisch zu mehr Zeit mit dem Patienten führen. Des Weiteren können die Beratungsleistungen nach § 132g Abs. 3 SGB V nur abgerechnet werden, wenn der Beratene in einem vollstationären Pflegeheim oder in einer Einrichtung der Eingliederungshilfe lebt.[1377] Es ist daher zwingend erforderlich, dass die derzeitige Beschränkung der kassenärztlichen Erstattungsfähigkeit der Kosten auch auf andere Bereiche erweitert wird.[1378] Mit der anzupassenden Gebührenhöhe und der Abrechenbarkeit aller Leistungen wird der Grundstein für eine umfassende Beratung des Patienten zu seiner individuellen Patientenverfügung gelegt.

[1372] Siehe § 132g Abs. 1, 3 SGB V.
[1373] BT-Drs. 18/5170, 30.
[1374] BT-Drs. 18/5170, 30.
[1375] Siehe § 132g Abs. 2 S. 1 SGB V.
[1376] *Arzt & Wirtschaft Redaktion*, Abrechnung Beratung von Heimbewohnern.
[1377] *Arzt & Wirtschaft Redaktion*, Abrechnung Beratung von Heimbewohnern; siehe § 132g Abs. 1, 3 SGB V.
[1378] *Kraemer*, NJW 2023, 2610 (2612).

V. Erforderlicher Schnellzugriff von Patientenverfügung/Notfallbogen/Vollmacht

In der Praxis besteht oftmals das Problem, dass die Patientenverfügung nicht in kurzer Zeit vorgelegt werden kann. Teilweise muss erst geklärt werden, ob überhaupt eine Patientenverfügung o. ä. vorliegt.

1. Hinterlegung beim Zentralen Vorsorgeregister

Grundsätzlich besteht nach § 78a BNotO die Möglichkeit, Patientenverfügung und Vorsorgevollmacht in das von der Bundesnotarkammer geführte Zentrale Vorsorgeregister eintragen zu lassen. Auf das Register können Gerichte und Ärzte zugreifen.[1379] Letztere benötigen neben ihrem elektronischen Heilberufsausweis (eHBA) und einem Kartenlesegerät einen Zugang zur Telematikinfrastruktur über den Authenticator der Gematik GmbH.[1380] Mittels eines automatisierten Abrufverfahrens kann somit Auskunft über die eingetragenen Vorsorgeverfügungen und Patientenverfügungen eingeholt werden.[1381] Dies ist nur dann möglich, soweit diese gemäß § 78b Abs. 1 S. 2 BNotO für die Entscheidung über eine dringende medizinische Behandlung erforderlich sind.

2. Zugriff über QR-Code

Seit einigen Jahren ist es möglich, die Patientenverfügung über einen QR-Code abzurufen.[1382] Die DGHS[1383] hat dazu einen Notfall-Ausweis mit dem Notfall-QR-Code entwickelt.[1384] Über den auf der Notfall-Karte deutlich sichtbaren QR-Code ist es möglich, mittels Abscannen via internetfähigem Smartphone auf die hinterlegte Patientenverfügung bzw. Vorsorgemappe zuzugreifen.[1385] Der Zugriff über den Scan des Codes ist sehr einfach und schnell. Das medizinische Personal muss keine weiteren Daten für den Abruf eingeben.

[1379] Siehe § 78b Abs. 1 BNotO.
[1380] *BNotK*, Zentrales Vorsorgeregister.
[1381] *BNotK*, Zentrales Vorsorgeregister.
[1382] *DGHS*, Patientenverfügung über Notfall-QR.
[1383] Deutsche Gesellschaft für Humanes Sterben e. V.
[1384] *DGHS*, Notfall-Ausweis.
[1385] *DGHS*, Patientenverfügung über Notfall-QR.

Falls keine Notfall-Karte gewünscht wird, kann der Notfall-QR-Code auch auf die Gesundheitskarte, den Personalausweis oder in das Portemonnaie geklebt werden.[1386]

Neben der DGHS stellen auch andere Anbieter die Möglichkeit eines schnellen und unkomplizierten Zugriffs über einen QR-Code zur Verfügung.[1387] Beispielsweise bietet Patientenverfügung.digital die Erstellung der Verfügung und weiterer Unterlagen an.[1388] Für den Zugriff der hinterlegten Unterlagen wird auch hier ein Signalaufkleber mit dem QR-Code hergestellt, der dann beliebig auf die Gesundheitskarte o. ä. aufgebracht werden kann.[1389] Ein Zugriff über einen QR-Code kann insbesondere in ländlichen Gebieten ein Problem darstellen, wenn die Internetversorgung nicht ausreichend ausgebaut ist. Aufgrund der Notwendigkeit eines internetfähigen Handys und einer Internetverbindung kann der Zugriff in ländlichen Gegenden problematisch sein, da in Deutschland keine flächendeckende hochwertige Internetabdeckung vorhanden ist.

3. Hinterlegung auf der Gesundheitskarte

a) Bisherige Möglichkeiten

Seit dem 1. Januar 2015 wird die elektronische Gesundheitskarte verwendet, um Leistungen der Krankenkasse in Anspruch nehmen zu können.[1390] Seit Herbst 2020 können Versicherte Notfalldaten auf dieser hinterlegen.[1391] Neben Notfallkontakten können persönliche Gesundheitsdaten und medizinische Hinweise digital gespeichert werden.[1392] Für den Zugriff auf die Notfalldaten ist keine Eingabe einer persönlichen Identifikationsnummer (PIN) des Versicherten erforderlich.[1393] Damit wird gewährleistet, dass der Arzt ohne Hürden und schnell an diese Daten gelangt.[1394] Der Versicherte hat

---

1386 *DGHS*, Patientenverfügung über Notfall-QR.

1387 Vgl. *Vivendi*, Patientenverfügung-Ausweis; *LegacyNotes*, Patientenverfügung.

1388 *Hildebrandt Holding*, Patientenverfügung.digital.

1389 *Hildebrandt Holding*, Patientenverfügung.digital.

1390 *BMG*, Elektronische Gesundheitskarte.

1391 *BMG*, Elektronische Gesundheitskarte.

1392 *BMG*, Elektronische Gesundheitskarte.

1393 *BMG*, Elektronische Gesundheitskarte.

1394 *BMG*, Elektronische Gesundheitskarte.

auch die Möglichkeit, Hinweise zum Ablageort seiner Patientenverfügung oder Vorsorgevollmacht zu hinterlegen.[1395]

b) Potenzielle Erweiterungsmöglichkeit

Durch die technische Konzeption besteht die Möglichkeit, die Patientenverfügung des Versicherten in weiteren Ausbaustufen auf Wunsch zu hinterlegen.[1396] Hier bietet sich der einfachste Weg zum Abruf der Verfügung im Falle einer ärztlichen Behandlung an. Das medizinische Personal muss nicht erst in den persönlichen Sachen des Patienten nach möglichen, selbst aufgebrachten QR-Codes suchen. Außerdem besteht die Gefahr, dass diese mit der Zeit durch die Reibung, beispielsweise im Portemonnaie, für die Smartphones nicht mehr scanbar sind. Es würde sich auch anbieten, den Notfallbogen ebenfalls auf der Gesundheitskarte zu speichern. Durch den einmaligen, unkomplizierten und schnellen Zugriff könnten dann alle wichtigen Dokumente sowie die Notfallkontaktdaten abgerufen werden. Außerdem muss sich der Patient hinsichtlich des Datenschutzes oder möglicher technischer Probleme nicht auf private Drittanbieter verlassen. Durch die Hinterlegung der Unterlagen bei der Krankenkasse wäre es auch möglich, für den Fall, dass die Gesundheitskarte nicht auffindbar ist, mögliche Daten über einen Ansprechpartner oder verschiedene Softwares zu erhalten.

c) Idee: „Video" zur Lebensbeschreibung und Vorstellung, hinterlegt auf der Gesundheitskarte

Nicht selten wird die Patientenverfügung in der Praxis nicht angewendet. Wenn dann der mutmaßliche Wille im Sinne des § 1827 Abs. 2 BGB zu ermitteln ist, kann sich das nicht nur für Außenstehende, wie Ärzte, sondern auch für Verwandte und Vertrauenspersonen als schwierig gestalten. Besonders wenn mehrere Bevollmächtigte, wie beispielsweise Geschwister, sich nicht darüber einig sind, ob sich der Verwandte für oder gegen die medizinische Maßnahme entscheiden würde, kann sich sein Schicksal erheblich verzögern. Die Tragik dahinter hat sich u. a. in den zwei Entscheidungen des BGH aus den Jahren 2017 und 2018 gezeigt.[1397] Hier stritten sich der Mann und der

---

[1395] *BMG*, Elektronische Gesundheitskarte.

[1396] BT-Drs. 16/11297, 42, Frage 61.

[1397] BGH NJW 2019, 600; BGH NJW 2017, 1737.

Sohn der Patientin über mehrere Jahre und Instanzen um deren Lebensende. Um Ärzten, Patientenvertretern und Gerichten die Ermittlung des mutmaßlichen Willens bzw. Auslegungsfragen im Rahmen der Patientenverfügung zu vereinfachen und im Ergebnis das Selbstbestimmungsrecht des Betroffenen verwirklichen zu können, wäre es hilfreich, wenn dieser zu Lebzeiten und im einwilligungsfähigen Zustand ein Video von sich und seinen Ansichten erstellt. Dabei sollte der Erzählende sich selbst als Menschen beschreiben und verdeutlichen, was seine religiösen Überzeugungen und persönlichen Wertvorstellungen sind.[1398] Was ist ihm wichtig? Wie möchte er leben und wie sterben? Dabei sollte auch auf körperliche Zustände in verschiedenen Krankheitssituationen eingegangen und dargestellt werden, welche Maßnahmen wann eingeleitet oder unterlassen werden sollen. Beispielsweise können miterlebte Schicksale von Bekannten herangezogen werden, um zu verdeutlichen, wie sich die eigenen Vorstellungen dazu verhalten. Ziel des Videos soll sein, dass die Personen, die den mutmaßlichen Willen ermitteln müssen, durch die Beschreibungen und die Denkweise des Patienten ganz nah an seinen Vorstellungen sind und entsprechend weniger Raum für Spekulation und Interpretation bleibt. Damit kann das Risiko der Fremdbestimmtheit, je nach Ausführlichkeit der Selbstdarstellung des Patienten, erheblich minimiert bis gänzlich ausgeschlossen werden.

Inspiriert von der Grundidee des BVP sollte ein Fragenkatalog erarbeitet werden, den der Videoersteller neben den allgemeinen persönlichen Vorstellungen, Wertvorstellungen etc., beantwortet.[1399] Die Fragen sollten dabei leicht verständlich sein und sich mit der Klärung eines prinzipiellen Therapieziels sowie der Akzeptanz von Belastungen und Risiken von medizinischen Maßnahmen beschäftigen.[1400] Dabei sollte auch das Thema des natürlichen Willens in Bezug auf Lebensfreude im Rahmen von Erkrankungen wie Demenz u. a. herausgearbeitet werden. Das Video kann anhand des Fragebogens zu Hause oder mit dem behandelnden (Haus-)Arzt aufgenommen werden. Bestenfalls ist die umfassend ärztliche Beratung, die Erstellung einer

[1398] BGH NJW 1995, 204 (205).

[1399] *in der Schmitten et al.*, Z Palliativmed 2016, 177 (184 f.).

[1400] *in der Schmitten et al.*, Z Palliativmed 2016, 177 (184 f.).

Patientenverfügung sowie die Videoerstellung ein Vorgang. Dabei sollte dem Ersteller Zeit eingeräumt werden, darüber nachzudenken, auch im Austausch mit anderen, wie seine Vorstellungen konkret aussehen. Das Video könnte dann zusammen mit der Patientenverfügung über die Gesundheitskarte abgerufen werden. Die Filmaufnahme zeigt den Patienten als Mensch mit eigenen Vorstellungen und kann durch die Gesamtbetrachtung bei der Ermittlung des mutmaßlichen Willens grundlegend unterstützen. Die persönliche Präsenz, die Stimme und die Gestik können wichtige Nuancen und Emotionen vermitteln, die in einem schriftlichen Dokument nicht zum Ausdruck kommen. Die Verwendung eines Videos kann also eine sehr überzeugende und wirkungsvolle Art sein, um den individuellen Willen und die Lebensvorstellungen eines Patienten festzuhalten.

VI. Maßnahmen zur Verhinderung des Missbrauchs von Patientenverfügungen

1. Aktuelle Missstände – Beatmungs-WGs als Beispiel

Die Untersuchungen von Uerpmann zeigen, dass die große Mehrheit sich grundsätzlich für die Anerkennung und Einhaltung von Patientenverfügungen ausspricht.[1401] Sie wird als essenziell und notwendig erachtet.[1402] Auch das Vertrauen in die Wirksamkeit und die Bedeutung von Patientenverfügungen ist bei den meisten Befragten sehr hoch.[1403]

Neben der Bedeutung von Patientenverfügungen wird auch nach Alternativen gesucht, um im besten Fall die möglichen Probleme, die eine Verfügung mit sich bringt, zu vermeiden.[1404] Ein Gedanke davon ist, dass in den typisch ausweglosen Situationen, wie sie in den Patientenverfügungen regelmäßig genannt werden, bereits die medizinische Indikation für eine Weiterbehandlung fehlt und dementsprechend es dann für einen Behandlungsabbruch auf eine diesbezügliche Patientenverfügung gar nicht mehr ankäme.[1405] Mitursächlich für diese Ansicht ist, dass ambulante

---

1401 *Uerpmann*, (82 f.).

1402 *Uerpmann*, (82 f.).

1403 *Uerpmann*, (82 f.).

1404 *Weigl*, MittBayNot 2017, 346 (353).

1405 *Weigl*, MittBayNot 2017, 346 (353).

Pflegedienste teilweise bereit sind, regelmäßig gegen Patientenverfügungen zu verstoßen.[1406] Hauptsächlich Beatmungspatienten seien dabei besonders lukrativ.[1407] Es konnte festgestellt werden, dass innerhalb eines kurzen Zeitraums eine signifikante Zunahme der Kosten für die ambulante Versorgung in sogenannten „Beatmungs-WGs" zu verzeichnen war, während die Betreuungsqualität sich gleichzeitig verschlechtert hat.[1408] Bei einer bundesweiten Umfrage des Palliativmediziners Matthias Thöns unter ambulanten Pflegediensten, erklärten sich 140 von 155 Pflegeeinrichtungen bereit, einen unheilbar kranken Patienten gegen den in der Patientenverfügung niedergelegten Willen künstlich am Leben zu erhalten.[1409] Die erschreckend hohe Quote von 90% verdeutlicht, dass das Selbstbestimmungsrecht des Patienten durch das vorliegende Gesundheitssystem nicht adäquat berücksichtigt wird.[1410] Durch Fehlanreize im Gesundheitssystem wird dieses unethische und strafrechtlich bedenkliche Verhalten gefördert.[1411] Die Recherchen des ARD-Magazins Monitor deckten auf, dass vier von fünf Anbietern sogar den Angehörigen dazu rieten, die Patientenverfügung nachträglich zu ändern oder diese zu verschweigen.[1412] Hierbei stehen u. a. auch die Anstiftungen zur Urkundenfälschung bzw. zur Urkundenunterdrückung im Raum.[1413]

Um der Missachtung von Patientenverfügungen effektiv entgegenzuwirken, bedarf es eines umfangreichen Maßnahmenpakets, das rechtliche und organisatorische Aspekte umfasst.

2. Rechtliche Maßnahmen

a) Strenge Sanktionen bei Fälschung oder Zerstörung

Des Weiteren sollten strengere rechtliche Sanktionen für die absichtliche Fälschung oder Zerstörung von Patientenverfügungen eingeführt werden. Eine Verschärfung der strafrechtlichen Konsequenzen könnte eine abschreckende Wirkung entfalten und dazu beitragen, das Bewusstsein für die

---

1406 *Ärzteblatt*, Pflegedienste missachten Patientenverfügungen.
1407 *Ärzteblatt*, Pflegedienste missachten Patientenverfügungen.
1408 *Ärzteblatt*, Pflegedienste missachten Patientenverfügungen.
1409 *Ärzteblatt*, Pflegedienste missachten Patientenverfügungen.
1410 *Ärzteblatt*, Pflegedienste missachten Patientenverfügungen.
1411 *Ärzteblatt*, Pflegedienste missachten Patientenverfügungen.
1412 *Ärzteblatt*, Pflegedienste missachten Patientenverfügungen.
1413 *Ärzteblatt*, Pflegedienste missachten Patientenverfügungen.

Schwere dieser Vergehen in der Gesellschaft und insbesondere im medizinischen Sektor zu stärken.

b) Notarielle Beglaubigung

Die Einführung einer obligatorischen notariellen Beglaubigung von Patientenverfügungen könnte dazu beitragen, die Sicherheit und Authentizität der Dokumente weiter zu erhöhen. Die Einschaltung eines Notars, welcher die Identität sowie den freien Willen der Person überprüft, führt zu einer Minimierung der Wahrscheinlichkeit von Fälschungen. Notare sind darüber hinaus an eine besondere Sorgfaltspflicht gebunden, wodurch sie eine zusätzliche Schutzebene bieten könnten. Diese Maßnahme würde zudem dazu beitragen, dass Patienten die Bedeutung und Tragweite ihrer Verfügung besser einschätzen können.

3. Technologische Sicherungsmaßnahmen

Obwohl es bereits die Möglichkeit gibt, Patientenverfügungen im zentralen Vorsorgeregister zu hinterlegen, scheint dies in der Praxis oft nicht ausreichend genutzt zu werden oder bietet nicht immer eine Gewähr für den jeweiligen Einzelfall. Das hängt damit zusammen, dass hauptsächlich die behandelnden Ärzte darauf zugreifen können.[1414] Es sind weiterführende Maßnahmen notwendig, um sicherzustellen, dass Patientenverfügungen stets beachtet und effizient verwaltet werden.

Dabei könnten eine obligatorische Registrierung von Patientenverfügungen beim Zentralen Vorsorgeregister sowie eine Erweiterung des Rahmens der Nutzung, sodass neben Ärzten auch andere Träger wie Pflegeeinrichtungen Zugriff erhalten, sehr zielführend sein. Die Zugangsrechte sollten klar und einheitlich geregelt werden, um sowohl den rechtlichen Rahmen als auch den Datenschutz zu gewährleisten.

Im Hinblick auf die Sicherstellung der Authentizität und Verfügbarkeit von Patientenverfügungen, sollten technisch fortgeschrittene Lösungen in Betracht gezogen werden. Blockchain-Technologien[1415] könnten beispielsweise eingesetzt werden, um die Integrität und Unveränderlichkeit der

---

[1414] Siehe § 78b Abs. 1 BNotO; *BNotK*, Zentrales Vorsorgeregister.

[1415] *Deloitte*, Blockchain, 3 ff.

hinterlegten Dokumente zu gewährleisten. Dabei könnte auch eine notarielle Beglaubigung der digital erstellten Patientenverfügung hilfreich sein.

Der Patient oder ein autorisierter Vertreter kann Zugriffsberechtigungen ändern oder widerrufen, sodass die Kontrolle über die Daten immer beim Patienten bleibt.[1416]

Die Blockchain-Technologie stellt sicher, dass die Patientenverfügung authentisch und verifizierbar ist, dabei wird jede Änderung oder Aktualisierung der Verfügung als neuer Block hinzugefügt, sodass die gesamte Historie nachvollziehbar ist.[1417] Außerdem wird jede Aktion, wie das Erstellen, Zugreifen oder Ändern der Verfügung, in der Blockchain protokolliert, was Transparenz und Nachvollziehbarkeit gewährleistet.[1418]

Aufgrund der Natur der Blockchain können eingetragene Verfügungen nicht nachträglich manipuliert werden, ohne die gesamte Kette zu verändern.[1419]

Des Weiteren wären die Patientenverfügungen weltweit und jederzeit verfügbar. Die Blockchain könnte in bestehende elektronische Gesundheitssysteme integriert werden, was die Nutzung und den Austausch von Patientenverfügungen zwischen verschiedenen Einrichtungen ermöglicht.[1420]

In diesem Kontext könnte zudem sichergestellt werden, dass die Patientenverfügung im Falle eines medizinischen Notfalls schnell und zuverlässig zugänglich ist. Zu diesem Zweck könnten Notfalldienste und Krankenhäuser über spezielle Zugriffsprotokolle verfügen, die bei Notfällen sofort aktiviert werden könnten, um die entscheidenden Informationen aus der Patientenverfügung zeitnah einzusehen. Um einem potenziellen Missbrauch vorzubeugen, besteht die Möglichkeit, bei einem Zugriff auf die Patientenverfügung automatisierte Benachrichtigungen an den Patienten oder autorisierte Vertreter zu versenden.[1421] Dadurch kann sichergestellt werden, dass die betroffenen Personen über den Zugriff informiert sind.

[1416] *Deloitte*, Blockchain, 3 ff.
[1417] *Deloitte*, Blockchain, 3 ff.
[1418] *Deloitte*, Blockchain, 3 ff.
[1419] *Deloitte*, Blockchain, 3 ff.
[1420] *Deloitte*, Blockchain, 3 ff.
[1421] Vgl. *Deloitte*, Blockchain, 3 ff.

4. Organisatorische Maßnahmen

a) Regelmäßige Schulungen für Pflegepersonal

Regelmäßige Schulungen und Zertifizierungen für Pflegepersonal sind ebenfalls von essenzieller Bedeutung. Diese Schulungen sollten nicht nur die rechtlichen Vorgaben und ethischen Grundsätze im Umgang mit Patientenverfügungen thematisieren, sondern auch die potenziellen Konsequenzen einer Missachtung aufzeigen.

b) Anreizsysteme zur Förderung der Einhaltung von Patientenverfügungen

Anstelle einer ausschließlichen Fokussierung auf Sanktionen wäre die Entwicklung eines Anreizsystems, welches Einrichtungen belohnt, die eine hohe Einhaltungsrate von Patientenverfügungen aufweisen, eine alternative Vorgehensweise. Als Anreize kommen beispielsweise finanzielle Zuschüsse in Betracht. Ein solches System muss lukrativer gestaltet sein als die potenziellen finanziellen Gewinne, die beispielsweise mit „Beatmungs-WGs" erzielt werden können.

c) Unabhängige Kontrollgremien

Die Etablierung unabhängiger Kontrollgremien, welche regelmäßige Audits und Überprüfungen in Pflegeeinrichtungen durchführen, wäre eine vielversprechende Maßnahme. Die Durchführung der Audits sollte in systematischer und unangekündigter Form erfolgen, um eine valide Evaluierung der Einhaltung der vorgegebenen Richtlinien zu gewährleisten. Die Unterstützung dieser Gremien durch externe Ethikberater ist ebenfalls denkbar. Diese könnten spezialisierte Gutachten über die Einhaltung von Patientenverfügungen erstellen und Empfehlungen zur Verbesserung geben. Die Implementierung externer Überwachungsmechanismen birgt das Potenzial, Verstöße gegen Patientenverfügungen frühzeitig aufzudecken und präventiv zu wirken.

d) System zur Überwachung von Abrechnungspraktiken und wirtschaftlichen Interessen

Ein wesentlicher Aspekt des Missbrauchs von Patientenverfügungen liegt in den wirtschaftlichen Anreizen für Kliniken und Pflegeeinrichtungen, die gegen die Verfügungen handeln, um finanzielle Vorteile zu erzielen (bspw. Beatmungs-WGs).[1422] Um dem vorherrschenden Missbrauch entgegenzuwirken, wäre die Einführung eines Systems zur Überwachung der Abrechnungspraktiken und wirtschaftlichen Interessen in Einrichtungen eine vielversprechende Maßnahme. Zudem sollten finanzielle Anreize und Vergütungsmodelle überarbeitet werden, um sicherzustellen, dass die Einhaltung der Patientenverfügungen im besten Interesse der Patienten steht.

e) Einführung von „Compliance Officer"

In größeren Kliniken und Pflegeeinrichtungen könnte die Position eines „Compliance Officer" geschaffen werden, der die Einhaltung von Patientenverfügungen und anderen ethischen Standards überwacht. Dieser wäre von der ärztlichen und administrativen Leitung der Einrichtung unabhängig und befugt, Untersuchungen durchzuführen und Verstöße direkt zu melden.

f) Meldesysteme für Verdachtsfälle

Des Weiteren sollten anonyme Meldestellen für Verdachtsfälle von Fälschung, Zerstörung oder Missachtung von Patientenverfügungen geschaffen werden. Die Unabhängigkeit der Meldestellen ist dabei von wesentlicher Bedeutung, um sicherzustellen, dass sowohl medizinisches Personal, Pflegekräfte als auch betroffene Patienten und ihre Angehörigen die Möglichkeit haben, Missstände zu melden, ohne Angst vor Repressalien haben zu müssen.

Eine Kooperation mit spezialisierten Ombudsstellen könnte zudem eine umfassende Untersuchung und Aufklärung der gemeldeten Vorfälle gewährleisten.

Außerdem wäre die Entwicklung digitaler Plattformen denkbar, über die eine sichere und anonyme Online-Einreichung von Meldungen gewährleistet werden könnte. Um die Effektivität dieser Meldestellen zu optimieren, ist die Veröffentlichung regelmäßiger Transparenzberichte unerlässlich. Diese sollten die Anzahl der eingegangenen Meldungen, deren Bearbeitungsstatus sowie die implementierten Maßnahmen dokumentieren.

[1422] Vgl. *Ärzteblatt*, Pflegedienste missachten Patientenverfügungen.

K. Zusammenfassung der wesentlichen Ergebnisse

Die Kombination von Patientenverfügung, BVP, Notfallbogen, Vertretungsvollmacht und ggf. einer Kurzvorstellung in Videoformat ermöglicht die umfassende Verwirklichung des Selbstbestimmungsrechts von Patienten sowie die Lösung potenzieller Probleme in der medizinischen Versorgung. Dadurch werden mögliche Missverständnisse und Interpretationsschwierigkeiten erheblich minimiert, sodass der tatsächliche Wille des Patienten vollständig erfasst werden kann. Die Zugänglichmachung der Vorsorgeunterlagen in Form eines QR-Codes auf der Krankenkarte oder zukünftig über digitale Plattformen ermöglicht eine Vermeidung unnötiger Zeitverzögerungen.

Darüber hinaus ist die Schaffung eindeutiger Standards sowie die Präzision in der Formulierung von Patientenverfügungsformularen von wesentlicher Bedeutung, um die Autonomie der Patienten zu respektieren und gleichzeitig Klarheit für das medizinische Personal sowie für Patientenvertreter zu schaffen.

Durch adäquate Schulungen in den Bereichen Medizin und Recht kann die Beratung durch Ärzte kontinuierlich optimiert werden. Eine Ausweitung der gesetzlichen Erstattungsfähigkeit der Kosten für eine gesundheitliche Vorsorgeplanung auf alle Patienten sowie eine deutliche Erhöhung der Gebührenhöhe, orientiert am Arbeitsumfang der Ärzte, ist erforderlich und schon lange überfällig.

Insbesondere die Aspekte des Wachkomas, der Organspende sowie der Behandlung von Patienten mit implantierten Devices sollten in der Patientenverfügung explizit geregelt werden.

Durch eine regelmäßige Aktualisierung können die ehemals getroffenen Festlegungen mit dem aktuellen Willen abgeglichen und bei Bedarf an neue Krankheiten, wie beispielsweise die Covid-19-Pandemie, angepasst werden.

Im Rahmen der Prüfung der Anwendbarkeit einer Patientenverfügung, insbesondere bei einer fortgeschrittenen Demenzerkrankung, ist auch der innere Wille des einwilligungsunfähigen Patienten und die Gesamtwürdigung seines (Gesundheits-)Zustandes zu berücksichtigen, sofern dieser nichts Gegenteiliges in seiner Patientenverfügung nach einer umfassenden Beratung festgelegt hat.

In Fällen, in denen keine eindeutigen Hinweise des Patientenwillens vorliegen, ist zunächst vom Fortbestehen des Lebenswunsches auszugehen.

Eine palliative Versorgung sollte dann initiiert werden, wenn keine Aussicht auf eine Besserung des Zustandes besteht und der Patientenwille diesbezüglich klar erkennbar ist.

Auch Minderjährige müssen die Möglichkeit haben, ihrem Selbstbestimmungsrecht Ausdruck zu verleihen. In Abhängigkeit von ihrer Einsichtsfähigkeit sind sie dazu befähigt, eigenständig über Behandlungen zu entscheiden. In diesem Kontext ist eine Anpassung der gesetzlichen Vorgaben zur Volljährigkeit für die Erstellung von Patientenverfügungen erforderlich. Bis zu diesem Zeitpunkt bleibt dem minderjährigen Patienten lediglich die Möglichkeit, sein Selbstbestimmungsrecht durch eine Bevollmächtigung seiner Vertrauensperson auszuüben.

Es kann grundsätzlich davon ausgegangen werden, dass der Patient im Rahmen seiner Patientenverfügung von seinem Selbstbestimmungsrecht nur dann vollumfänglich Gebrauch machen kann, wenn er alle entscheidungsrelevanten Informationen erhalten, verstanden und anschließend gewürdigt hat. Daher ist ein komplexer Austausch mit anderen Personen, insbesondere mit dem behandelnden Arzt als Vertrauensperson, erforderlich. Der höchst anspruchsvolle Beziehungs- und Kommunikationsprozess befähigt ihn, zu entscheiden, in welchen Situationen er welche medizinischen Maßnahmen wünscht oder ablehnt.

Um einem potenziellen Missbrauch von Patientenverfügungen vorzubeugen, sind Maßnahmen wie die notarielle Beglaubigung, regelmäßige Schulungen des Pflegepersonals sowie die Einführung anonymer Meldestellen für Verdachtsfälle unerlässlich. Zudem sollte die Möglichkeit des Einsatzes von Blockchain-Technologien zur Gewährleistung der Integrität und Unveränderlichkeit der Dokumente in Betracht gezogen werden.

L. Ausblick

Die Patientenverfügung stellt nach wie vor eine Schnittstelle zwischen individueller Selbstbestimmung, medizinischem Fortschritt und rechtlichen Normen dar. Die Handhabung der Patientenverfügung wird auch in Zukunft mit rechtlichen Herausforderungen konfrontiert sein, da gesellschaftliche Veränderungen und technologische Entwicklungen eine fortlaufende Anpassung an die neuen Umstände erforderlich machen. Dabei ist besonders der Datenschutz bei der Digitalisierung von entscheidender Bedeutung, um Vertrauen und Akzeptanz zu fördern.

Die Digitalisierung eröffnet dabei die Möglichkeit einer optimierten Zugänglichkeit und Verwaltung von Patientenverfügungen. Die Implementierung digitaler Register sowie die Verwendung von QR-Codes können zu einer effizienten Bereitstellung der Vorsorgedokumente beitragen.[1423]

Auch der medizinische Fortschritt, beispielsweise die zunehmend prävalente Verwendung von Künstlicher Intelligenz (KI) in der Diagnostik, kann für die Patientenverfügung einen neuen Meilenstein darstellen.[1424] Hier wird die Frage zu stellen sein, ob die Prüfung der Anwendbarkeit der Verfügung zukünftig durch den behandelnden Arzt bzw. den Patientenvertreter oder aber durch eine KI erfolgen sollte. Zwar trifft die KI im Gegensatz zum Menschen keine subjektiven Entscheidungen, sodass eine Fremdbestimmung durch Dritte ausgeschlossen werden kann, jedoch bleibt zu bedenken, dass

---

[1423] Vgl. *DGHS*, Patientenverfügung über Notfall-QR.

[1424] Vgl. *Deloitte*, Healthcare and Life Sciences Predictions 2020, 1 (1 ff.); *Fraunhofer IKS*, Künstliche Intelligenz in der Medizin.

auch KI-Systeme von Menschen programmiert und trainiert werden, wodurch unbewusste Voreingenommenheiten in den Entscheidungsprozess einfließen könnten. Letztlich wirft der Einsatz von KI auch die ethische Frage auf, wie viel Entscheidungsgewalt über sensible Themen übertragen werden sollte.

Die Integration von KI in die Entscheidungsfindung im medizinischen Kontext könnte dazu beitragen, Patientenverfügungen präziser auf die individuelle gesundheitliche Situation des Patienten abzustimmen und potenzielle zukünftige Szenarien detaillierter zu berücksichtigen.[1425] Die Anwendung von Tools könnte dazu dienen, komplexe medizinische Entscheidungen zu simulieren und den Patienten in einer sicheren Umgebung durch verschiedene Szenarien zu führen, um auf diese Weise seine Wünsche und Werte klarer definieren zu können.

In Zukunft wird die Entwicklung von Gentests und personalisierter Medizin, unterstützt durch KI, einen erheblichen Einfluss auf die Gestaltung von Patientenverfügungen haben, da genauere Vorhersagen über die gesundheitliche Entwicklung getroffen werden können.[1426] Darüber hinaus könnte die zunehmende Relevanz digitaler Gesundheitsdaten, einschließlich der Verwendung von Wearables[1427] und anderen Gesundheitsmonitoren, dazu führen, dass Patientenverfügungen häufiger überprüft und gegebenenfalls angepasst werden müssen, um sicherzustellen, dass sie den aktuellen Wünschen und Präferenzen des Patienten entsprechen.[1428]

Internationale Entwicklungen sowie der Austausch bewährter Praktiken über nationale Grenzen hinweg könnten eine Rolle bei der Weiterentwicklung von Patientenverfügungen spielen.[1429] Die Harmonisierung von Standards und Regularien wird dazu beitragen, die grenzüberschreitende Anerkennung und Gültigkeit von Patientenverfügungen zu erleichtern, was in einer zunehmend globalisierten Welt an Bedeutung gewinnt. Auch die Einbindung von Patientenverfügungen in mobile Gesundheits-Apps könnte dazu beitragen,

---

[1425] Vgl. *Deloitte*, Healthcare and Life Sciences Predictions 2020, 1 (12); *Fraunhofer IKS*, Digital Health.

[1426] Vgl. *Deloitte*, Healthcare and Life Sciences Predictions 2020, 1 (4); *Fraunhofer IKS*, Digital Health; *Fraunhofer IKS*, Künstliche Intelligenz in der Medizin.

[1427] *Deloitte*, Healthcare and Life Sciences Predictions 2020, 1 (12).

[1428] Vgl. *Fraunhofer IKS*, Künstliche Intelligenz in der Medizin.

[1429] Vgl. *Deloitte*, Healthcare and Life Sciences Predictions 2020, 1 (1 ff.).

die grenzüberschreitende Verfügbarkeit dieser wichtigen Dokumente zu vereinfachen.

In Anbetracht der gesellschaftlichen Veränderungen sowie technologischen Innovationen erweist sich eine kontinuierliche Anpassung an die neuen Gegebenheiten als unerlässlich. Dabei obliegt es dem Gesetzgeber, zeitnah auf neue Herausforderungen zu reagieren und die rechtlichen Instrumente den Bedürfnissen der Bevölkerung entsprechend anzupassen.

Literaturverzeichnis

Albers, Marion	Patientenverfügungen [Baden-Baden] 2008
Arzt & Wirtschaft Redaktion	Abrechnung: Wann Ärzte die Beratung von Heimbewohnern in Rechnung stellen dürfen abgerufen am 12.02.2024 von https://www.arzt-wirtschaft.de/abrechnung/abrechnung-wann-aerzte-die-beratung-von-heimbewohnern-in-rechnung-stellen-duerfen
Ärzteblatt	Pflegedienste missachten Patientenverfügungen. Aufgerufen am 13.06.2024 von https://www.aerzteblatt.de/nachrichten/70404/Pflegedienste-missachten-Patientenverfuegungen
Associated Press [Hrsg.]	The "living will" gains acceptance in: The New York Times v. 20.09.1984. Abgerufen am 12.02.2024 von https://www.nytimes.com/1984/09/20/garden/the-living-will-gains-acceptance.html
Beckmann, Rainer	Falsche „Hirntod" – Feststellung in Deutschland in: MedR 2023, 863 ff.
Beckmann, Rainer	Der „Hirntod" – kein überzeugendes Todeskriterium in: NJ 2020, 298 ff.
Beermann, Christopher	Die Patientenverfügung in: FPR 2010, 252 ff.

Bergmann, Karl Otto [Hrsg.] *Pauge, Burkhard [Hrsg.]* *Steinmeyer, Heinz-Dietrich [Hrsg.]*	Gesamtes Medizinrecht 3. Aufl., [Baden-Baden] 2018
Bleyer, Bernhard *Pawlik, Michael*	In dubio pro vita – oder doch nicht? in: Bay Arztebl 12/2013, 664 ff.
Boehme-Neßler, Volker	Das Grundrecht auf Suizid in: NVwZ 2020, 1012 ff.
Boemke, Burkhard	Die Ermittlung des in der Patientenverfügung niedergelegten Patientenwillens in: NJW 2017, 1706 ff.
Brosey, Dagmar *Lesting, Wolfgang* *Loer, Annette* *Marschner, Rolf*	Betreuungsrecht kompakt 9. Aufl., [München] 2022
Deloitte.	Blockchain Einsatz im deutschen Gesundheitswesen abgerufen am 20.06.2024 von https://www2.deloitte.com/content/dam/Deloitte/de/Documents/life-sciences-health-care/Blockchain_im_Gesundheitswesen.pdf
Deloitte.	Healthcare and Life Sciences Predictions 2020 A bold future? abgerufen am 27.08.2024 von https://www2.deloitte.com/content/dam/Deloitte/global/Documents/Life-Sciences-Health-Care/gx-lshc-healthcare-and-life-sciences-predictions-2020.pdf
Brosius-Gersdorf, Frauke [Hrsg.]	Dreier-Grundgesetz-Kommentar, Band I, 4. Aufl., [Tübingen] 2023
Bundesärztekammer [Hrsg.]	Arbeitspapier zum Verhältnis von Patientenverfügung und Organspendeerklärung in: Dtsch Arztebl 2013, A 572 ff.
Bundesärztekammer [Hrsg.]	Stellungnahme der Zentralen Kommission zur Wahrung ethischer Grundsätze in der Medizin und ihren Grenzgebieten (Zentrale Ethikkommission) bei der Bundesärztekammer Zwangsbehandlung bei psychischen Erkrankungen in: Dtsch Arztebl 2013, A 1334 ff.

Bundesärztekammer [Hrsg.]	Medizinische Indikationsstellung und Ökonomisierung [Berlin] 2015
Bundesärztekammer [Hrsg.]	Richtlinie gemäß § 16 Abs. 1 S. 1 Nr. 1 TPG für die Regeln zur Feststellung des Todes nach § 3 Abs. 1 S. 1 Nr. 2 TPG und die Verfahrensregeln zur Feststellung des endgültigen, nicht behebbaren Ausfalls der Gesamtfunktion des Großhirns, des Kleinhirns und des Hirnstamms nach § 3 Abs. 2 Nr. 2 TPG in: Dtsch Arztebl 2022, 1 ff.
Bundesärztekammer [Hrsg.]	Hinweise und Empfehlungen der Bundesärztekammer zu Patientenverfügungen und anderen vorsorglichen Willensbekundungen bei Patienten mit einer Demenzerkrankung in: Dtsch Arztebl 2018, A 952 ff.
Bundesärztekammer [Hrsg.]	Hinweise und Empfehlungen zum Umgang mit Vorsorgevollmachten und Patientenverfügungen im ärztlichen Alltag in: Dtsch Arztebl 2018, A 2434 ff.
Bundesministerium für Gesundheit [Hrsg.]	Elektronische Gesundheitskarte abgerufen am 12.02.2024 von https://www.bundesgesundheitsministerium.de/themen/digitalisierung/elektronische-gesundheitskarte
Bundesnotarkammer [Hrsg.]	Zentrales Vorsorgeregister Ärztinnen und Ärzte abgerufen am 12.02.2024 von https://www.vorsorgeregister.de/aerzte#:~:text=Behandelnde%20%C3%84rzte%20k%C3%B6nnen%20jederzeit%20elektronisch%20auf%20das%20Zentrale%20Vorsorgeregister%20zugreifen
Bundesverfassungsgericht	Pressemitteilung Nr. 51/2024 vom 12.06.2024, Aktenzeichen: 1 BvL 1/24 Mündliche Verhandlung in Sachen „ärztliche Zwangsmaßnahmen“ am Dienstag, den 16.07.2024, um 10.00 Uhr abgerufen am 08.08.2024 https://www.bundesverfassungsgericht.de/SharedDocs/Pressemitteilungen/DE/2024/bvg24-051.html

Burandt, Wolfgang [Hrsg.] Rojahn, Dieter [Hrsg.] Erbrecht Beck'sche Kurzkommentare, Band 65, 4. Aufl., [München] 2022

Busch, Markus Demenzerkrankungen: Epidemiologie und Bedeutung vaskulärer Risikofaktoren in: CardioVasc 5/2011, 32 ff.

Clausen, Tilmann [Hrsg.] Schroeder-Printzen, Jörn [Hrsg.] Münchner Anwaltshandbuch Medizinrecht, 3. Aufl., [München] 2020

Coeppicus, Rolf Offene Fragen zum „Patientenverfügungsgesetz" in: NJW 2011, 2085 ff.

Dahse, Kirsten Hoffmann, Ulla Mariam Essen und Trinken am Lebensende in: Pharmazeutische Zeitung v. 09.04.2023 abgerufen am 12.02.2024 von https://www.pharmazeutische-zeitung.de/essen-und-trinken-am-lebensende-139265/

Damm, Reinhard Einwilligungs- und Entscheidungsfähigkeit in der Entwicklung von Medizin und Medizinrecht in: MedR 2015, 775 ff.

Deutsche Alzheimer Gesellschaft e.V. [Hrsg.] Presse und Aktuelles abgerufen am 12.02.2024 von https://www.deutsche-alzheimer.de/ueber-uns/presse-und-aktuelles

Deutsche Gesellschaft für Humanes Sterben e. V. [Hrsg.] 40 Jahre für Selbstbestimmung bis zum Lebensende. Festschrift [Berlin] 2020

Deutsche Gesellschaft für Humanes Sterben e. V. [Hrsg.] Abruf der Patientenverfügung jetzt auch über Notfall-QR abgerufen am 12.02.2024 von https://www.dghs.de/presse/presse-erklaerungen/artikel/abruf-der-patientenverfuegung-jetzt-auch-ueber-notfall-qr-1.html

Deutsche Gesellschaft für Humanes Sterben e. V. [Hrsg.] Notfall-Ausweis und -QR-Code abgerufen am 12.02.2024 von https://www.dghs.de/service/notfall-ausweis-qr-code.html?gad_source=1&gclid=Cj0KCQiAwbitBhDIARIsABfFYIIEQqLIjlFeIc68pfOq0CdPlInDpP1Lc0-0P4roSlGRuargeU8wEOkaAsxpEALw_wcB

Deutsche Herzstiftung [Hrsg.]	Patientenverfügung und Vorsorgevollmacht abgerufen am 12.02.2024 von https://herzstiftung.de/ihre-herzgesundheit/leben-mit-der-krankheit/patientenverfuegung-und-vorsorgevollmacht
Deutsche Presseagentur [Hrsg.]	Nach Autounfall von 1991 – Frau erwacht nach 27 Jahren aus dem Koma in: Zeit Online v. 24.04.2019 abgerufen am 12.02.2024 von https://www.zeit.de/news/2019-04/24/frau-erwacht-nach-27-jahren-aus-dem-koma-190424-99-947049
Deutscher Anwaltverein [Hrsg.]	Stellungnahme des Deutschen Anwaltvereins durch den Ausschuss Strafrecht zu den Forderungen nach einer Absenkung der Strafmündigkeit Stellungnahme Nr. 20/2023 [Berlin] 2023
Diehn, Thomas *Rebhan, Ralf*	Vorsorgevollmacht und Patientenverfügung in: NJW 2010, 326 ff.
Dörr, Oliver [Hrsg.] *Grote, Rainer [Hrsg.]* *Marauhn, Thilo [Hrsg.]*	EMRK/GG Konkordanzkommentar zum europäischen und deutschen Grundrechtsschutz, 3. Aufl., [Tübingen] 2022
Dürig, Günter [Begr.] *Herzog, Roman [Hrsg.]* *Scholz, Rupert [Hrsg.]*	Grundgesetz Kommentar, Band 1, 102. Ergänzungslieferung, [München] 2023
Dworkin, Ronald	Die Grenzen des Lebens: Abtreibung, Euthanasie und persönliche Freiheit [Reinbek] 1994
EB	Implantierbare Defibrillatoren: Problem des Abschaltens am Lebensende in: Dtsch Arztebl 2015, A-1007
Eisenberg, Ulrich [Begr.] *Kölbel, Ralf*	Jugendgerichtsgesetz Beck'sche Kurzkommentare, Band 48, 24. Aufl., [München] 2023
Engels, Andreas	Anmerkungen zum Beschluss des Bundesgerichtshofs – XII ZB 202/13 vom 17.09.2014 in: MedR 2015, 508 ff.

Ennuschat, Jörg	Suizidassistenz und Sterbehilfe – Chance für einen Neustart in: ZRP 2023, 197 ff.
Epping, Volker [Hrsg.] Hillgruber, Christian [Hrsg.]	Beck'scher Online-Kommentar Grundgesetz [München] 2023 abgerufen am 12.02.2024
Erb, Volker [Hrsg.] Schäfer, Jürgen [Hrsg.]	Münchener Kommentar zum Strafgesetzbuch Band 7. Nebenstrafrecht I, 4. Aufl., [München] 2022
Flöer, Claudia	Alzheimer – Definition, Symptome & mehr abgerufen am 12.02.2024 von https://www.pflege.de/krankheiten/demenz/alzheimer/
Fraunhofer-Institut für Kognitive Systeme IKS	Künstliche Intelligenz in der Medizin abgerufen am 27.08.2024 von https://www.iks.fraunhofer.de/de/themen/kuenstliche-intelligenz/kuenstliche-intelligenz-medizin.html
Fraunhofer-Institut für Kognitive Systeme IKS	Digital Health abgerufen am 27.08.2024 von https://www.iks.fraunhofer.de/de/leistungen/digital-health.html#Medizinische-Entscheidungsunterstuetzung-mit-KI
Frisch, Wolfgang	Gewissenstaten und Strafrecht in: Hoyer, A. [Hrsg.] u. a.: Festschrift für Friedrich-Christian Schroeder zum 70. Geburtstag, 11 ff. [Heidelberg] 2006
Fritz, Martin	Grenzen bei der Anordnung von medizinisch indizierten Maßnahmen in einer Patientenverfügung in: MedR 2024, 415 ff.
Fugger Gernot, Gleiss, Andreas, Baldinger, Pia-Melich, Strnad, Alexandra, Kasper, Siegfried, Frey, Richard	Psychiatric patients' perception of physical restraint, in: Acta psychiatrica Scandinavica, 133 (3), 2016, 221 ff.
Funck, Joachim-Rüdiger	Der Todeszeitpunkt als Rechtsbegriff in: MedR 1992, 182 ff.
Geiß, Karlmann, Greiner, Hans-Peter	Arzthaftpflichtrecht 8. Auflage [München] 2022

Gertler, Nils Fabian [Hrsg.] *Kunkel, Volker [Hrsg.]* *Putzke, Holm [Hrsg.]*	Beck'scher Online-Kommentar Jugendgerichtsgesetz 31. Edition, [München] 2023
Golbs, Ulrike	Das Vetorecht eines einwilligungsunfähigen Patienten [Baden-Baden] 2006
Görlitzer, Klaus-Peter	In der Praxis gescheitert in: BioSkop 29, 2005, 9 ff.
Grziwotz, Herbert *Grziwotz, Marc*	Corona, Patientenverfügung und Triage in: NZFam 2021, 189 ff.
Gsell, Beate (Ges.-Hrsg.) *Krüger, Wolfgang (Ges.-Hrsg.)* *u. a.*	Beck'scher Online-Großkommentar Bürgerliches Gesetzbuch [München] 2023 abgerufen am 01.05.2023
Haas, Lucian	Wachkoma-Therapie: „Wunder dauern immer etwas länger" in: Deutschlandfunk v. 14.02.2012 abgerufen am 12.02.2024 von https://www.deutschlandfunk.de/wachkoma-therapie-wunder-dauern-immer-etwas-laenger-100.html#:~:text=Neueste%20wissenschaftliche%20Erkenntnisse%20belegen%2C%20dass,dass%20doch%20Gehirnaktivit%C3%A4t%20vorhanden%20ist
Haber, Joram Graf	In re Storar: Euthanasia for Incompetent Patients, a Proposed Model in: 3 Pace Law Rev 1983, 351 ff.
Hager, Johannes	Grundrechte im Privatrecht in: JZ 1994, 373 ff.
Hassemer, Winfried	Strafrecht, Prävention, Vergeltung. Eine Beipflichtung in: Hoyer, A. [Hrsg.] u. a.: Festschrift für Friedrich-Christian Schroeder zum 70. Geburtstag, 51 ff. [Heidelberg] 2006
Hau, Wolfgang *Poseck, Roman*	Beck'scher Online-Kommentar BGB, 68. Aufl., [München] 2023 abgerufen am 01.05.2023
Hegel, Georg Wilhelm Friedrich	Enzyklopädie der philosophischen Wissenschaften im Grundrisse Dritter Teil. Philosophie des Geistes [Heidelberg] 1830

Heintschel-Heinegg, Bernd von	Beck'scher Online-Kommentar StGB 59. Aufl., [München] 2023 abgerufen am 01.05.2023
Herdegen, Matthias [Hrsg.] Masing, Johannes [Hrsg.] Poscher, Ralf [Hrsg.] Gärditz, Ferdinand [Hrsg.]	Handbuch des Verfassungsrechts [München] 2021
Hallich, Oliver	Nochmals Odysseus. Zum normativen Status vorausschauender Autorisierungen von Zwangsbehandlungen für Situationen einer temporären Kompetenzbeeinträchtigung in: Ethik in der Medizin 2024 abgerufen am 22.07.2024 von https://www.springermedizin.de/nochmals-odysseus-zum-normativen-status-vorausschauender-autoris/27423190
Hildebrandt Holding GmbH	Patientenverfügung leicht gemacht abgerufen am 12.02.2024 von https://www.patientenverfuegung.digital/
Hindemit, Waldemar	Die Patientenverfügung in der notariellen Praxis in: RNotZ 2022, 1 ff.
Höfling, Wolfram	Forum: „Sterbehilfe" zwischen Selbstbestimmung und Integritätsschutz in: JuS 2000, 111 ff.
Homer	Odyssee (Übers. von Hampe, Roland) [Ditzingen] 1979
Hosp, Christine	Soziale Dimensionen der Demenz Diplomarbeit Geisteswissenschaftliche Fakultät Universität Innsbruck 2006
Hufen, Friedhelm	Selbstbestimmtes Sterben – Das verweigerte Grundrecht in: NJW 2018, 1524 ff.
Hufen, Friedhelm	Verfassungsrechtliche Grenzen des Richterrechts – Zum neuen Sterbehilfe-Beschluss des BGH in: ZRP 2003, 248 ff.
Hufen, Friedhelm	In dubio pro dignitate – Selbstbestimmung und Grundrechtsschutz am Ende des Lebens in: NJW 2001, 849 ff.

Ihrig, Thomas	Leitlinien zur Ermittlung und Durchführung des Patientenwillens – Zugleich Anmerkungen zum Beschl. des BGH v. 10.11.2010 – 2 StR 320/10 – In: DNotZ 2011, 583 ff.
in der Schmitten, Jürgen *Nauck, Friedemann* *Marckmann, Georg*	Behandlung im Voraus planen (Advance Care Planning): ein neues Konzept zur Realisierung wirksamer Patientenverfügungen in: Z Palliativmed 2016; 177 ff.
Jarass, Hans D. [Begr.] *Pieroth, Bodo [Begr.]*	Grundgesetz für die Bundesrepublik Deutschland Kommentar 17. Aufl., [München] 2022
Jens, Walter *Küng, Hans*	Menschenwürdig sterben Ein Plädoyer für Selbstverantwortung 66. Aufl., [München] 2010
Jox, Ralf Jürgen *Ach, Johann Stefan* *Schöne-Seifert, Bettina*	Patientenverfügung bei Demenz: Der „natürliche Wille" und seine ethische Einordnung in: Dtsch Arztebl 2014, A 394 ff.
Jurgeleit, Andreas [Hrsg.]	Betreuungsrecht Handkommentar 5. Aufl., [Baden-Baden] 2023
Jürgens, Andreas [Hrsg.]	Betreuungsrecht Kommentar 7. Aufl., [München] 2023
Kahlich, Franziska	Verbreitung der Patientenverfügung in Leipziger Alten- und Pflegeheimen Dissertation Medizinische Fakultät der Universität Leipzig 2014
Kern, Bernd-Rüdiger	Fremdbestimmung bei der Einwilligung in ärztliche Eingriffe in: NJW 1994, 753 ff.
Kieß, Peter	Die Wirksamkeit der psychiatrischen Patientenverfügung bei einer Zwangsbehandlung in: BtR 2023, 84 ff.
Klie, Thomas *Student, Johann-Christoph*	Patientenverfügung: So gibt sie Ihnen Sicherheit [Freiburg im Breisgau] 2022
Kraemer, Jörg	Reichweite und Bindungswirkung einer Patientenverfügung in: NJW 2023, 2610 ff.
Kutzer, Klaus	Der Gesetzgeber muss die Sterbebegleitung regeln – Die Patientenverfügung sollte stets verbindlich sein in: ZRP 2005, 277 ff.

Lange, Wolfgang Das Patientenverfügungsgesetz – Überblick und kritische Würdigung in: ZEV 2009, 537 ff.

Lanzrath, Sascha Patientenverfügung und Demenz – Der abgestufte Schutz von Willensäußerungen des erkrankten Patienten in: MedR 2017, 102 ff.

Laufs, Adolf [Begr.] Katzenmeier, Christian [Hrsg.] Lipp, Volker [Hrsg.] Arztrecht 8. Aufl., [München] 2021

Laufs, Adolf [Begr.] Kern, Bernd-Rüdiger [Hrsg.] Rehborn, Martin [Hrsg.] Handbuch des Arztrechts, 5. Aufl., [München] 2019

Law Offices of Schlissel DeCorpo, LLP [Hrsg.] History of Living Wills abgerufen am 12.02.2024 von https://www.schlissellawfirm.com/history-of-living-wills/

Law Offices of Schlissel DeCorpo, LLP [Hrsg.] Living Wills—An Overview abgerufen am 12.02.2024 von https://www.schlissellawfirm.com/living-wills-overview/

LegacyNotes GmbH [Hrsg.] Patientenverfügung auf LegacyNotes abgerufen am 12.02.2024 von https://legacynotes.ch/legacynotes-patientenverfuegung/

Lesch, Heiko H. Die strafrechtliche Einwilligung beim HIV-Antikörpertest an Minderjährigen in: NJW 1989, 2309 ff.

Lindner, Josef Franz Verfassungswidrigkeit des Verbotes aktiver Sterbehilfe? in: NStZ 2020, 505 ff.

Lindner, Josef Franz Huber, Franziska Widerruf der Patientenverfügung durch den einwilligungsfähigen Patienten? Das Problem des „natürlichen Willens“ in: NJW 2017, 6 ff.

Lipp, Volker Röthel, Anne Spalckhaver, Jürgen Handbuch der Vorsorgeverfügungen [München] 2009

Long, Tony June 11, 1985: Karen Ann Quinlan Dies, But the Issue Lives On in: Wired v. 11.06.2000 abgerufen am 12.02.2024 von https://www.wired.com/2008/06/june-11-1985-karen-quinlan-dies-but-the-issue-lives-on/

Magnus, Dorothea	Sterbehilfe und Demenz in: NStZ 2013, 1 ff.
Mangoldt, Hermann v. [Begr.] *Klein, Friedrich [ehem. Hrsg.]* *Starck, Christian [ehem. Hrsg.]* *Huber, Peter M. [Hrsg.]* *Voßkuhle, Andreas [Hrsg.]*	Grundgesetz Kommentar, Band 1 7. Aufl., [München] 2018
Marcus, H.	Medizinrecht in Frage & Antwort: Weisungsbefugnis abgerufen am 12.02.2024 von https://www.thieme.de/viamedici/arzt-im-beruf-aerztliches-handeln-1561/a/medizinrecht-weisungsbefugnis-4624.htm
McColl Kennedy, Ian	The Karen Quinlan case: Problems and proposals in: JME 1976, 2, 3 ff.
McFadden, Robert D.	Karen Ann Quinlan, 31, Dies; Focus of '76 Right to Die Case in: The New York Times v. 12.06.1985 abgerufen am 23.12.2023 von https://www.nytimes.com/1985/06/12/nyregion/karen-ann-quinlan-31-dies-focus-of-76-right-to-die-case.html
Merck & Co., Inc. [Hrsg.]	Mögliche Probleme bei der Sondenernährung abgerufen am 12.02.2024 von https://www.msdmanuals.com/de-de/heim/multimedia/table/m%C3%B6gliche-probleme-bei-der-sondenern%C3%A4hrung
Merkel, Reinhard	Personale Identität und die Grenzen strafrechtlicher Zurechnung in: JZ 1999, 502 ff.
Müller-Engels, Gabriele	Vorsorgevollmacht und Betreuung – Update und Ausblick in: DNotZ 2021, 84 ff.
Müller-Glöge, Rudi [Hrsg.] *Preis, Ulrich [Hrsg.]* *u. a.*	Erfurter Kommentar zum Arbeitsrecht Beck'sche Kurzkommentare, Band 51 24. Aufl., [München] 2024
Nabili, Siamak N.	Advance Medical Directives abgerufen am 12.02.2024 von https://www.medicinenet.com/advance_medical_directives/article.htm

Nationaler Ethikrat [Hrsg.]	Patientenverfügung – Ein Instrument der Selbstbestimmung Stellungnahme [Berlin] 2005
Niebuhr, Maren	Interviews mit Demenzkranken: Wünsche, Bedürfnisse und Erwartungen aus Sicht der Betroffenen; eine qualitative Untersuchung zur subjektiven Lebensqualität von Demenzkranken 2. Aufl., [Köln] 2010
Olzen, Dirk *Schneider, Frank*	Das Patientenverfügungsgesetz (PatVG) vom 01.09.2009 – Eine erste Bilanz unter besonderer Berücksichtigung der Auswirkungen auf die Unterbringung psychisch Kranker in: MedR 2010, 745 ff.
Otto, Harro	Patientenautonomie und Strafrecht bei der Sterbebegleitung in: NJW 2006, 2217 ff.
Parfit, Derek	Reasons and Persons [Oxford] 1986
Primm, Alex T.	Kutner, Luis in: The Scribner Encyclopedia of American Lives abgerufen am 12.02.2023 von https://www.encyclopedia.com/humanities/encyclopedias-almanacs-transcripts-and-maps/kutner-luis
Putz, Wolfgang	Die Patientenverfügung in: FPR 2012, 13 ff.
Quaas, Michael *Zuck, Rüdiger* *Clemens, Thomas* *Gokel, Julia Maria*	Medizinrecht 4. Aufl., [München] 2018
R&R Vivendi GbR [Hrsg.]	Patientenverfügung-Ausweis abgerufen am 12.02.2024 von https://patientenverfuegung-ausweis.de/produkt/patientenverfuegungsausweis/
Säcker, Franz Jürgen [Hrsg.] *Rixecker, Roland [Hrsg.]* *Oetker, Hartmut [Hrsg.]* *Limperg Bettina [Hrsg.]*	Münchener Kommentar zum Bürgerlichen Gesetzbuch Band 10, 9. Aufl., [München] 2024
Roßner, Hans-Jürgen	Verzicht des Patienten auf eine Aufklärung durch den Arzt in: NJW 1990, 2291 ff.

Sabatino, Charles	Vorsorgeverfügungen in: MSD Manual v. Mai 2021 abgerufen am 12.02.2024 von https://www.msdmanuals.com/de-de/profi/spezielle-fachgebiete/rechtliche-aspekte/vorsorgeverf%C3%BCgungen
Sächsische Landesärztekammer [Hrsg.]	Notfallbogen zur vorausschauenden Therapieplanung der Sächsischen Landesärztekammer abgerufen am 16.01.2024 von https://www.slaek.de/de/arzt/informationen-leitlinien/notfallbogen-zur-vorausschauenden-therapieplanung.php
Säcker, Franz Jürgen [Hrsg.] *Rixecker, Roland [Hrsg.]* *Oetker, Hartmut [Hrsg.]* *Limperg Bettina [Hrsg.]*	Münchener Kommentar zum Bürgerlichen Gesetzbuch Band 5, 9. Aufl., [München] 2023
Saliger, Frank	Sterbehilfe und Betreuungsrecht in: MedR 2004, 237 ff.
Schenk, Maren	Beatmete Patienten Ursachen der COVID-19-Mortalität in: Dtsch Arztebl 2020, A 1554 ff.
in der Schmitten, Jürgen *Lex, Katharina* *Mellert, Christine* *Rothärmel, Sonja* *Wegscheider, Karl* *Marckmann, Georg*	Patientenverfügungsprogramm: Implementierung in Senioreneinrichtungen in: Dtsch Arztebl 2014, 50 ff.
in der Schmitten, Jürgen *Nauck, Friedemann* *Marckmann, Georg*	Behandlung im Voraus planen (Advance Care Planning): ein neues Konzept zur Realisierung wirksamer Patientenverfügungen in: Z Palliativmed 2016, 17, 177 ff.
Scholten, Matthé *Werning, Anna* *Gather, Jakov*	Zwang im Voraus planen: Die rechtliche Regelung von Odysseus-Verfügungen in den Niederlanden in: Psychiatrische Praxis 2022, 48(02), 111 ff.
Schönke, Adolf [Begr.] *Schröder, Horst [Hrsg.]*	Strafgesetzbuch Kommentar 30. Aufl., [München] 2019

Schreiber, Hans-Ludwig	Das Recht auf den eigenen Tod – zur gesetzlichen Neuregelung der Sterbehilfe in: NStZ 1986, 337 ff.
Schulze, Reiner	Bürgerliches Gesetzbuch 12. Aufl. [Baden-Baden] 2024
Spickhoff, Andreas	Medizinrecht Beck'sche Kurzkommentare, Band 64, 4. Aufl., [München] 2022
Spickhoff, Andreas	Die Patientenautonomie am Lebensende: Ende der Patientenautonomie? Zur Feststellbarkeit und Durchsetzbarkeit des realen oder hypothetischen Willens des Patienten in: NJW 2000, 2297 ff.
Statistisches Bundesamt [Hrsg.]	Lebenserwartung und Sterblichkeit abgerufen am 12.02.2024 von https://www.destatis.de/DE/Themen/Querschnitt/Demografischer-Wandel/Aspekte/demografie-lebenserwartung.html#:~:text=Nach%20den%20Ergebnissen%20der%20Sterbetafel,im%20langfristigen%20Vergleich%20stark%20gestiegen
Steenbreker, Thomas	Zivilrechtliche Unbeachtlichkeit eines „natürlichen Willens" für den Widerruf der Patientenverfügung in: NJW 2012, 3207 ff.
Sternberg-Lieben, Detlev	Anmerkungen zum Beschluss des Bundesgerichtshofs – XII ZB 61/16 – vom 06.07.2016 in: MedR 2017, 36 ff.
Sternberg-Lieben, Detlev *Reichmann, Philipp C.*	Die gesetzliche Regelung der Patientenverfügung und das medizinische Selbstbestimmungsrecht Minderjähriger in: NJW 2012, 257 ff.
Sternberg-Lieben, Detlev	Begrenzung lebensverlängernder Maßnahmen aus strafrechtlicher Sicht – juristischer statt ärztlicher Paternalismus? in: Arnold, Jörg [Hrsg.] u. a.: Menschengerechtes Strafrecht. Festschrift für Albin Eser zum 70. Geburtstag, 1185 ff. [München] 2005

Sternberg-Lieben, Detlev Gesetzliche Anerkennung der Patientenverfügung: offene Fragen im Strafrecht, insbesondere bei Verstoß gegen die prozeduralen Vorschriften der §§ 1901a ff. BGB in: Heinrich, Manfred, Jäger Christian, Schünemann, Bernd, et. al. [Hrsg.]: Strafrecht als Scientia Universalis. Festschrift für Claus Roxin zum 80. Geburtstag, 538 ff. [Berlin] 2011

Stückle, Ruth Bundesverfassungsgericht prüft Regelung zur Zwangsbehandlung – Interview mit dem Sachverständigen in: Donaukurier v. 22.07.2024 abgerufen am 08.08.2024 von https://www.donaukurier.de/lokales/ingolstadt/bundesverfassungsgericht-prueft-regelung-zur-zwangsbehandlung-interview-mit-dem-sachverstaendigen-16623323

Tamm, Marina Patientenverfügung: Selbstbestimmung am Lebensende – Die neue Rechtslage in: VuR 2009, 449 ff.

Tscharke, Georgia Zwischen den Welten: Diagnose Wachkoma in: BR24 v. 23.05.2019 abgerufen am 12.02.2024 von https://www.br.de/nachrichten/wissen/zwischen-den-welten-diagnose-wachkoma,RRIGnjI

Uerpmann, Anna Lena Bindungskraft von Patientenverfügungen „lebensfroh“ wirkender, schwer dementer Patienten [Münster] 2019

Wadler, Joyce Karen Ann Quinlan: A Family's Faith in: The Washington Post v. 26.05.1981 abgerufen am 12.02.2024 von https://www.washingtonpost.com/archive/politics/1981/05/26/karen-ann-quinlan-a-familys-faith/6d38aaef-9d2a-4e93-a1bf-69be45f7a413/

Weigl, Gerald Update zu Patientenverfügungen in: MittBayNot 2017, 346 ff.

Weilert, Katarina	Der Tod im Recht Rechtstheoretische und rechtsbereichsübergreifende Überlegungen einschließlich ihrer Bedeutung für die Regelung der Organspende in: MedR 2020, 814 ff.
World Health Organization [Hrsg.]	Dementia https://www.who.int/news-room/fact-sheets/detail/dementiaabgerufen am 09.02.2024 von https://www.who.int/news-room/fact-sheets/detail/dementia
Wortmann, Martin	Patientenverfügung Formulierungen müssen ganz konkret sein in: ÄrzteZeitung v. 09.08.2016 abgerufen am 12.02.2024 von https://www.aerztezeitung.de/Wirtschaft/Formulierungen-muessen-ganz-konkret-sein-312264.html
Wurm, Susanne Spuling, Svenja M. Reinhard, Ann-Kristin Ehrlich, Ulrike	Verbreitung von Patientenverfügungen bei älteren Erwachsenen in Deutschland in: Health Monit 2023 8(3), 59 ff.
Zeit Online [Hrsg.]	Patientenverfügung – „Keine lebensverlängernden Maßnahmen" reicht nicht in: Zeit Online v. 09.08.2016 abgerufen am 12.02.2024 von https://www.zeit.de/wissen/gesundheit/2016-08/patientenverfuegung-tod-lebenserhaltende-massnahmen-sterben-bundesgerichtshof

Sachregister